Bernardo Bertolucci

Reihe Film 24

Mit Beiträgen von
Dietrich Kuhlbrodt
Hans Helmut Prinzler
Karsten Witte

Carl Hanser Verlag

Die Reihe Film wird herausgegeben
in Zusammenarbeit mit der
Stiftung Deutsche Kinemathek
von Peter W. Jansen und Wolfram Schütte

Redaktionsschluß: 1. Dezember 1981

Reihe Film 24
ISSN 0172-8267
ISBN 3-446-13164-7
Alle Rechte vorbehalten
© 1982 Carl Hanser Verlag München Wien
Reproduktionen: Repro Knopp, Inning
Gesamtherstellung: Appl, Wemding
Printed in Germany

Reihe Film 24 · Bernardo Bertolucci

Die Reihe Film stellt das Werk von Regisseuren, bestimmte Genres oder andere übergreifende Themen des internationalen Films in Monografien vor. Dabei werden die einzelnen Bände unter wechselnden Perspektiven und verschiedenen Aspekten erarbeitet. Eine umfangreiche Filmobibliografie gehört zu jedem Band.

Bernardo Bertolucci, geboren 1940 in der Emilia, ist heute der bekannteste italienische Filmregisseur der Generation nach Visconti, Fellini, Antonioni und Pasolini, als dessen Assistent er mit knapp zwanzig Jahren begann. Internationales Aufsehen erregte erstmals sein Film PRIMA DELLA RIVOLUZIONE (1964), der bereits fast alle Motive und Eigenarten seiner thematischen Obsessionen, seiner Poetik und Ästhetik enthält: den bürgerlichen Generationenkonflikt, dem Bertolucci später in der Beziehung von Vätern und Söhnen im Zeichen des Faschismus und seiner Mythen nachgeht (STRATEGIA DEL RAGNO, 1969); die Krankheit und die inzestuöse Fixierung als Symptom bürgerlichen Verfalls, später gedeutet als sexuelle Verdrängungsleistung, die den Faschisten produziert (IL CONFORMISTA, 1970); das Melodrama, die Oper als stilbildende Elemente eines eloquenten, fluiden Ästhetizismus. In den siebziger Jahren hat Bertolucci seine Filme für amerikanische Major Companies gedreht: L'ULTIMO TANGO A PARIGI, NOVECENTO und LA LUNA sind Welterfolge geworden, umstrittene Filme, erotisches, derbes und raffiniertes, populäres und persönliches Kino. Nicht nur LA TRAGEDIA DI UN UOMO RIDICOLO (1981), sein jüngster Film über das Italien der Gegenwart, sondern sein Gesamtwerk wird hier als Arbeit eines modernen Manieristen gedeutet.

Die Autoren

Dietrich Kuhlbrodt (1932, Hamburg). Studium Rechtswissenschaft. Dr. jur. 1954–55 Besucher der Cinémathèque Française in Paris. 1957–72 Mitarbeiter der »Filmkritik«. Beiträge für »Frankfurter Rundschau«, »Die Zeit«, »Kirche und Film« u. a. Lebt in Hamburg.

Hans Helmut Prinzler (1938, Berlin). Studium Publizistik und Theaterwissenschaften. Studienleiter an der Deutschen Film- und Fernsehakademie, Berlin. Seit 1979 Mitarbeiter der Stiftung Deutsche Kinemathek. Buchpublikation: »Film in der Bundesrepublik Deutschland« (zusammen mit Hans Günther Pflaum). Lebt in Berlin.

Karsten Witte (1944). Studium Germanistik, Romanistik und Komparatistik. 1970–76 an der Johann-Wolfgang-Goethe-Universität in Frankfurt Kurse zur Theorie und Geschichte des Films. Herausgeber der Schriften von Siegfried Kracauer, sowie der »Theorie des Kinos«. Aufsätze über »Brecht und der Film«, »Die Filmkomödie im Dritten Reich«. Filmkritiken für Fachzeitschriften, »Frankfurter Rundschau« und »Die Zeit«. Lebt in Berlin.

Inhalt

Der späte Manierist

Von Karsten Witte

> »Ich spucke jedem ins Gesicht, der behauptet, daß
> er Michelangelo oder e. e. cummings liebe, ohne
> mir zu beweisen, daß er wenigstens in einem singu-
> lären Augenblick diese Liebe gewesen ist, daß
> auch er der andere gewesen ist, daß er mit ihm und
> mit dessen Augen gesehen hat, und daß er gelernt
> hat, wie der andere das Offene zu schauen, das
> ganz Erwartung und Aufforderung ist.«
>
> *Julio Cortázar*[1]

1

Bernardo Bertolucci ist mit allen Wassern und Essenzen der
Moderne gewaschen. Er hat Marx' Lehre von der Gesellschaft
studiert, er hat Freuds Lehre vom Individuum in sich aufgesogen, und beide kann er mit den Opern Verdis in einen ästhetischen Rahmen spannen. Er lebt im Paradox und baut aus ihm
die Formen seiner Filme. »Der Marxismus kann auch die Oper
beinhalten«, hat er der Zeitschrift *Rolling Stone* erklärt.[2] Er
jongliert zwischen den Genres, Stilen und Theorien und
mischt zu jedem Spiel die Karten aufs neue. Wie einem spät-
geborenen und reichen Erben steht ihm, wo er antritt, alles zu
seiner Verfügung. Er ist ein Schüler Pasolinis und der Erbe
von Visconti. Er hat karge, strenge Filme inszeniert und opu-
lente Schaustücke. Seine Schaulust kennt keine Grenzen,
seine Neugier ist schamlos, und wenn es ihm gefällt, macht er
aus einem Lehrstück ein Melodram oder präsentiert ein politisches Panorama als chinesische Oper. Was er macht, bewirkt
Befremden. Die Entfremdung bestimmt seinen Blick, der die
Zertrümmerung des scheinbar alles überspannenden Sinnzu-
sammenhangs durch eine virtuose Überformung kaschiert.
Bertoluccis Debüt erfolgte zu einer Zeit, als es neben seinen
elegischen Versuchen über die bürgerliche Intelligenz Italiens
nur noch Bellocchios rabiate Wutausbrüche gab. Heute steht
Bertolucci, unbestritten von Kritik und Kapital, wie ein Alleinherrscher des italienischen Films da. Neben ihm steht:
nichts Nennenswertes, sieht man einmal von den überschauba-

ren Talenten der komischen Anarchie ab, wie sie zur Zeit Nichetti und Moretti verkörpern. Natürlich gibt es diverse Vertreter des mittleren Films, des Realismus und des politischen Diskurses, aber nur Bertolucci repräsentiert das Filmland Italien, weil er mit allen Formen spielt und als einer der wenigen privilegiert ist, kontinuierlich neue Versuche zu produzieren, die erstaunen und befremden.

Seine Filme paktieren weder mit dem gängigen politischen Diskurs, noch mit dem Italien beherrschenden Kommerz. Die Innenspannung seiner Filme gewinnt Bertolucci aus der Kraft des Paradoxes, das er immer wieder neu zusammensetzt. Hieß es im öffentlichen Diskurs von 1968 in Paris: »Die Phantasie an die Macht!«, so drehte Bertolucci den Spieß in seinem Film PARTNER um und reklamierte die »Macht der Phantasie«. So sollte das Theaterstück heißen, das in jenem Film Jacob 1 und Jacob 2, die Partner, aufführen wollen. Daß keiner der Mitwirkenden zur Vorstellung kommt, ist die Kehrseite. Aus den Maximen macht Bertolucci Sinnsprüche, die Zitate dreht er den Urhebern im Munde herum, die Moral gerinnt ihm zum Concetto. Diese Grundstimmung prädestiniert ihn dazu, einer der späten Manieristen des Kinos zu werden.

Dafür hat die Filmkritik keinen Begriff, die in der Bewältigung des Ästhetischen kaum über die Realismus-Debatte hinausgelangt ist. Zwar hat sie sich dazu bequemt, anzuerkennen, daß Film Fiktion ist, schielt aber insgeheim weiter nach den Prämissen der Widerspiegelung von Welt, um sich in den Handlungsmustern und Formen wie vertraut einzurichten. Ein linkes Dogma und eine rechte Sehnsucht, die ergeben zu bedienen kein Bertolucci-Film geeignet ist. Die Bestimmung der modernen Kunst, die Widerspiegelung der Wirklichkeit nicht nur zu deformieren, sondern womöglich durch eigengesetzliche Artefakte zu ersetzen, ist wohl für die Bereiche der Malerei und Literatur akzeptiert worden, aber von den Kritikern des narrativen Fiktionsfilms innerlich noch nicht anerkannt. Arnold Hauser, der eine vielgelesene *Sozialgeschichte der Kunst und Literatur* schrieb und eine weniger gelesene *Philosophie der Kunstgeschichte*, hat vor einiger Zeit eine kaum gelesene Monographie zum Manierismus-Problem geschrieben. Die Arbeitshypothesen, die ich dieser Schrift entnehme, sind so filmfern nicht, wenn man bedenkt, daß ihr Verfasser, freilich zu Zeiten der ungarischen Räterepublik, im philoso-

Dreharbeiten zu *Partner*

La luna

phisch-politischen Zirkel mit Georg Lukács und Béla Balázs diskutierte. Unter den Stichworten ›Kunststück und Paradoxie‹, sodann ›Entfremdung‹ und schließlich ›Narzißmus als Sinnestäuschung‹ möchte ich drei Zitate von Arnold Hauser hierher stellen, die – ungeachtet der Problematik, gewonnene Erkenntnisse aus einem Medium in ein anderes, aus einer Epoche in eine andere zu übertragen – ein deutliches Licht auf den Traditionszusammenhang der Filme Bertoluccis mit dem italienischen Manierismus werfen.

» *Kunststück und Paradoxie.* Ein manieristisches Kunstwerk ist immer auch ein Kunststück, ein Bravourstück, das Sichproduzieren eines Zauberers. (…) Entscheidend für den verfolgten Effekt ist (…) die Übertreibung des Partikularen, das durch diese Übertreibung auf sein Gegenteil – auf das in der Darstellung Fehlende – hinweist: die Überspannung der Schönheit, die zu schön und darum irreal, der Kraft, die zu kräftig und darum akrobatisch, des Gehalts, der überfüllt und darum nichtssagend, der Form, die selbständig und damit entleert wird. Paradoxie bedeutet (…) die Vereinigung unversöhnlicher Gegensätze; und die *discordia concors,* womit die Formstruktur des Manierismus charakterisiert zu werden pflegt, stellt zweifellos ein wesentliches Moment im Gefüge dieses Stils dar. (…) Es kommt dabei (…) auf die unvermeidliche Zweideutigkeit und den ewigen Zwiespalt im Großen wie im Kleinen, auf die Unmöglichkeit, sich je auf ein Eindeutiges festzulegen, an.«[3]

» *Entfremdung.* Es gehört zu den inneren Widersprüchen des Manierismus, daß er nicht nur einen fortgesetzten Kampf gegen den Formalismus und gegen das, was man den ›Fetischismus‹ der Kunst nennen könnte, darstellt, sondern daß er zugleich selbst formalistische, fetischartige, dem schöpferischen Subjekt wesensfremde, preziös gearbeitete Kunst ist.«[4]

» *Narzißmus als Sinnestäuschung.* Die Metapher ist, so wie der Manierismus sie entwickelte, mit ihren schwankenden, irisierenden, die Sinne täuschenden Merkmalen nichts ähnlicher als dem Bilde, das Narziß im Wasserspiegel sieht, und das ihn so zeigt, wie er sich liebt, wie er sich zu sehen liebt. In der manieristischen Metapher kommt bekanntermaßen kaum je die Ähnlichkeit zwischen den miteinander verglichenen Gegenständen zur Geltung. (…) Der Spiegel ist übrigens an und für sich ein manieristisches Requisit, ähnlich wie die Maske, das

Kostüm, die Bühne, mit einem Wort alles, was das Bild der Wirklichkeit indirekt, gebrochen oder übertragen zeigt.«[5]

2

Er ist der Sohn von Attilio Bertolucci, der keineswegs nur die Bedeutung hat, der Vater von Bernardo zu sein, sondern der ein in Italien durchgesetzter Poet, Professor und Kritiker ist, ein Homme de lettres aus Parma, früh mit der Familie nach Rom verzogen. Das Elternhaus: ein Treffpunkt der literarischen Intelligenz; die Erziehung: ein selbstverständlicher Umgang mit Kulturgütern jedweder Epoche, Stile und Medien; das Produkt: ein geschliffener Epigone, ein entlaufener Bürger, der Posen des Dandy ausprobiert und länger nach einem Stil suchen wird als andere, denen die Sozialisation nur *eine* Erfahrung einrieb, von der sie sich lösen. In der Gedichtsammlung des Vaters, *Viaggio d'inverno* (Winterreise), findet sich ein Vers, wie ihn Attilio sich auf den ersten Filmversuch Bernardos machte: »Beeilt euch, die Seilbahn ist noch weit, und Bernardo, mit den langen Beinen eines Vierzehnjährigen und dem Fieber des Geschichtenerzählers, besteht auf der Realzeit ...«[6] Im Sommer 1956 drehte Bernardo in den Schulferien einen Superachtfilm über eine Seilbahn, der Vater und Poet hält den Augenblick fest – und veröffentlicht sein Gedicht zu einem Zeitpunkt, als sein Sohn immerhin schon IL CONFORMISTA drehte. Die frühe Erfahrung war die: kein Versuch, sich spielend auszudrücken, bleibt unbemerkt, jede Artikulation im Künstlerischen wird sogleich gespiegelt in einem anderen Kunstprodukt. Vater und Sohn lassen sich nicht aus den Augen. Sie buhlen um wechselseitige Gunst und Anerkennung, sie spiegeln ihre Werke aneinander. Form entsteht so aus Form, die Kunst aus einem eigengesetzlichen Artefakt, in dem der Vater-Sohn-Konflikt der späten Ablösung durch die Ausformung zur Huldigung verdrängt, ja lange Zeit vertagt wird. Bernardo ist kein Muttersöhnchen, aber im engsten Sinne: ein fils à papa, der Attilio seinerseits eine ganze Sektion der Gedichte in seinem literarischen Debüt *In cerca del mistero* widmet. Das Gedicht »A mio padre« spricht von Erziehung, von Affekten, von Kunst und Heimat in einem Atemzug.[7]

Giuseppe Verdi, Fotografie

Pasolini, der ihm früh im Vaterhaus begegnete, wird zu seinem künstlerischen und politischen Ziehvater. Er weiß, Pasolini ist unnahbar der andere, mit dem gemein er sich nie machen wird, dem dennoch uneingeschränkt seine Huldigung gilt. Pasolini ist für ihn, wie in dem seinem Meister gewidmeten Gedicht zu lesen, »der Kommunist mit Leib und Seele«, der seine Leidenschaft zur Rebellion nicht für die armen, sündigen Bürger, sondern die verratenen Jugendlichen (des römischen Subproletariats) einsetzt.[8]

Bertoluccis Filme von LA COMMARE SECCA bis ULTIMO TANGO A PARIGI sind die Werke eines jungen Mannes, der seinen 30. Geburtstag feiert, als er NOVECENTO vorbereitet. Dem Wunderkind stieg der Erfolg zu Kopf. »Bernardo sprach davon, daß er nach ULTIMO TANGO eine Art Allmachtgefühl verspürt hatte. Während 1900 litt er dann an Depressionen und Hypochondrie und mußte deswegen die Dreharbeiten mehrmals unterbrechen«, notierte Eleanor Coppola.[9] Die Kehrseite der Grandiosität ist Depression, und beides in eins genommen ist ein Symptom des Narzißmus, der strukturierten Ich-Schwäche, die sich an Außen-Objekten stärkt. Da Bernardo Bertolucci den Kampf gegen den eigenen, Kunst produzierenden Vater nicht aufnimmt, führt er ihn verdeckt mit jenen Vätern, die seine Kunst zunächst bestimmen: Pasolini, Godard und Verdi. So sind die Filme PARTNER und AGONIA als rabiate Abrechnungen mit Godards Vexierbildern zur Ideologie des Films zu lesen, von denen Bertolucci nur die montierende Form und daher: kaum ihre sprengende Kraft begriffen hat. In IL CONFORMISTA geht es um eine intellektuelle Vatertötung. Die Adresse seines ehemaligen Professors, die der Mörder am Telefon erhält, lautet: 17, rue St. Jacques. Das war, zum damaligen Zeitpunkt, die Adresse von Jean-Luc Godard. Der Manierist arbeitet mit Chiffren, mit Verweisen und dem geheimen Genuß der kryptischen Invektive.

3

Bertoluccis Schauplätze sind die seiner engsten Heimat, auch dort, wo er sich ubiquitär von ihr entfernt. Er entstammt der roten Provinz Emilia Romagna, die traditionell kommunistisch wählt, weil sie über eine starke, eigenständige Geschichte des organisierten Landarbeiterproletariats verfügt. Bertolucci ist aus Parma gebürtig, wo sein erster Film in eigener Regie PRIMA DELLA RIVOLUZIONE spielt. STRATEGIA DEL RAGNO ist in Sabbioneta, halben Wegs zwischen Mantua und Parma, gedreht und trägt eine Widmung an die »Regione Emilia Romagna«, NOVECENTO auf einem großen Landgut der Emilia, dem selbst noch Caterina, die Sängerin aus LA LUNA

Le petit soldat (Godard)

Partner

La luna

einen Abstecher widmet, als sie sich in Parma bei ihrem alten Gesangslehrer moralische Stärkung erhofft. Spielt ein Bertolucci-Film nicht in Parma, wie ULTIMO TANGO A PARIGI, dann werden Chiffren von Heimat zitiert. Maria Schneider trägt schon in der ersten Einstellung, als sie das geheimnisvolle Appartement besichtigt, einen Strauß Parma-Veilchen am Hut. Marlon Brando hat, im gleichen Film, seine tote Frau zur wütend-obszönen Todeselegie mit Parma-Veilchen über den ganzen Leib geschmückt. Als Dominique Sanda und Stefania Sandrelli im Paris des CONFORMISTA einen Einkaufsbummel unternehmen, bieten zwei proletarische Kinder, die als Signal ihrer Klassenzugehörigkeit noch die Internationale singen müssen, den feinen Damen einen Strauß Parma-Veilchen zum Verkauf an.

Was Heimat sei, wird als bekannt vorausgesetzt. Bertolucci macht sich wenig Mühe, sein Parma, sein Paris oder Rom zu zeigen. Er kommt mit den Zeichen der allgemeinen Vertrautheit aus. In PRIMA DELLA RIVOLUZIONE sehen wir den Marktplatz, die Kirche, das Opernhaus und die Arkaden. Das sind

Schauplätze, auf denen die Straße als Erfahrungsfeld des Unvorhergesehenen, des Improvisierten nichts verloren hat. Auch wenn die Kamera noch Bilder des Verismus, des Cinéma-vérité vorgaukelt und mit den schick gewordenen Mätzchen der Nouvelle Vague kokettiert, so ist das bewußt inszenierte Augenwischerei, die uns Orte von Pasolini mit einem Blick von Visconti zeigt. Das ist ein Paradox, wie es Bertolucci prägte, das er selber aber unter der scheinbar so wasserdichten Form seiner Filme verbarg. Unter seinem Blick erfährt, was Landschaft oder Straße ist, eine Metamorphose zum Schauplatz, auf dem eine Bewegung, ein Affekt, ein Konflikt im Stil der manieristischen *rappresentazione* inszeniert wird. Vordergründig gesehen wimmelt das Paris des CONFORMISTA und das des ULTIMO TANGO von Clichés. Die Brücke von Passy kommt in beiden Filmen vor, der Eiffelturm wird nicht ausgelassen, der Rond Point der Champs Elysées, die Rue de Rivoli, die Gare d'Orsay: die Wahl der Orte ist beliebig. Was aber verschieden an ihnen ist, erstarrt unter dem vereinheitlichenden Blick Bertoluccis, der das, was landläufig Cliché heißt, ummünzt zu einem Concetto. Parma als Medaillon, Paris als Anstecknadel, Rom als Postkarte – derlei Zeichen versprechen keine realistische Entdeckungsfahrt, sondern stecken die Welt als »Wald der Symbole« (Baudelaire) ab.

Bertoluccis Protagonisten sind Gefangene, die aus ihrer Heimat ausbrechen können, aber noch in der Fremde Gefangene ihrer Sehnsucht werden, die von keiner Fremderfahrung, von keinem äußeren Objekt durchdrungen wird. Weder erfährt der Zuschauer die spezifische Stadterfahrung von Parma außer der Chiffre: provinzielle Enge, noch die Außenerfahrung von Paris, das bloß als mythische Stätte der Befreiung bezeichnet, nicht beschrieben wird. Zum ULTIMO TANGO merkte Michael Rutschky in seinem Buch *Erfahrungshunger* an: »Daß die Geschichte in Paris spielt, wohin Amerikaner Jahrzehnte zuvor auf der Suche nach einer authentischen Existenz emigrierten, das Zitat dieses Topos darf man als einen neuen Hinweis auf das allegorische Verfahren verstehen. Wie gesagt: der Allegoriker ist melancholisch.«[10]

Was Rutschky hier, in Berufung auf berühmte Geister, allegorisches Verfahren nennt, verweist auf die eingangs vorgeschlagenen Hypothesen, denen zufolge Bertolucci eine manieristische Methode in seinen Filmen verfolgt. Die ungebrochene

Faszination mit dem Paradoxon macht sich auch an der Umkehr herkömmlicher Funktionen in Zuordnung zu Schauplätzen bemerkbar. Was innen spielen soll, intim ist, wird exponiert, nach außen gestellt, und folglich im gleichen Verfahren das, was außen spielen soll, auch: spiegeln soll, in den Innenraum verlegt. Affekte und Gefühle treten vorzugsweise auf dem Schauplatz öffentlichen Umschlags auf wie auf Bahnhöfen, in Hotelhallen, auf Terrassen, in Ministerien, in antiken Ruinen, wie zum Beispiel in IL CONFORMISTA. Das deutet auch auf den Grad, in dem sich der öffentliche Diskurs in die Räume des Privaten eingefressen hat. Discordia concors, die Gleichzeitigkeit des Unversöhnlichen, die Umkehr der Perspektiven und der doppelte Boden als der einzig tragfähige: mit diesen Kniffen schreibt sich Bertolucci ein als später Manierist.

Andererseits ist die Obsession der immergleichen Schauplätze mit geringfügig variierten Chiffren auch eine Sicherheit, der Entfremdung nicht ganz anheimzufallen und der Zerrissenheit den Schein von Kontinuität zu verleihen. Im Laufe der Filme löst sich Bertolucci auch von dieser Obsession, indem er mit der eigengesetzlichen Zeichenhaftigkeit spielend umgeht. So ist die Heimkehr von Caterina nach Parma (in LA LUNA) auch ein Augenzwinkern, ein Einverständnis mit der Kritik des Zuschauers am klischierten Schauplatz, das einzig diesen Bezug zum Zuschauer herstellen und nicht: ihm realistisch Parma zeigen will. Die Kontinuität der Schauplätze wird mitgetragen von der Kontinuität der Schauspieler, die mit ihrer Körperlichkeit erkennbar die Schauplätze ausstaffieren. Adriana Asti, die im ersten Bertolucci-Film Gina, die Tante Fabrizios spielt, wirkt im jüngsten Bertolucci-Film, TRAGEDIA DI UN UOMO RIDICULO wieder mit. Alida Valli, die Draifa der STRATEGIA DEL RAGNO, spielt die Signora Pioppi in NOVECENTO. Bertolucci nutzt zudem den Kino-Mythos dieser Darstellerin aus, die in Viscontis erstem Farbfilm Senso die Hauptrolle spielte. Massimo Girotti, Hauptdarsteller von Viscontis Debütspielfilm Ossessione, überträgt Bertolucci im ULTIMO TANGO die Rolle des Marcel, des abgetakelten Liebhabers der Frau von Marlon Brando. An jedem Ort finden sich inszenierte Ambiguitäten. Gianni Amico, Filmkritiker und Filmemacher, der über die Dreharbeiten von NOVECENTO einen Dokumentarfilm machte, spielt in PRIMA DELLA RIVOLUZIONE den cineastischen

Partner

Freund Fabrizios (schon sein Name »Amico« weist auf seine Rolle, die ihn in der Stabliste als »amico/Freund« führt), und er wird später kontinuierlich Drehbuchmitarbeiter von Bertolucci. Morando Morandini, der im Erstlingsfilm den Volksschullehrer Cesare spielt, ist Filmkritiker einer mailänder Zeitung und Verfasser der ersten Bertolucci-Monografie. Franco (genannt »Kim«) Arcalli ist Bertoluccis langjähriger Cutter gewesen, Co-Autor zu NOVECENTO, der bei der Montage zu LA LUNA einem Herzinfarkt erlag. »Kim« ist der Film gewidmet. Die Kontinuität der Mitarbeiter, die Anwesenheit der gleichen Darsteller, die prägende Handschrift des gleichen Kameramannes, das Festhalten an bestimmten Schauplätzen, auf denen ähnliche Konflikte nur verschieden ausgetragen werden, verweist auf Bertoluccis Ästhetik als System, als Konstrukt subterraner Verbindungen, die in der Starrheit ihrer Lösungen Filme auf einem ziemlich schmalen Feld produzieren. Die Schauplätze der Bertolucci-Filme sind weniger ihrem Ursprung verwandt als ihren Spiegelungen im Medium der Malerei.

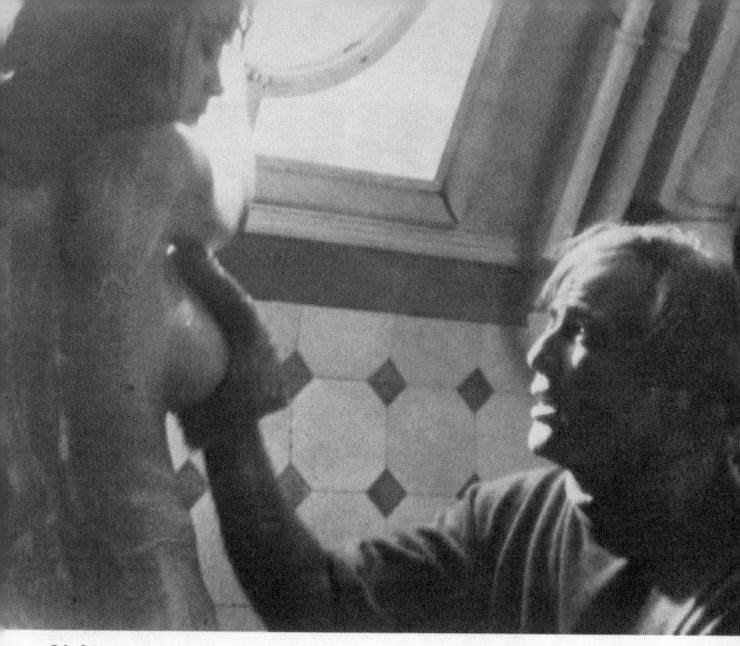

L'ultimo tango a Parigi

Gleich ob Bertolucci seinen Filmen ein Zitat wie in PRIMA
DELLA RIVOLUZIONE oder ein Gemälde voranstellt wie in STRA-
TEGIA DEL RAGNO, ULTIMO TANGO A PARIGI oder NOVECENTO, stets
dient der Hinweis als »renvoi«, als Schlüssel zur geheimen
Bedeutung des Films. In STRATEGIA ist es ein Bild des naiven
Malers Antonio Ligabue, der in der Po-Ebene, der Provinz
Emilia lebte. Im TANGO sind zum Vorspann zwei Bilder von
Francis Bacon reproduziert, ein nackter Mann und eine in eine
Ecke gekauerte Frau: Chiffren des Unsteten, des Schreckens,
der Zerrissenheit. NOVECENTO wird eingeleitet durch ein Ge-
mälde von Giuseppe Pellizza da Volpedo: »Il quarto stato/Der
vierte Stand«, das (1901 gemalt) Landarbeiter auf einer De-
monstration zeigt. Das Gemälde eröffnet den Film wie eine
Szene, es ist nicht als Standphoto dem Vorspann unterlegt.
Die Kamera zieht aus einer Naheinstellung sich in der Mittelachse aus dem Bild bis zur Totalen, als träten die Bauern, zum
Leben erweckt, in Bertoluccis Film ein.
Unter Bertoluccis Blick, der seine Zerrissenheit durch Überformung absichert, werden aus den diversen Orten ein Schau-

L'ultimo tango a Parigi

platz und aus dem Schauplatz ein Tableau, das in den unge-
zählten Kammern von Bertoluccis Musée Imaginaire nur die
Stufen seiner Entstehung, die Handhabung seiner Techniken
zeigt, das »Sichproduzieren des Zauberers«, wie Hauser an
anderer Stelle sagte.

4

Die Titel der Filme verheißen keine Handlung, sie geben
keine Namen preis. Sie sind, in der Regel, Zeitallegorien. LA
COMMARE SECCA heißt: der Gevatter Tod. PRIMA DELLA RIVOLU-
ZIONE: vor der Revolution. Nach einem Zitat von Talleyrand:
»Wer die Zeit vor der Revolution nicht erlebt hat, kennt nicht
die Süße des Lebens.« Ein Herzog und Bischof, der diesen
Ausspruch, der eine Weisheit zynisch verklärt, wohl nach der
Revolution, als Außenminister auf dem Wiener Kongreß in
Umlauf setzte. Die Revolution, die 1964 nur erahnt wird und
1968 auch nur phantastische Hoffnungen erfüllt, als mögliche
Zäsur für Fabrizios Existenz, der sich – wie Talleyrand – unter
Verzicht auf Privilegien von oben nach unten sozialisiert und
schließlich der abgeklärten, nachrevolutionären Macht um so
süßer erliegt. Das ist auch ein Schlüssel zu den Befreiungsver-
suchen von Fabrizio in jenem Film.
AGONIA: der Todeskampf. Ein alter Mann stirbt und im Vorraum versammeln sich die Trauernden, um Abschied zu nehmen. Eine hysterische Klage, keine Elegie der Würde. Erst als
die Diener der Kirche den Sterbenden, einen Prälaten, ein-
kleiden, erhält der Leib, als Mumie, seine Würde. Agonie
nimmt zum finalen Punkt die Bewegung auf dies Ziel hinzu.
ULTIMO TANGO A PARIGI: letzter Tango in Paris. Das ist die
verzögerte Agonie, aber erkennbar auch hier: eine Bewegung
auf den Tod zu. Tango als Chiffre der Morbidezza und der
Dekadenz, Paris als Chiffre existentieller Sehnsucht. Der Todeskampf in artistischer Form, als grotesker Wettbewerb al-
ternder Paare, dessen Form Marlon Brando und Maria
Schneider flagrant verletzen. Tango als höhnischer Verweis
und Todesmetapher. Zum Assoziationsfeld dieses Tanzes, das,
in einem anderen Schauspiel, Pina Bausch und ihre Truppe bis
zur Schamlosigkeit ausschritt, vergleiche Raimund Hoghe:
»Von einem seiner Dichter beschrieben als ein trauriger Ge-

Novecento

danke, den man tanzen kann. In Europa bis zur Lächerlichkeit
entstellt, verflacht, sentimentalisiert.«[11]

NOVECENTO: wörtlich »Neunzehnhundert«, aber: das zwanzigste Jahrhundert. Eine Zeitallegorie, deren Namen nach vorn
und nach rückwärts blickt, die in sich selber Zeit kondensiert.
Bertoluccis Versuch, ein repräsentatives Panorama des politischen Antagonismus der Moderne zu entwerfen. Die Titel-
wahl verrät auch einen Fetischismus zur runden Zahl. Als ob
die Moderne und ihre Theorien sich nach christlicher Zeit-
rechnung ausrichteten! Indiz dafür ist, daß er sogar Verdis
Biografie ein wenig verändert und das Jahrhundert mit dem
Klageruf des Buckligen Rigoletto einläutet: Giuseppe Verdi –
der 1901 starb – sei tot. Auch das Tableau da Volpedos »Der
vierte Stand« dient zur gleichsam objektivierenden Datierung.
Der Titel verrät zudem eine weitere Entsprechung zum Stil
des groß angelegten Films, der erklärtermaßen populistisch
sein will. »Novecento« nannte sich eine Gruppe italienischer
Maler, die 1922 auf- und 1933 abtraten. Ihr künstlerisches
Ziel waren traditionsbildende Werte, mit denen sie die »pit-
tura metafisica«, die Gruppe der Modernen, bekämpften.[12]

Novecento

NOVECENTO ist Bertoluccis extremster Film zum Thema Körperlichkeit. Die Zeitspanne in diesem Film umfaßt ein ganzes Mannesleben. Wir sehen ein schreiendes Baby und einen albernen Greis. Welche Kräfte welche Spuren den Körpern im Verfall einschrieben, macht Bertolucci mit Mitteln der Masken deutlich. Der große politische Antagonismus ist übersetzt in den kleinen Körperantagonismus. Das Politische wird zwar reduziert, aber auf seine Körperdimension geschraubt. Wie sich Körper unter dem Druck von Arbeit, Folter, Perversion und natürlichem Verfall deformieren, wird in Bertoluccis Version vom Triebschicksal als Klassenschicksal demonstriert. »In NOVECENTO gibt es also so etwas wie eine Trauerarbeit des Sozialismus«, schrieb der Psychoanalytiker Franco Fornari. »Aber sie spielt sich auf der Ebene infantiler Sexualität ab. Sie wirkt als eine Art Magma, der nicht nur die Erinnerungen entsteigen, sondern auch poetische Gefühle den großen Veränderungen gegenüber, die ein neues Bild vom Sozialismus schaffen. Mein Eindruck ist, daß Bertolucci den Sozialismus, psychologisch formuliert, als Genitalität begreift.«[13] Das zwanzigste Jahrhundert, möchte ich Maurice Merleau-Ponty, den marxistischen Philosophen der Körperlichkeit zitieren, »hat den Begriff des Leibes, das heißt des belebten Körpers wiederhergestellt und vertieft«.[14]

LA LUNA könnte man, à la rigueur, zu den Zeitallegorien stellen. Der Mond, der die Gezeiten macht, schafft hier die wichtigste Erinnerungsarbeit: an eine Kindheitsepisode. Der ganze Film ist eine Rückblende zu diesem Bild: Mutter und Sohn, nachts auf dem Fahrrad, hinter ihnen: der Mond. Der Sohn in Mittelachse dem Mutterauge konfrontiert, das seinerseits eine Achse mit dem Mond hinter ihrem Kopf bildet. Ein Kindheitsmuster, das Bertolucci kaleidoskopförmig auflöst. Am Anfang stand ein Concetto zur Zeit.

Die anderen Titel verweisen wie PARTNER auf das durchgängige Doppelgängermotiv, auf einen Sozialcharakter wie IL CONFORMISTA. Leicht daneben zu stellen sind: Fabrizio, der bürgerlich entgleiste Intellektuelle; Athos Magnani, der bloß ein entwurzelter Sohn ist; Clerici, der Konformist; Olmo Dalco, der Landproletarier; Alfredo Berlinghieri, der Großgrundbesitzer; Caterina, die Künstlerin. In Bertoluccis letztem Film TRAGEDIA DI UN UOMO RIDICULO verweist der Titel auf die scheinbar paradoxe Genremischung (Tragödie eines lächerlichen Mannes), in der sich jene neue Dramaturgie der Mischformen behauptet, die LA LUNA im provokanten Kommentar des Regisseurs ausprobieren konnte. »Man spricht heute von *nouvelle philosophie* und der *nouvelle cuisine,* warum nicht auch der *nouvelle dramaturgie?* Ich kann darüber nur lachen, aber das Leben basiert nun einmal auf Brüchen und Widersprüchen.«[15]

Das im Titel STRATEGIA DEL RAGNO verdinglichte Rätsel ist nicht auf den ersten Blick zu lösen. Es gibt weder einen Bild-, noch Dialogverweis als Schlüssel. Nur der Genus im Originaltitel gibt zu erkennen, daß eine Strategie der männlichen Spinne gemeint sein muß. Nicht gemeint ist die Umgarnung der Spinne, für die hier die Vergangenheit, die Macht, die Geschichte, aber auch: Draifa, die Geliebte des Athos Magnani sen. einsteht. Sondern: die Verweigerung, der Entzug der männlichen Spinne, die Anstrengung, sich der tödlichen Umarmung durch die Spinnenfrau zu entwinden. Die Strategie bestehe darin, daß die männliche Spinne bei der Paarung masturbiert, den Samen im Mund aufbewahrt, Kräfte sammelt und die Spinnenfrau aus sicherer Distanz befruchtet. So erklärt Bertolucci den Titel, aber nicht sein Rätsel.[16] Wäre der

La luna

Titel, löst man sein Concetto auf, nicht Ausdruck des psychischen Grundmusters eines paralysierten, narzißtisch gestörten Bewußtseins, das sich aus bedrohlicher Ich-Schwäche dem Verströmen an die Außenwelt entzieht? Die Strategie der Spinne wäre eine des Überlebens: um den Preis des Fürsichselberlebens. Dies ist der Preis, den nicht nur Fabrizio in PRIMA DELLA RIVOLUZIONE, den auch Jacob in PARTNER und Clerici in IL CONFORMISTA entrichten, von Athos Magnani einmal abgesehen, der sich der Geschichte, der Macht, der Politik, der Geliebten seines Vaters und vermittels ihres zielgehemmten Werbens auch dem Vatermythos entzieht.

5

Zu den Titeln treten die Namen. Manchmal müssen Bertoluccis Figuren über die Namen lachen, weil sie so komisch seien. Fabrizio mokiert sich über Giambattista Bodoni, als er mit seiner Tante den Inzest in der alten Druckerei vollzieht. Bodoni, berühmter Typograph und Begründer der herzoglichen Druckerei zu Parma, steht nur als Chiffre für Parma, als welche ebensogut der bekannte Schinken dienen könnte. Aber Bertolucci läßt seine Helden über manierierte Verschlüsselungen stolpern. »Ein komischer Name«, sagt die Frau des Konformisten, als sie am Telefon den Namen des Komplicen erfährt. Sie hat eine Assoziation, weil der Name spricht. Daß sich in RIVOLUZIONE der Name Fabrizio angeblich von Fabrice, dem Protagonisten in Stendhals Roman *Die Kartause von Parma* herleite, ist eine der falschen Fährten, die sich in diesem Blendwerk der sinnlichen Täuschungen bei Bertolucci finden. Die Chiffren dienen bloß dem Zweck, seine Filme dem Schauplatz Heimat anzubinden. So möchte man glauben, der Gutsherr Puck, der am Ufer des Po eine melancholische Endzeitklage anstimmt, verweise auf Shakespeares *Sommernachtstraum*. Schon möglich, andererseits zeichnete Gianni Puccini, Filmkritiker in der Emilia zu Resistenza-Zeiten, seine Artikel mit dem Kürzel »Puck«.[17]
In STRATEGIA DEL RAGNO gibt die enigmatisch lächelnde Alida Valli selber einen Hinweis auf ihren denkwürdigen Namen Draifa, den der Vater, Parteigänger von Zola, in Sympathie für Dreyfus ihr verlieh. Die Enträtselung klärt aber kaum das

Strategia del ragno

Wesen der Persönlichkeit der Draifa. Sie führt in die Irre,
wohin Bertolucci mit seinen »schwankenden, irisierenden, die
Sinne täuschenden« Mitteln ziehen will, wie Hauser zum Manierismus bemerkte. Athos Magnani: das deutet auf eine Le-
sefrucht. *Die drei Musketiere,* A. Dumas père. Athos war der
edle, der romantische Graf, und kämpfte Athos senior nicht
im Verein mit wackeren Verbündeten auch für die Durchset-
zung von Recht und Freiheit? Wird, am Ende, der antifaschistische Kampf, als romantische Aventüre, kritisiert oder bloß:
die tranceartige Suche nach ihren Spuren? Der Name Magnani
bedarf für das italienische Kino und seine Huldigung an Popu-
lismus keiner Erklärung. Wohl aber der mehr als zweideutige
Name, den Bertolucci der kleinen Stadt des Geschehens gibt:
Tara. Fare la tara bedeutet: nicht alles für bare Münze nehmen, und diese Devise ist ein guter Schlüssel zum Werk. Als
Nomen heißt Tara: Fehler, Gebrechen. Als cineastische Anspielung ist an den gleichnamigen Landsitz der Scarlett

27

O'Hara im Film *Gone With The Wind* (1939) zu denken, und zwar über die Namensgleichung durch die Formvermittlung, die sich auch in jenem Film den Affekten der Personen durch großartige Kreiselfahrten und Travellings annäherte.

Im CONFORMISTA häufen sich die sprechenden Namen. Marcello, der Konformist, ist mit Giulia verheiratet. Julia, denkt man an den Schauplatz des antiken wie des faschistischen Roms in diesem Film, war die Tochter des Kaisers Augustus, der sie mit Marcus Claudius Marcellus vermählte. Sichtbarer ist am Schluß, als Marcello in die Höhle, der er sich entronnen wähnte, zurückkehrt, daß neben dem Verschlag des Strichjungen, dem er sich zögernd nähert, mit Kreide der Name »Giulio« geschrieben steht: ein Ersatz, eine Ersetzung? Sein väterlicher Freund, der faschistische Radiokommentator, trägt den besonders faschistischen Namen Italo. Der Professor, den er umbringen lassen wird, heißt Quadri. Una testa quadra ist: ein gescheiter Kopf, und quadro im figurativen Sinn: ein Bild. In welchem Sinne hier die Fäden zu Platons Höhlengleichnis gesponnen werden, weiter unten. Der Chauffeur, den Marcello bezichtigt, ihn zur Homosexualität verführt zu haben, den er getötet zu haben glaubt und beim schockhaften Wiedererkennen öffentlich des Mordes an Quadri bezichtigt, den er beging, heißt: Lino. Lino heißt: Flachs, bezeichnet die Helle. Der alte Lino trägt flachsblondes Haar, der junge Lino eine schneeweiße Uniform. Tela di lino heißt: die Leinwand. Der ganze Mann dient Marcello als Projektionsfläche. Der Name des Agenten, den Giulia so komisch findet, ist: Manganiello. Der Stamm ist Mangan, ein graues Metall von mittlerer Härte, ziemlich unedel, das sich mit vielen Metallen legiert. Der Name enthüllt den Sozialcharakter der Figur, die ihn trägt. Noch eine Anzüglichkeit ist eingebaut: Giulia hat sich von ihrem Onkel Perpuzio entjungfern lassen (prepuzio ist: die Vorhaut).

NOVECENTO wurde von vielen Kritikern bezichtigt, den »historischen Kompromiß« des politischen Italiens zu verklären. Das war von Bertolucci beabsichtigt. Er wollte, mit aller ästhetischen Macht, den 25. April 1945, den Tag der Befreiung vom Faschismus, zum utopischen Augenblick entfalten, in dem der Sozialismus sich seiner eigenen Macht inne werde und der Macht jenen Prozeß macht, der sie abschafft. Als Schöpfer der Idee vom »compromesso storico« gilt der KPI-Sekretär

Enrico Berlinguer. Wiederum nur als Paradox greift Bertolucci diesen Namen auf, indem er den Großgrundbesitzer, um dessen schlußendliche Abschaffung sein Prozeß kreist, Berlinghieri nennt: den Berlinguer, dem die Zeitbestimmung »ieri«/gestern eingeschrieben ist.

Eine Anspielung, die kausal nicht zuende zu denken ist, sondern vom paradoxen Concetto lebt und ihre Spuren gleich verwischt. Aber das Klangfeld der Assoziationen muß man im Ohr behalten, will man dem Manieristen Bertolucci auf die Schliche kommen. Proletarischer Gegenpol zum Großgrundbesitzer Berlinghieri wird Dalco Olmo: das ist die Ulme, bodenständig in der Emilia, wie der Großvater Dalco (Sterling Hayden) dem alten Berlinghieri (Burt Lancaster) erklärt. Ulmen und Pappeln: das sind die Zeichen für die Landschaft Emilia, wie sie schon sich verdichteten in PRIMA DELLA RIVOLUZIONE, als Puck am Ufer philosophierte. Alida Valli trägt den Namen Signora Pioppi, d. h. »Pappeln«.

Man erinnert sich an den Weg, den die Frösche im ersten Teil von NOVECENTO nehmen. Der kleine Olmo fängt sie, und der feine Alfredo muß sie essen. Ein Lehrstück über die Reproduktion, den Antagonismus im eigenen Haus. Aber auch: ein Schauspiel der frühkindlichen Erinnerung, Poesie geworden in Bertoluccis Gedichtband *In cerca del mistero*. Ein Gedicht ist überschrieben: »Il bambino e le rane«, der kleine Junge und die Frösche. Darin heißt es: »Ora che gli olmi sono/ umili lampade verdi/ e i cancelli sono aperti, i pioppi sono/ pilastri coperti di foglie.«[18] Das wäre verdeutscht: »Jetzt, wo die Ulmen schwache grüne Lichter scheinen, sind die Tore geöffnet, und die Pappeln sind Pilaster, mit Blattwerk bedeckt.«

Das ist kein Gipfel italienischer Naturlyrik, hier aber unter allegorischem Blick, der die Natur zu Namen erstarren läßt, bedeutsam. So findet in diesem Kontext selbst Verdi seinen Platz. Nicht von ungefähr heißt der Bucklige, der die Landarbeiter in der »Lega« (Landarbeitergewerkschaft) organisiert, Rigoletto. Er trägt das Kostüm der Opernfigur von Verdi, der selber aus der Emilia stammend keine Chiffre mehr für Bertolucci ist, sondern: ein Insignum der Wahlverwandtschaft.

Dominique Sanda, die in NOVECENTO eine Dichterin darstellt, die eine Ehe mit dem Großgrundbesitz eingeht, trägt den Namen Ada Fiastri Paulhan. Das klingt wie eine angemessene *caprice*. »Ada«, das ist nicht nur ein Anagramm aus Sanda, sondern in sich ein Lautgedicht, wie diese Person sie schreibt. Der bizarre Mittelname ist eine Kontamination, die mehrere Assoziationen weckt, an Fiasko, wie an »astri«, Sterne, im übertragenen Sinn: hochfliegende Poesie. Paulhan schließlich ist eine handfeste Anspielung auf den einflußreichen Homme de lettres Jean Paulhan, mit André Gide 1925 Begründer der *Nouvelle Revue Française.* Der Name, scheint es, ist Adas bestes Gedicht.

Attila und Regina, das Verwalterehepaar auf dem Gut der Berlinghieris, sind der Inbegriff des Bösen und stehen, jedermann verständlich, dafür ein. Und was LA LUNA angeht – um den Spaziergang zu den Versteinerungen Bertoluccis abzuschließen –, so ist Caterina keine Heilige, sondern, wie das Gedicht in *Cerca del mistero* belegt, eine Jugendliebe des achtzehnjährigen Bernardo gewesen. Joe, Caterinas Sohn von einem italienischen Vater, aber in New York aufgewachsen, trägt einen amerikanischen Allerweltsnamen. Seine Identität, vielleicht einen Namen, wird er sich erst in Rom erarbeiten. Mit Hilfe der Droge, seiner Freunde, seiner gelösten Vaterbeziehung? Sein leiblicher Vater, mit dem es zum theatralischen Finale in den Caracalla-Thermen zur Aussöhnung kommt, heißt Giuseppe. Das ist – in Italien – der Schutzpatron der Gehörnten. Man kann an der aufdringlich populistischen Kamera-Arbeit in NOVECENTO und der preziösen Verschlüsselung der Benennungen einen jener Widersprüche festmachen, den Hauser als für den Manierismus charakteristischen beschrieb: »Es gehört zu den inneren Widersprüchen des Manierismus, daß er nicht nur einen fortgesetzten Kampf gegen den Formalismus (...) darstellt, sondern daß er zugleich selbst formalistische, fetischartige Kunst ist.«[19]

6

Bertoluccis erstes Thema sind die Väter. Damit hat er sich sehr früh und lang herumgeschlagen. Die Verwerfung der vielen Väter in seinen Filmen deutet auf eine beharrliche Suche nach dem einen Vater. Den biografischen Kampf gegen Attilio, den leiblichen Vater, führte Bernardo als mythischen Schaukampf. Daß der Gutsverwalter in NOVECENTO, der von dem schwachen Vater Giovanni Berlinghieri faktisch die poli-

Strategia del ragno

tische Verfügungsgewalt überschrieben erhält, den Namen Attila trägt, kommt einer symbolischen Tötung gleich. Die Anfänge sind weniger deutlich. In RIVOLUZIONE identifiziert sich der vaterlose Held Fabrizio mit dem kommunistischen Volksschullehrer Cesare, einem stillen Kämpfer gegen die Misere des alltäglichen Klassenkampfs. Ein Weiser und doch nur ein Vorbild auf Zeit, an den angelehnt der Bürgersohn Haltung ausprobieren darf, ohne umzufallen. Schließlich wird er, einem feigen Brutus gleich, seinen Cesare verraten: nicht durch Vatertötung, sondern durch den sanften Verrat, mit dem er, von ihm abgleitend, in den Hafen der Bürgerlichkeit einläuft. Gemeinsam mit dem väterlichen Freund auf dem Sommerfest der *Unità* macht Fabrizio sich seine Gedanken zur Utopie der Vater-Sohn-Beziehungen. »Auf der Straße demonstrieren«, sagt er, »reicht mir nicht. Ich stelle mir den neuen Menschen vor: eine Menschheit aus Söhnen, die ihren Eltern: Eltern wären.« Abgesehen davon, daß aus dieser Utopie die Töchter von der Menschheit ausgeschlossen werden, ist der Satz ein manieristisches Concetto. Die Inversion ist seine Redefigur, »verkehrte Welt« sein Topos. Was einmal politische Forderung war: das Delegationsprinzip der Herrschaft von Vätern über Söhne aufzubrechen, wird gegen die eigene Substanz gewendet und erhält durch diesen Prozeß eine zweite Realität.

AGONIA beschreibt den Tod eines Kirchen-Vaters, der die Trauerschar seiner Schüler und Jünger um sich versammelt. STRATEGIA beharrt, nach aller Einfühlung in die fremd gewordene Identität des toten Vaters, auf der Verwerfung des Vaters. Der Sohn gewinnt auf der Suche nach seiner sozialen Identität nur die von der Umwelt verliehene: des Vaters. Er bleibt Gefangener jenes Mythos, den aufzubrechen seine Suche unternahm. Athos Magnani jun. ist nicht Delegierter, er ist Opfer des Vaters. Wobei dem Zuschauer präsent bleiben muß, daß Bertolucci diesen Weg als Einbahnstraße konstruierte. Das Erfahrungsfeld des Sohns bleibt zwanghaft dem väterlichen Terrain verhaftet. In Tara lebt das Leben nicht, sondern vollstreckt nur die Zeichen, die der Determinismus des Drehbuchs setzt.

Auch im CONFORMISTA hat der Vater keine Chance zur realistischen Entfaltung. Er muß in den Extremen einer Überfigur verharren. Clerici (Trintignant), in hilfloser Haßliebe zur morbiden Mutter verstrickt, besucht den Vater im Irrenhaus. Dort

Strategia del ragno

schwafelt der Vater, in Zwangsjacken gefesselt, Bruchstücke eines Textes, der sich wie die faschistische Erfüllung der futuristischen Poesie anhört. »Blutbad und Melancholie«, murmelt der Vater, den bohrenden Fragen des Sohnes ausweichend. War der Vater schon Faschist, vielleicht Folterer in Mussolinis Abessinienkrieg – für den sein Textbruchstück als Chiffre stünde? Wie immer: der leibliche Vater entmündigt, der Wahlvater, Professor Quadri, ermordet, der faschistische Freund Montanari denunziert und dem Mob ausgeliefert und: aus Eifersucht, als politisch opportun getarnt, der japanische Liebhaber seiner Mutter auf diskrete Weise aus dem Weg geräumt. Der CONFORMISTA ist eine veritable Vätervertilgungsmaschine. Dafür sind, wie es sich schickt, subtile Zeichen gesetzt: nur die Mütze des vermutlich vom Agenten Manganiello umgebrachten Liebhabers sieht man durchs Laub rollen. Für diesen Anblick geht Storaros Kamera sogar in die Knie, um schließlich den Konformisten, der nun vaterlos dasteht, in bürgerlichen Vaterfreuden, die Sinne täuschend mit gemaltem Himmel, hinter der Wiege seines Kindes zu zeigen.

Il conformista

ULTIMO TANGO ist jene Wende in der Produktion von Bertolucci, die ihren Filmfiguren jedwede individuelle Geschichte entzieht, um die psychischen Affekte bloß noch als Stereotypen auszustellen, die selber zum Handlungsträger avancieren. Marlon Brando, der Liebhaber der Maria Schneider, ist überdeutlich Vaterersatz der jungen Frau, die erst dann sich von dieser Imago befreit und dem jugendlichen Glück (Jean-Pierre Léaud) anheimfällt, als sie Brando erschießt. Und zwar ausgerechnet, als dieser im Aufzug ihres Vaters auftritt und sich in der Sicherheit ihrer Liebe wähnt. Sein Unglück: er trägt das Offiziers-Képi des Obersten. Noch wo keine Väter mehr sind, muß der Schatten ihrer Autorität getötet werden.

In NOVECENTO stirbt der Großvater Berlinghieri (Lancaster) einen gewaltsamen Freitod und wird dem Enkel gegenüber zum Schein als lebend ausgegeben, damit der feige Sohn Giovanni die erbschleicherische Prozedur vollenden kann. Die Schwäche der Väter wird in diesem Film unterdessen als politische Dekadenz ausgegeben, sie entfaltet sich aber auf der gleichen Folie des mythischen Schaukampfs wie zu Bertoluccis filmischen Anfängen. Diese Väter sind korrupt und fallen dem Faschismus anheim: sie müssen weg, sagt die Ideologie des Films, die nun die psychischen Stereotypen überformt. Alfredo jn. (Robert De Niro) wird diesen Vater verwerfen und in seiner Phantasie statt dessen mit dem weltmännischen Ottavio, seinem Wunschonkel liebäugeln. Der Landproletarier Olmo (Depardieu) hat nicht einmal einen identifizierbaren Vater. Sein idealisierter Ersatz ist die Großfamilie und der liebevoll-strenge Patriarch, sein Großvater (Hayden). Ihn nimmt er, der selbst ein liebevoller Vater wird, als Ersatz an.

Über LA LUNA, der vordergründig ein Film über eine verfehlte Mutter-Sohn-Beziehung ist, gibt Bertolucci in einem Interview Auskunft: »Mir wurde beim Schnitt des Films bewußt, wie wichtig die Wiedergewinnung des Vaters ist.«[20] Der halbwüchsige Sohn hat hier zwei Väter, einen leiblichen, der ihm verborgen bleibt bis zum letzten Drittel des Films, und einen Adoptivvater, der ihm in den Eingangsszenen des Films wegstirbt. Man sieht: eine Aufweichung in sinnvolle Psychologie und eine Bertolucci fremde Überformung durch herkömmliche Hollywood-Muster, die die Selbstverlorenheit des Sohns nun motivieren muß, wo zuvor blinde, mythische Gewalt herrschte.

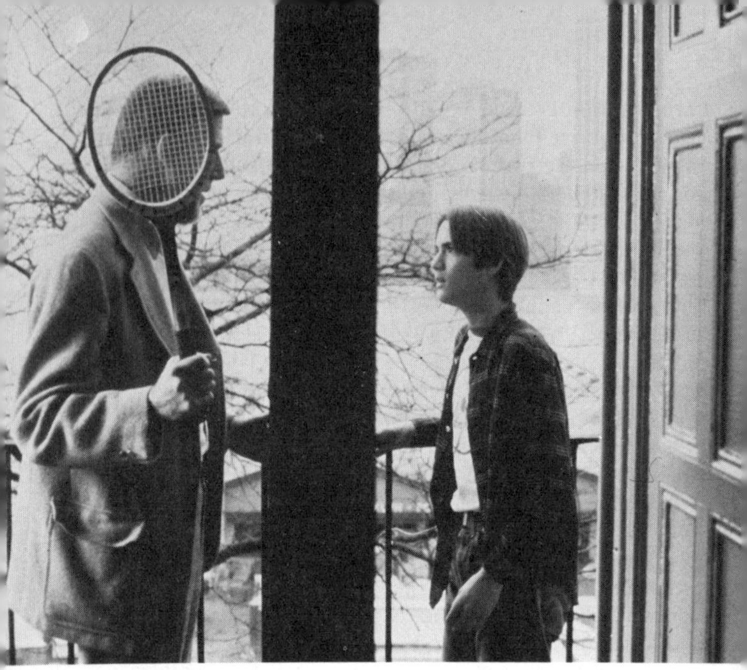

La luna

Um den Nachstellungen der Mutter zu entkommen, hängt sich der Sohn an lauter Ersatzbeziehungen, an einen Freund, an einen wildfremden Schwulen in der Bar und an eine Vater-Imago, die ihm zudem ein Gefühl von Heimat garantiert: Billy Martin, Trainer des Yankee-Football-Teams, über dessen Tod Joe in tiefe Trauer ausbricht und einen gewaltigen Schauplatz, die leere Halle, für seine Trauer wählt und den Gang dorthin zudem mit einem Kreidestrich markiert, als wollte er ins Labyrinth seiner Vatersuche verschwinden. Die Besetzung des Schwulen mit dem Pasolini-Star Franco Citti ist überdies ein gesteigertes Zeichen der Reverenz an Bertoluccis »filmischen« Vater: Pasolini. Und ist der »richtige«, d. h. leibliche, italienische Vater am Ende gefunden, so erklärt der Sohn, seinerseits anonym, sich für tot. Einerseits führt das zu dem melodramatischen Effekt, daß die zerbrochene Familie auf der Bühne zusammengeführt wird; andererseits deutet dies auch auf eine Erschöpfung des mythisch angelegten Schaukampfes. Dieser Sohn setzt nicht mehr den Vater ab, sondern, indifferent sich selber gegenüber, die Nachfolge. Der jüngste Film, TRAGEDIA, verschleiert vollends den Vater-Sohn-Konflikt. Un-

Partner

Tragedia di un uomo ridicolo

geklärt bleibt, ob der Sohn den Vater erpreßt, um die überkommene Väterlichkeit zu totalisieren oder zu verleugnen.

Wo kein Vater da ist, findet sich ein Doppelgänger. PARTNER, dessen Drehbuchidee vage auf Dostojewskijs *Doppelgänger*-Novelle beruht, thematisiert diese Rolle. Jacob/Giacobbe 1 und 2 spielen die Widersacher ihrer selbst: sehr veräußerlicht und grell. Aber wo Bertoluccis instabile Helden sich an keine Väter lehnen, lockt die Entsprechung zu sich selbst. Die Suche nach dem Vater wird begleitet, unterlaufen von der Suche nach dem Zwilling. Das ist nicht mehr die Suche nach dem Vorbild, das ist das Sehnen nach dem Ebenbild. In STRATEGIA tragen Vater und Sohn den gleichen Namen, werden vom gleichen Darsteller verkörpert, was eine zwanghafte Identität behauptet und dem narzißtischen Spiegelbild verfällt. Je näher dieser Sohn sich dem Vater wähnt, desto stärker löscht er sich als Sohn aus. Im CONFORMISTA ist es Dominique Sanda, die in den Sinnestäuschungen der Doppelgängerei glänzt. Einmal posiert sie lasziv als Geliebte des Ministers auf dessen Schreibtisch. Bevor der Film dies Bild zeigt, bereitet er den Auftritt

Il conformista

des Konformisten vor: der durch einen Bühnenvorhang den ministerialen Raum betritt und von der Erscheinung der Sanda geblendet wird. An der Grenze in Ventimiglia, wo er seine Order zum Mord erhält, tritt sie ihm im Gewand einer faschistischen Salonhure entgegen und beide Male im Gewand der Trauer, bevor diese Darstellerin die Rolle der Anna Quadri zu spielen anfängt. Ein Mythos beginnt sich derart durch zwanghafte Bildwiederholung zu etablieren, durch nichts anderes gesetzt als seine physische, in der Erscheinung changierende Präsenz.

In ULTIMO TANGO spielen Marlon Brando als Exehemann und Massimo Girotti als Exgeliebter jener Frau, die durch Freitod verschied, eine sehr leise, komische Szene der Doppelgänger. Anstatt sich zu duellieren, taxieren sie einander und prüfen ihre Qualität als Liebhaber. Ihre Erkenntnis zielt nicht auf Verschiedenheit, sondern auf Übereinstimmung in Alter, Figur und Wahl der Whisky-Marke. Sogar ihr Morgenmantel war vom gleichen Stoff. Und daß zwei Männer ihr Triebziel so beharrlich auf die gleiche Frau richten, läßt schließen, daß sie

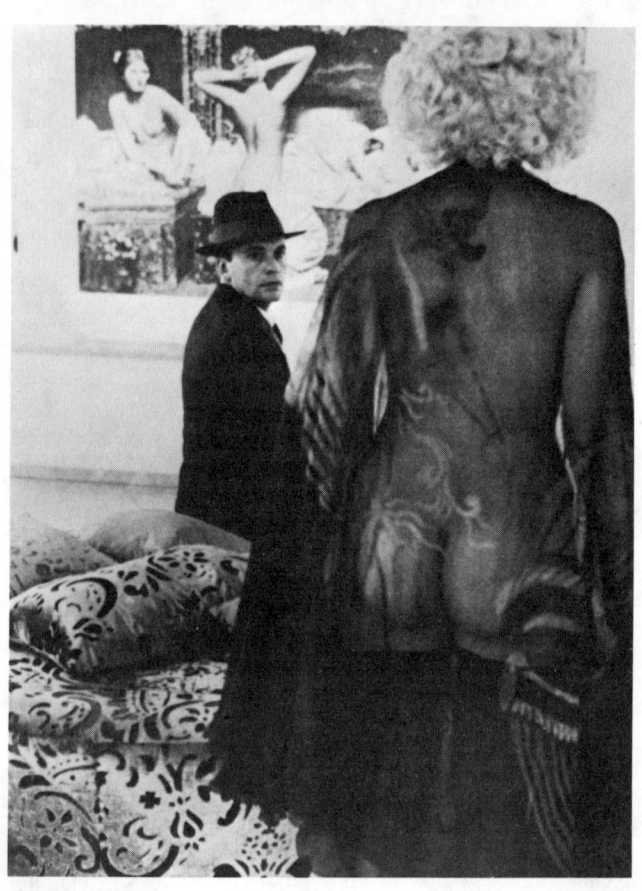

Il conformista

am Ende auch sich selber kaum Feind sein können. Die Filme von Hawks illustrieren, welche Komik diese Stellvertreter-energien freisetzen.

In NOVECENTO erhält die Zwillingskonstellation ihre freilich aufgesetzte geschichtsphilosophische Dimension. Alfredo und Olmo, Gutsherr und Knecht, verkörpern deshalb so wenig sich selbst, weil sie für den Überbau ihrer selbst geradestehen müssen, für den vielberufenen »compromesso storico«. Sind unversöhnbare Klassen zuletzt doch vom gleichen Stamm? Wird ihre Zwillingssehnsucht nach Einheit und physischem Zusammenwachsen nur unglücklicherweise durch den Antagonismus ihrer Klassenziele entzweit? Zerbricht die brüderliche Liebe zwischen diesen Männern am Riß, der sich durch ihre politische Welt zieht? Vielleicht ging es Bertolucci mit dieser Konstellation nicht einzig um eine rhetorische Figur zum Historischen Kompromiß. Vielleicht liegt in dieser Alfredo-Olmo-Konstruktion auch ein Stück Platonismus verborgen, der sich selber fremd ist.

Gemeinsames Motiv der Flucht aus der gesellschaftlichen Welt dieser vaterlosen Söhne und verlassenen Zwillinge ist die Faszination durch Innenräume. »Unpolitische Ausbruchsversuche aus der bürgerlichen Familie führen in deren Verstrickung meist nur umso tiefer hinein«, notierte Adorno.[21]

Die Verschränkung der Vater-Verwerfung aber mit dem Motiv des Doppelgängers heißt, um der Geschichte abzuschwören, den Mythos willkommen. Wo die Väter abwesend sind oder vom Wege abgedrängt werden wie einst Laios wird der Verlust an Vergangenheit wettgemacht durch Verdoppelung der Gegenwart. »Meine Zukunft als Bürger ist meine Vergangenheit als Bürger«, sagt, sich selber paradox, Fabrizio. So spiegelt sich in Bertoluccis Figuren wieder, was in den Titeln der Filme präludiert war: Zeitallegorie. Tritt in den Titeln die Eingrenzung, die Finalität der Zeit zutage, so tritt im Inneren der Figuren die Zeit auf der Stelle. Sie steht still. Kein Wind der Geschichte weht mehr. Er könnte ja auch die Wasseroberfläche, in der sich die narzißtischen Figuren spiegeln, zum Verschwimmen bringen.

7

Der Schauplatz der Geschichte wird zum Theater der Affekte. Als Bilderbuch zur Geschichte der aktuellen Konflikte des politischen Italiens taugen Bertoluccis Filme nicht. Diesen Diskurs führen die Filme von Francesco Rosi und den Brüdern Taviani. Bertolucci hält das Erbe von Pasolini als Fackel in die Höhe, um zu verbergen, daß er ästhetisch als Erbschleicher Viscontis in die Filmwelt kam. Die Geschichte ist die Domäne

La commare secca

der Väter, und nach vorliegendem Befund zur Obsession der Söhne in den Bertolucci-Filmen ist es kaum verwunderlich, daß sie in ein Terrain Vague, ein Ödland: die Zwischenzone zwischen Vergangenheit und Gegenwart ausweichen. Betreten sie einmal das Gelände der Politik wie in RIVOLUZIONE oder CONFORMISTA, dann mit gewaltsamen Folgen. Nimmt man die Filme ineins: als einen serialisierten Versuch der Selbsterforschung des Regisseurs, so fällt ein zyklisches Verhalten auf. Auf einen politischen Film wie CONFORMISTA folgt ein apolitischer wie ULTIMO TANGO, auf den wiederum ein politischer Film folgt wie NOVECENTO, der abgelöst wird von einem apolitischen wie LA LUNA. Satz und Gegensatz: die einzige Beständigkeit bei diesem Werk liegt in der Paradoxie, durch die letztlich auch was als politisch oder apolitisch fest umrissen scheint, verschwimmt. Bertolucci, der späte Manierist, revoziert sich am laufenden Band und widerspricht dabei nicht sich, sondern: seinem ästhetischen System inhärent, bloß dem herrschenden Diskurs der Festschreibung in Eindeutigkeit.

Ist COMMARE SECCA ein Porträt des römischen Subproletariats oder eine Meisterschüleretüde à la Pasolini, in der das Klimpern mit dem Handwerk das Thema aufsaugt und sich an dessen Stelle inthronisiert? Ist RIVOLUZIONE ein Zeugnis des Vor-1968er-Engagements oder ein melancholischer Versuch, das Nicht-Engagement zu rechtfertigen? Fallen bei Bertolucci die stabilisierenden Zweifel der Bürger nicht immer stärker ins Gewicht als die destabilisierten Hoffnungen der Land- und Stadtarbeiter? Ist PARTNER ein Panorama vom Pariser Mai 1968 oder sein dunkler Vorraum, in dem er zaudernd innehält? Ist STRATEGIA ein Beitrag zum faschistischen Antifaschismus – nämlich: Selbstaufgabe und Unterwerfung des Individuums unter den Mythos – oder eine Phantasmagorie zur Vaterlosigkeit? Ist IL CONFORMISTA, in schamloser Ausbeutung von Viscontis Film *La caduta degli dei* (Die Verdammten. 1968), ein sozialpsychologischer Beitrag zur Faschismustheorie von Wilhelm Reich oder eine ästhetisch nostalgische Exploration der 30er Jahre? Ist ULTIMO TANGO eine radikale Tabuverletzung oder eine larmoyant geratene Elegie auf den einen grandios gewollten Virilismus? Ist NOVECENTO Kondensat von Zeithistorie oder die Vision der Sehnsucht nach dem Ende der sozialen Zerrissenheit, der Traum von Einheit und Versöhnung? Ist LA LUNA das Sozialporträt einer Diva oder die sehr persönliche Abrechnung des Regisseurs mit seiner nach Paso-

La luna

lini gleichbedeutenden Vater-Imago im ästhetischen Bereich, Giuseppe Verdi?

Wie immer ambivalent die Möglichkeit der Deutung sein mag, plädiere ich in jedem Fall für die letztgenannte Lösung, um zu zeigen, welche Reduktion an allen Orten Bertolucci vornimmt. Ein Manierist steht gern an der Schwundstufe der Realität, um sich auf schmalem Grund ein Treppenhaus ins Traumreich zu erbauen.

Bertoluccis Helden sind keine Helden mehr, sondern Zwangsvollstrecker jenes Opfers, das der Mythos ihnen abverlangt. Da ihnen der Spielraum zum Handeln abgepreßt wird, können sie, auf öffentlich-politischem Terrain, nur noch Figuren der Unterwerfung zelebrieren: Gesten und Formen erfinden, in deren Besitz sie sich wähnen. Während der Dreharbeiten zum ULTIMO TANGO stand der Regisseur, wie er an sehr entlegenem Ort und nicht der Boulevardpresse gestand, unter dem Einfluß des Philosophen Georges Bataille. Sein langjähriger Cutter, Kim Arcalli, hatte ihn darauf gebracht. Bertolucci dachte sogar daran, Batailles Roman *Das Blau des Himmels* zu verfilmen.[22] In welchem Maße Bertoluccis Manierismus auch im Banne von Bataille stand, darüber gibt eine für jenen Philosophen zentrale These vielleicht Auskunft: »In der Erotik geht es immer um die Auflösung schon gebildeter Formen.«[23]

8

Bertolucci hat eine Vorliebe für die Sonderformen der Erotik. LA LUNA zum Beispiel blättert einen ganzen Leporello sexueller Spielarten auf, deren Vielfalt Zuschauer wie Kritiker verwirrt, und das heißt bei diesem Regisseur: vorsätzlich desorientiert. Was Dramaturgie, Identität, Rolle, Entwicklung, Genre oder Erzählform sein soll, verliert unter seinem Blick an Stringenz, um dafür an Weitläufigkeit und Vertracktheit zu gewinnen. Einen besonderen Stellenwert nimmt die Homosexualität ein, die sich wie ein roter Faden durch dies Werk zieht. Allerdings kaum als brodelndes Triebschicksal wie bei den Charakteren Pasolinis, sondern als eine Attitüde des Sublimen, in der die Triebe zum Affekt verschliffen und die Ziele, auf die sie sich richten, verfehlt werden. Kaum dürfen die Figuren sich ihrer sexuellen Orientierung innewerden, ge-

Prima della rivoluzione

schweige denn sie ausleben. RIVOLUZIONE und LA LUNA spielen mit dem Inzest-Motiv, ohne den Frevel als riskante Tabuverletzung zu durchleben. Die Perversionen, die Bertoluccis Filme werbend ausstellen, werden in der Regel höchstens verbalisiert wie im TANGO, kaum aber visualisiert. Der Manierismus, der Haltungen und Triebe theatralisch ausstellt, bietet den homosexuellen Charakteren Bertoluccis bloß repressive Flucht in Kunstwelten und Melancholie.

In RIVOLUZIONE wirbt der Arbeitersohn Agostino um Fabrizio, der sich aber dieser Freundschaft, die nicht einmal von sichtlichen Zeichen sexuellen Interesses tingiert ist, nicht gewachsen zeigt. Der Bürgersohn, der mit dem Kopf das Bündnis der Arbeiterklasse zu suchen vorgibt, läßt seinen Freund im Stich, nimmt abstrakt für die Politik Partei (dafür steht seine wiederum verfehlte Zuwendung zum Lehrer Cesare) und übersieht die politische Dimension des Privaten. Zwischen den beiden steht entweder ein Zaun oder Agostinos Fahrrad, mit dem, beständig stürzend, er Fabrizio zu umkreisen sucht. Drei Annäherungen, drei Abschiede und zum Schluß der Selbst-

45

mord Agostinos. Dabei schicken sich die Freunde ins Kino, das Hawks' *Red River* zeigt, einen Film, dessen Männerfreundschaften sich gleichfalls nur als Rivalitäten ausleben dürfen.

Die Kamera vollführt Kreisbewegungen um diese Freunde: wie um Monaden, die in ihrer Privatheit verharren, aus der sie ausbrechen möchten. Beide träumen davon, sich loszureißen, enden aber als Entwurzelte. Wird Agostino für sein Werben bestraft? Das wäre, kausal, ein Kurzschluß. Aber, fragt man, warum wird nichts als die Erinnerung an ihn bleiben, das liebevolle Gedenken an sein Haar »wie Kanarienvogelfedern«, wie Fabrizio an der Tafel lamentiert, während die ihn liebende Tante Gina seufzt, derart möchte auch sie im Gedächtnis der anderen überleben.

Im Debütfilm COMMARE SECCA ist es ein Homosexueller, der den Mörder der Prostituierten identifiziert, am Klang der Holzpantinen. Das wäre, allein genommen, kein besonderes Indiz, macht aber hellhörig, denn mit der Beharrlichkeit, in der Bertolucci homosexuelle Figuren auftreten läßt, thematisieren sie die Wahrnehmung und nicht: ihre Interessen. Die ironische Vertracktheit der Zeichen will, daß zu COMMARE SECCA jeder Italiener, der einen Homosexuellen identifiziert, sich der populären Geste am Ohr entsinnt, die diese Minderheit in der öffentlichen Zeichensprache kennzeichnet.

Als der Konformist seinem Freund, dem faschistischen Radiokommentator, seinen Plan zu heiraten kundtut, antwortet der bestürzt: »Ich verliere meinen besten Freund.« Marcello Clerici, der Konformist, in seiner Kindheit durch einen Päderasten traumatisiert, ordnet sein Leben, seine private wie politische Karriere der Sehnsucht unter, als normaler Durchschnittsbürger zu gelten. In welchem Maß er von der Kindheitsbegegnung mit einem manifesten Homosexuellen geprägt wurde, will er zwanghaft vertuschen. Die Strategie des Spurenlöschens nimmt ihn dabei so gefangen, daß er erst gegen Ende des Films seinem liebsten Feind, dem Chauffeur, wiederbegegnet. Was ist normal?, ist seine bange Frage. Der Kommentator, der seinerseits seine Interessen an Clerici zügeln muß, beantwortet sie. Normal, das sei die Lust eines Mannes, sich nach dem Hintern einer schönen Frau umzudrehen und zu sehen, fünf andere Männer tun es auch. Noch während er dies sagt, taucht die Kamera vertikal ab, die zu

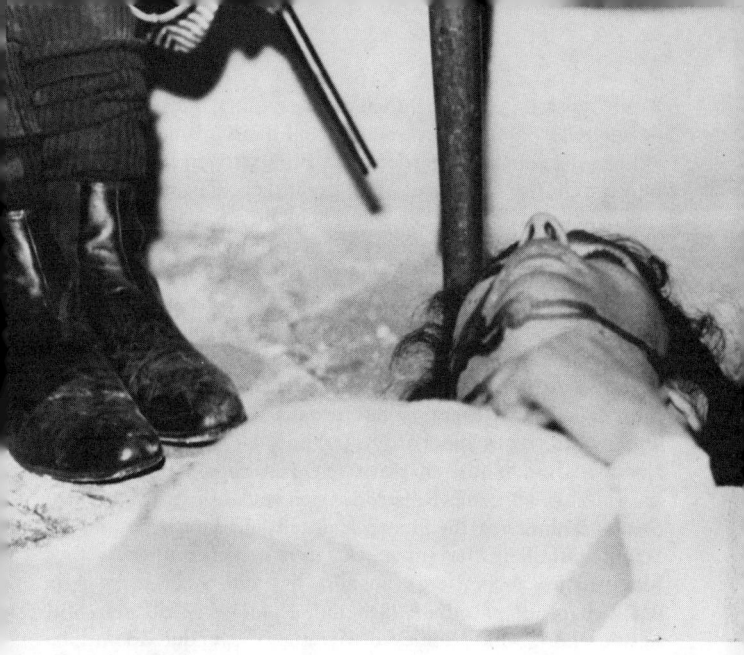

Il conformista

Beginn der Einstellung – die Freunde in einem Souterrain vorm Fenster – die Beine der Passantinnen mit kadriert hatte. Nun senkt sich der Blick in den Keller und schließt die Außenwelt vor den Männern aus. Normal also wäre gemäß dieser Definition, die zugleich ein visuelles Urteil gegen den vorgebrachten Standpunkt abgibt, die ungenierte Kollektivität, das öffentliche Einverständnis über Triebziel und Genuß. Das Gegenteil davon wäre das Verstecken der Einzelgänger, der Unterdrückten, die sich heimlich verständigen, an unzensierten, von keiner Instanz überwachten Blicken. Daß Bertolucci ausgerechnet an homosexuellen Konstellationen die Wahrnehmung: ihre Intensivierung noch im Verheimlichen erörtert, ist gewiß kein Zufall. Wie seine Kamerafigur des Blickdelegierten funktioniert, dazu weiter unten.

Der gewöhnliche Homosexuelle, wie noch in dem Pasolini verpflichteten Debütfilm, ist für Bertolucci keine interessante Figur. Sein Drang nach überfrachteten Zeichen läßt ihn auch hier zu den Extremen finden. Der Chauffeur, der den jungen

Konformisten ja offensichtlich nicht verführt, muß, um als Homosexueller zunächst erkennbar und dann mit heftigster Reaktion abgelehnt zu werden, zur Frau werden. Er lüftet die Uniformmütze, spielt mit einer gefährlichen Pistole, also den Zeichen quasi beruflicher Männlichkeit, um dann im Handumdrehen sich zu verwandeln. Er schüttelt die Haare, sie sind lang, legt einen Kimono an und fühlt sich als Madame Butterfly – der doppelte Boden: die unstillbare Sehnsucht der Butterfly als Opernfigur galt ja einem Uniformträger. Der Junge ekelt sich, schießt und flieht im Glauben, den Päderasten erschossen zu haben. Wichtig ist hier nicht die psychologische Stimmigkeit der Rollen, sondern das Changieren in den Rollen. In STRATEGIA beschäftigt Draifa (Alida Valli) in ihrem Landhaus einen jungen Burschen. Ein engelhaftes Lächeln, ein fleischgewordenes Rätsel, das sich erst auflöst, als »er« den Strohhut abnimmt, die Haare schüttelt, die dann »ihr« auf die Schultern fallen. Der Junge, der in dem Gasthof, der Athos Magnani jun. beherbergt, aushilft, hält einen Hasen im Arm und behauptet, rätselhaft lächelnd, es sei ein Weibchen. Sinnestäuschung und Sinnesverwirrung, fliegender Identitätswechsel: Sublimationen an jedem Ort, den Bertoluccis Figuren, ohnehin nur temporär, einnehmen.

In NOVECENTO verlustiert der erstgeborene Sohn des Landbesitzers sich in Venedig, anstatt zu heiraten. Kein Wunder, daß der verschlagene Giovanni sich dessen Rechte anmaßt, denn: der kleine Held, Alfredo, hat einen schwulen Onkel. Er weiß es bloß noch nicht. Diesem Mann, der auf blankem Arm ein Segelschiff eintätowiert hat (das erste überhaupt, was die Kamera von ihm zeigt), der um den Kopf des Neffen einen Turban wickelt, mit ihm spielend das Traumland (Seraglio/Sérail) betritt, gilt die Sehnsucht des Jungen. Ein schönes Vaterbild! Die Folgen sind bekannt: Führungsschwäche und inhärente Dekadenz, leichte Beute des Faschismus.

Im zweiten Teil des Films spielt dieser Onkel, auch er ein Päderast, die Rolle des deutschen Barons von Gloeden auf Sizilien nach, photographiert in antikisierenden Posen halbwüchsige Fischerknaben, deren Sinnlichkeit statuar gebannt scheint. Ottavio ist eine lächerliche Null, die für ihre sinnlose Existenz dramaturgisch bestraft wird, durch ihr Verschwinden aus der Geschichte von NOVECENTO.

Allerdings beschert er Dominique Sanda einen bezeichnenden

Auftritt. In Ottavios Haus lernt Alfredo (Robert De Niro) seine künftige Frau kennen. Ein verwöhntes, jedoch unberührtes Luder, dem der reiche Onkel schicke Sportautos und neusachliche deutsche Maler à la mode schenkt. Im Hosenanzug kommt sie die Treppe hinunter, die nassen Haare trocknend, schon sprechend. Dann teilt sie den Vorhang ihrer Haare, steckt sich eine Zigarette an; und auftritt: ein Gesicht. Daß homosexuell unterdrückte Männer ihre Ichschwäche gern an starken Frauen aufrichten, ist kein Geheimnis, denkt man nur an den Kult um Bette Davis und Marlene Dietrich. Daß aber die starken Frauen ihrerseits nur als lesbische Frauen stark sein dürfen, ist ein Kinoklischee, aus dem auch der so waghalsige Bertolucci nicht ausbricht. Im Gegenteil.

In IL CONFORMISTA spielt Dominique Sanda (ich bemerke bloß, daß ihr Vorname doppelgeschlechtlich denkbar ist) die Frau des antifaschistischen Professor Quadri. Aber Antifaschismus schützt auch die lesbische Frau vor Strafe nicht. Sie spürt sehr wohl die Faszination, die sie auf den gelackten Schwächling, der am Ende sie und ihren Mann ermorden läßt, ausübt und versucht: sie dominierend auszuüben. Die Kameraeinstellung auf sie als Anna Quadri – man sah sie zuvor in zwei täuschenden Rollen als Doppelgängerin einer Rolle, die sie erst entdecken wird – zeigt sie im pariser Appartement, wie sie rauchend, die Hände in den Hosentaschen, herausfordernd am Türrahmen lehnt: eine sehr männliche Erscheinung, die eine Dietrich-Pose zitiert. Trintignant aber wirft sie sich sozusagen bloß instrumentell an den Hals: einerseits um Schlimmeres zu verhüten, andererseits um an seine dumme, aber sinnliche Frau heranzukommen. In ihrer Ballettschule, bewaffnet mit einem Stock, der gewiß nicht bloß zum Taktangeben dient, angetan mit einem Wolltrikot und sehr hohen Stiefeln, wirkt sie ganz als Domina. Der Ehefrau des Konformisten wirft, nein: legt sie sich sanft zu Füßen, hilft ihr beim Ankleiden: um deren »Zofe« zu spielen, wie sie ihren sexuellen Wunsch unverhohlen definiert.

Auch hier fährt die Kamera in Mittelachse zurück, um den Blick auf einen Dritten, den Voyeur (in diesem Fall: der Konformist), freizugeben. Verschwiegene Blicke, die doch nicht zu verstecken sind, das ist bei Bertolucci stets das Zeichen einer homosexuellen Interessenlage, die sich ihrer selbst nicht innewerden darf. Als Anna Quadri und Giulia Clerici ihren Ein-

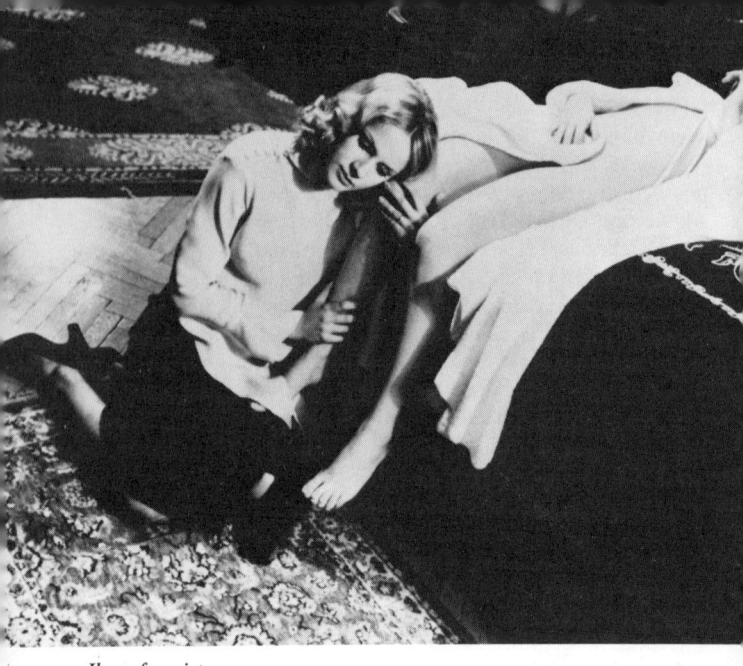

Il conformista

kaufsbummel beginnen, eröffnet die Kamera nah mit einem Blick auf den kleinen Leopardenkopf, der den Umhang der Sanda auf der Brust schließt. Nicht »la belle et la bête« ist das Thema, sondern: la belle *est* la bête. Die Tanzsequenz im Ballhaus aus Glas, mit der die beiden Frauen das Publikum der Vorstadt befremden, ist das Ritual, in dem sich ihre Wünsche schon erfüllen müssen. Caroline Sheldon, die über das Thema Lesbierinnen und Film erschöpfend nachdachte, kam zu dem Schluß: »Daß sie [Anna Quadri] schließlich erschossen wird, soll signalisieren, daß es mit einer dekadenten, bourgeoisen Lesbierin ein böses Ende nehmen muß.«[24]

Einerseits dienen Bertolucci die homosexuellen Figuren als Instrumente sozial geschärfter Aufmerksamkeit, andererseits erstarren sie unter seinem Blick zu Statuen, an denen er nichts studiert als Details einer extrem gewundenen und mithin interessant erscheinenden Pose. Natürlich hat dieser aufgeklärte Mensch, wie er dem Interviewer in *Rolling Stone* erklärte, nichts gegen die Homosexualität. Das wäre auch verwunderlich. In welchem Maße aber Bertolucci, noch auf der persönlichen Ebene, sie wahrnimmt als Bestandteil seiner theatralischen Inszenierung, verrät die folgende Beobachtung, wie er sie dem Interviewer nach dem Besuch einer homosexuellen Discothek in den USA preisgibt: »Viele Jungs tanzten, aber es schien, als wären sie vollkommen erstarrt [frozen], nichts passierte.«[25]

Das ist eine Frage der Wahrnehmung. Der Materialist, als der Bertolucci sich unermüdlich ausgibt, entpuppt sich, ästhetisch wie politisch, als Platoniker. Das Höhlengleichnis, aus Platons 7. Buch der *Politeia* (Der Staat), war das Dissertationsthema, das Professor Quadri vor dem Exil seinem Schüler Clerici anvertraute. Der Konformist hat es nicht bewältigt. Bertolucci hat es als Diskurs über das Kino inszeniert. Für Platon war die Welt von Ideen beherrscht, von denen uns aber bloß das Abbild erkennbar ist, so könnte man das Höhlengleichnis auf seine Quintessenz bringen. Während Lehrer und Schüler, einander Feind geworden, darüber reden, fällt Licht und Schatten, wie ein politisches Urteil, über sie. Quadri schließt die Fensterläden, simuliert Platons Höhle, hält dem faschistisch gewordenen Schüler eine Exegese des Gleichnisses, indem er ihn selbst den Bedingungen der Höhle und damit der Möglichkeit, sinnlich zu theoretisieren, aussetzt. Dann öffnet der Lehrer den Laden und das Licht, das nun auf den Schüler einstürzt, löst dessen Schatten auf in Nichts.

Damit ist Platon nicht aus der Erzählung verschwunden. Sein Höhlengleichnis bleibt präsent, auch wo davon die Rede ausdrücklich nicht mehr ist, sondern: ein Bild. Als der Konformist seinen mörderischen Plan dem Ministerium andient, werden, was seltsam berührt, antike Feldzeichen vor seiner Nase durch den Raum getragen. Als er seinen Freund Montanari am Schluß des Faschismus bezichtigt, dem er anheimfiel, wird die Szene auf der Straße begleitet vom Sturz der antiken Feldzeichen. Mussolinis Glanz und Ende wäre die politische Dimension der Zeichen, genauer: ihre zeithistorische. Ihre allegorische Dimension schreibt sich weiterhin Platons Höhlengleichnis ein. Denn da war ausdrücklich die Rede von Bildsäulen, steinernen und hölzernen Bildern, von Menschen hin und her getragen vor jenen Gefangenen in der Höhle, die davon bloß Schatten wahrnehmen.[26] Einmal bestand die Chance für die Gefangenen, ans Licht zu gehen, das bei Quadri umstandslos für Aufklärung gesetzt wird. Sein Schüler folgt diesem Weg,

Partner

kehrt aber mutlos um: in sein Gefängnis, wie es bei Platon heißt.

Mit Blindheit geschlagen zu sein, das ist ein politisches Verhängnis der von Bertolucci gezeichneten Figuren. Das ist aber auch das Schicksal der Gefangenen in Platons Höhle. So gesehen ist die Blindheit des faschistischen Freundes Montanari schlüssig, der im Sender seinen Kommentar von der Braille-Schrift abtastet, ebenso wie der Traum des Konformisten, der darin erblindete und von seinem Philosophieprofessor – mit Erfolg – operiert wurde. Das war nur der Traum, ein Überhang der Vergangenheit, der seine Gegenwart nicht korrigiert. In NOVECENTO ist es die träumerische Poetin Ada (Dominique Sanda), die zweimal einer hysterischen Blindheit anheimfällt. Einmal im Auto, als sie Robert De Niro mit dem Sportauto ausfährt, und ein anderes Mal auf dem Tanzboden der Bauern, als sie in die starken Arme Olmos taumelt. In STRATEGIA kratzt Athos jun. dem Standbild seines Vaters die zudem weiß ausgemalten Augen aus. In PARTNER scheint die Freundin von Jacob wie geblendet, um doch eine neue Sinnestäuschung zu insze-

Il conformista

nieren. Auf die geschlossenen Augenlider hat sie Augen auf-
gemalt, wie um den manieristischen Trompe-l'œil-Effekt an
und für sich vorzuführen.

Im platonischen Licht besehen erhält die Schlußszene von IL
CONFORMISTA eine neue Dimension. Clerici umstreicht zwar
mit unverhohlenem Interesse den schönen Knaben, der ihn in
seinen Verschlag lockt, aber wenn sein Ziel der Knabe ist, fällt
er gleichzeitig der alten Höhle, der politischen Gefangenschaft
anheim. Der Verschlag – ein Seitenloch des antiken Colosseo
– hat Gitterstäbe, die Fackel brennt davor: alle Zeichen der
Inszenierung bannen den Konformisten in die Höhle seiner
traumatischen Kindheitserfahrung mit dem Päderasten zurück. In ihrer Totalisierung ergeben diese Zeichen aber Bertoluccis Urteil, das theoretisch dem schicken Kurzschluß von
Wilhelm Reich (den Susan Sontag in ihrem Riefenstahl-Essay
tradierte) erliegt, die Homosexuellen fielen, so oder so, dem
Faschismus anheim. Noch im Festschreiben dieser Haltung erweist sich Bertolucci als ein Schüler Platons. Vielleicht ist dessen Bann nur von ganz außen zu brechen, durch eine Unver-

53

schämtheit, wie sie Julio Cortázar ersann: »Der Synomie und der Idiotie ist kein Ende. Jeder Polizeikommissar ist bereit, im Dichter den Homosexuellen oder den Kokainsüchtigen oder den Unzurechnungsfähigen vom Dienst zu sehen; und das entsetzlichste ist, daß es einmal einen Kommissar namens Platon gab.«[27]

9

In der Kamera-Arbeit versammeln sich die manieristischen Kunstgriffe bei Bertolucci wie in einem Brennspiegel. Seit RIVOLUZIONE, dem Film, an dem Vittorio Storaro als Assistent mitarbeitete, ist dieser Kameramann dem Werk Bertoluccis verpflichtet. Er setzt die Szene der Filme vorzugsweise einem fast tropisch intensiven Licht aus, und die Figuren schwindelerregenden, verschwimmenden Fahrten, zu denen Storaro seine Kamera auf einen Dolly (Kamerawagen) oder Kran montiert. Zum gewählten Bildausschnitt wählt er einen zweiten Rahmen, in denen er eine Geste, einen Gang der Figuren gefangen hält. Was in der Wahrnehmung verschwimmt, wird gefestigt durch eine starre Perspektive aus der Mittelachse; so wird das Sehen bei Storaro zu einem situativen Denken, das kaum über seinen Augenblick hinauszielt. Am Beispiel von STRATEGIA möchte ich das zeigen.

Die Zentralperspektive, in der die Menschen und ihre Welt überschaubar eingebunden wurden, ist eine Erfindung der Renaissance, die nicht von ungefähr auch die Philosophie des Neoplatonismus belebte. Storaro seinerseits untergräbt die Strenge dieser Perspektive, indem er sie der allersanftesten Erschütterung aussetzt. Um typische Erfahrungen im gesellschaftlichen Kontext zu umreißen, wählt er die Mittelachse. Dahin stellt er seine Figuren, die als Sozialcharaktere handeln. Ihr Handeln aber wird bewegt, begleitet, umfahren und schließlich unterlaufen durch eine fast ständig kreisende Kamera und ihren Blick, der zur Verdächtigung verführt. Was an diesen Figuren als Sozialcharakter fest umrissen schien, entgleitet in einer verschwimmenden Wahrnehmung.

»Vittorio ist darauf aus, für jede Einstellung die perfekteste und schönste Komposition von Licht und Dunkel zu erreichen. Seine Lichtmalerei ist etwas ganz Besonderes, aber es dauert

Strategia del ragno

sehr lange, bis alle Elemente genau aufeinander abgestimmt sind«, sagte Eleanor Coppola, die Storaro als Kameramann zum Film *Apocalypse Now* beobachtete.[28] In STRATEGIA wird Athos jun. zum bewußtlos gemachten Opfer, das, durch Luxus und Schönheit ermattet, dem Ort Tara und seinen Lockungen erliegt.

Die erste Einstellung eröffnet den Film mit einem Blick auf bewegte Äste, auf ein sattes Grün. Ein Bild der Ruhe, das der Beunruhigung dient und dieses Paradoxon ausspielt. Der Zuschauer wird in keine Handlung hineinversetzt. Die gleichsam autonome Einstellung bildet keinen Hintergrund, auf dem sich ein Geschehen abzeichnete. Die vorgefundene Realität wird nicht auf einen Schlag durchdrungen, sondern als Rätsel belassen. Storaro liebt die Verunsicherung, in der er, was schön und natürlich scheint, drosselt. Unter seinem Blick ist die Kunst nicht gleich zweite Natur, sondern: in physischer Überwältigung wird die Natur zur zweiten Kunst. In diesen Bildern gibt es keine willkürliche Bewegung, die sich als realistisch eingefangen ausgibt. Sondern nur eine rigoros kalkulierte Bewegung, die im engsten Zusammenhang mit anderen Parametern wie Gestik, Mimik, Ton, Musik, Schnitt steht.

Erst ein sanft gezogener Schwenk nach links zieht den Vorhang auf das Umfeld der Szene auf, die Gleise der kleinen Bahnstation Tara. Ein Zug fährt ein. Die Kamera ist parallel zum Zug und Bahnsteig postiert. Ein Seesack wird aus der Waggontür geworfen. Ein Matrose springt hinterher. Zögernd steigt, aus einem anderen Waggon, der junge Athos Magnani aus. In der Schlußsequenz begegnen sich die Männer, fremd geblieben, wieder. Normalerweise würde ein Film mit der Zugeinfahrt beginnen und die disfunktionale Einstellung davor schneiden. Sie stört die Erzählkonvention. Sie behauptet eine Selbständigkeit, die ihr kein Standard zubilligt. Sie ist aber ein Storaro typischer Stilzug, der leere Plätze, verschachtelte Gänge, die Bewegungen der Figuren zwischen Innen- und Außenraum oft durch einen kaum merklichen Schwenk verbindet, der das Trennende zwischen diesen Räumen nur kurz, wie ein Gedankenstrich, markiert.

»In der Vorstellung von Bernardo zu STRATEGIA sollte der Film auf ein bestimmtes Klima verweisen, wie es in den Bildern von René Magritte herrscht: nichts endet an einem Ort, alles geht von einem Ort aus. In einem Bild entdeckt man ein anderes Bild, in dem wieder ein anderes steckt usw. Da der Film in der Landschaft um Parma spielt, kam uns spontan die Idee, die Farben an den Vorstellungen des Malers Ligabue auszurichten. Mich überraschte die Aggression der Farbe in diesem Landstrich. In der Stadt sind wir an den Zement, den Asphalt, das Grau gewöhnt. Verschlägt es einen unverhofft aufs Land, entdeckt man, daß Ton, Farbe und Luft verschieden sind. Ein roter Sonnenuntergang, ein grünes Umland, ein bläulicher Abend erzeugen ein Gefühl von Aggression, das wir im dramatischen Sinn ins Spiel brachten«, sagte Storaro über den vorgefundenen Schauplatz des Films.[29]

Als Athos den Mitverschwörern seines Vaters in der Opernloge gegenübersitzt, löst Storaro den Raum nicht durch Schuß-Gegenschuß-Einstellungen auf. Lieber läßt er die Blickachsen den Raum zerteilen, um die Einstellung autonom zu belassen. In jenem Dialog, der als Blickwechsel inszeniert wird, durchmißt die Kamera den unendlich tiefen Opernraum mittels Tiefenschärfe der Objektive. Das bewirkt eine innere Montage im Bild, die dessen historische Schichten aufdeckt. Schnittlosigkeit als Ideal, um die Spannungen, die zwischen Athos' Geschichtserforschung und den Interessen ihrer Aneignung liegen, nicht in harten Konfrontationen aufzulösen, sondern in Bewegungen, die einer frontalen Stellung ausweichen. Die Sprechenden – hier die drei Verschwörer, da der Rechercheur, der das Verhör führt – sitzen sich im Theaterrundbau nicht nur gegenüber, sondern auf verschiedener Höhe. So muß die Kamera, die das Gegenüber nicht in Horizontalbewegungen nachvollziehen will, zur Vertikalbewegung in den Raum abtauchen. Aus dieser Desorientierung in den Raumverhältnissen entsteht die für Bertolucci charakteristische verschwimmende Wahrnehmung.

Der darüberliegende Dialog deckt das ungeheuerliche Geheimnis um den Vater Magnani auf, der ein Verräter war, für den Widerstandsmythos aber noch gut genug und daher in opportuner Gnade sich von seinen eigenen Leuten liquidieren ließ. Jeder der Mitschuldigen sitzt nun abgeschirmt in seiner Loge. Doch die Kamera stellt den Zusammenhang der Tat wieder her und vollzieht die politische Wahrheit, wie sie hier ans Licht tritt, intim und öffentlich zugleich. Mit ihrer Hilfe kehrt die Geschichte an ihren Schauplatz zurück: auf das Theater, wo sie darstellbar wird. Die politischen Kräfte unterliegen bei Storaro/Bertolucci, um sich als typisch dem Betrachter einzuprägen, der strengen Stilisierung und einer Schicht um Schicht analysierenden mise-en-scène.

Die Mittelachse dient nicht nur zur Raumbeherrschung durch die Kamera. Oft wird sie befestigt, noch wo sie verschoben wird. Das heißt, Storaros Kamera wählt sich einen Blickpunkt in das Bild hinein, von dem aus die Mittelachse leicht verschoben scheint, durch eine Parallelfahrt umspielt wird. Im TANGO ist es eine Tür oder eine Wand, die als Mittelachse eine Grenze bildet, über die hinweg die Partner Marlon Brando und Maria Schneider kommunizieren (ihr Badezimmer). Als Brando das Bad betritt, in dem seine Frau Rosa Suizid beging, schneidet die Kamera sich ihren Weg durch zwei Räume. Was im Bild als Achse eingerichtet ist, wird unterlaufen durch die Fahrt. Die stabilen Blickverhältnisse im Raum verschwimmen.

Oft entfernt die Kamera sich in der Mittelachse von der Filmfigur auf den Betrachter hin, dem durch diese Bewegung zwei Räume eröffnet werden. In LA LUNA zerfällt auf diese Weise die Kommunikation, die Joe und seine Mutter im Landgasthof suchten. Der Kamerablick bannt sie in Monaden, noch wo er eine Totale zu zeigen vorgibt. Dahinter steht in allegorischem Sinn der bewachende und neugierige Blick des Gefängniswärters, der auf dem Gang, parallel zu den Zellen, seine Gefangenen im Auge behält: und derart seiner Kontrolle unterwirft.

»Ich habe überhaupt keine Lust mehr, mit irgend jemand über Kino zu sprechen, wenn wir nicht erstmal klarstellen, daß Kino an sich ein starker voyeuristischer Trieb ist und ich als Filmregisseur ein Profi-Voyeur bin«, zitiert Laurens Straub Bernardo Bertolucci.[30] Diesen Trieb, die Blicksucht, delegiert Bertolucci gern an eine dritte Person in seinen Filmen. Noch die größte Intimität verlangt bei ihm nach einem Augenzeugen. Der Konformist und seine Frau turteln vor dem Mittagessen auf dem Sofa. Zum Schein diskret entfernt die Kamera sich in Mittelachse von dem Paar, um den Weg des Augenzeugen zu schneiden, der einen Blick auf den Schauplatz wirft. Hier ist es das Dienstmädchen, das mit der Schüssel dampfender Spaghetti dazwischentritt. Oder: der Konformist beichtet dem Priester, einzigem Ohrenzeugen seiner ungeheuerlichen Konfession. Aber die Kamera entfernt sich und entdeckt ihren Augenzeugen: Giulia, das Objekt der Anschuldigungen, vor dem Beichtstuhl sitzend. Als die Frau des Professors ihre erotischen Interessen an Giulia in der Rolle ihrer Zofe ausspielt, tritt der Konformist dazu, aber nicht: dazwischen. Die Kamera gewährt ihm einen Türspalt, um sich sodann diskret zu entfernen. Was im frühen Film RIVOLUZIONE noch als melodramatisches Blickballett (das Finale in der Oper) angelegt war, löst sich in den späteren Filmen auf: in kleine explosive Verstörungen, von der Kamera mit dem Verdacht inszeniert, jemanden in flagranti ertappt zu haben und dann fallen zu lassen. Um die Umkehrung des Konventionsblickes zu lenken, bauen Storaro und sein Regisseur halben Wegs vom Zuschauer zum angeblickten Objekt den Blickdelegierten ein, der die Irritation des Zuschauers bewußt auffängt und an das von jenem erblickte Zielobjekt weiterträgt. Bevor der Blick sich in einem sanften Schwenk, einer leisen Fahrt verliert, wird er aufgefangen, aufgehoben und unauffällig weitergereicht. In diesen Verhältnissen entwickelt Bertolucci den eisigen Charme eines Marivaux, der seinen Figuren nie erlaubte, sich aneinander sattzusehen. Auf die Sinnestäuschung innerhalb der Räume ist schon verwiesen worden. Was ein Blick ins Freie scheint, entpuppt sich oft als Leinwand, ein Stück inszenierter Natur. Der Konformist holt sich an der Grenze nach Frankreich seine neue Order, eilt zu einer Villa am Meer und trifft vor dem Eingang auf ein Gemälde, das gemalt fortsetzt, was die Wirklichkeit um es verspricht: Natur. Nicht der Zuschauer sieht hier nach draußen, das Draußen sieht auf den Zuschauer, und der Inszenator darf mit der Überrumpelung durch seinen Effekt zufrieden sein. Ein neues Paradoxon schmückt seine Rampe.

Mag die Szene noch so theatralisch sein, wie Bertolucci will, Storaro stimmt sie einen Ton tiefer. Seine Kamerabewegung entdramatisiert, was mit sich identisch scheint. Die Wirklichkeit, in der Bertoluccis Helden politisches Handeln produzieren, ist für Storaro eine Konstruktion. Was auf den ersten Blick stabilisiert, destabilisiert sein zweiter Blick. Das ist nicht bloß die Dekadenz eines ästhetischen Bewußtseins, sondern auch Dialektik einer Wahrnehmung, die ihre Mittel der Aufklärung nicht im Dunkeln läßt. Die Kritik dieser bewußt hergestellten verschwimmenden Wahrnehmung auf typische Verhältnisse, wie sie Bertolucci als verkappter Platoniker konzipiert, behauptet sich nicht als Instanz. Sie tendiert in ihrer irritierend flüssigen Form dazu, sich am Ende selbst zu liquidieren.

»Durch seinen Körper, der selbst sichtbar ist, in das Sichtbare eingetaucht, eignet sich der Sehende das, was er sieht, nicht an: er nähert sich ihm lediglich durch den Blick, er öffnet sich auf die Welt hin«, heißt es bei Merleau-Ponty.[31] Bertolucci übersetzt diese Erfahrung, nach der ein Blick sein Objekt sich bloß zum Schein aneignet, in eine Bewegung körperlichen Denkens.

10

Zum Schluß noch einige Bemerkungen zur Frage, wie der Manierist mit fremder Kunst umgeht, mit der Musik, der Literatur, dem Film in seinen Filmen. Wenn er provokant behauptete, der Marxismus könne die Oper beinhalten, so ist das zunächst die paradoxe Umkehr jener These, der zufolge die

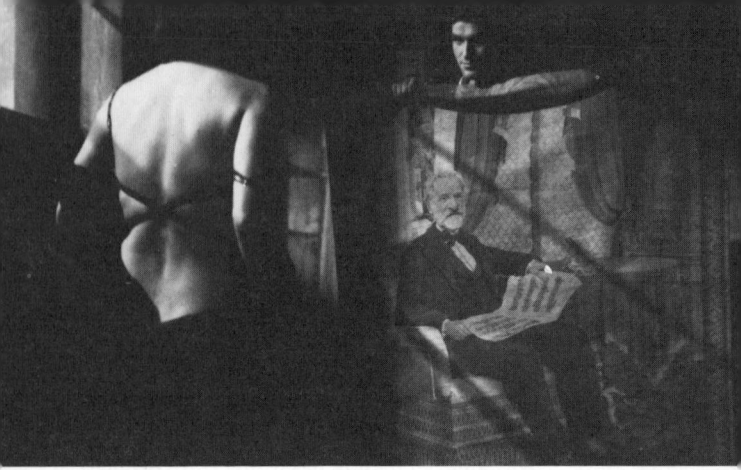

Prima della rivoluzione

Regisseure des Musiktheaters die Handlung der Opern auf soziale Strukturen abklopfen. Gemeinsamer Nenner aber dieses kühnen Concettos, das einmal mehr das Unversöhnbare versöhnen will, ist die sowohl der Oper wie dem Marxismus eigene Reduktion auf typische Verhältnisse. Die Geschichte der Menschheit ist eben nicht nur eine der Klassenkämpfe, sondern auch eine der Affekte, denen sich Interessen anlagern, die ihrerseits zu Kämpfen führen. Beides zu versöhnen, die soziale Zerrissenheit zur Harmonie zu formen, ist eine insgeheim platonische Sehnsucht, die Bertolucci teilt.

Die Maske, das Kostüm, die Bühne hatte Arnold Hauser als manieristisches Requisit bestimmt, »mit einem Wort alles, was das Bild der Wirklichkeit indirekt, gebrochen oder übertragen zeigt«.[32] Die ganze Welt als eine Bühne, diese Metapher ist Bertolucci in vielen Brechungen geläufig. Er richtet diesen Schauplatz in der Regel nach einer Form des Tanzes ein. Bewegung zur Musik, ein abgezirkeltes Ritual, das seine private Dimension zurückläßt und die Tänzer der Tradition unterwirft. In COMMARE SECCA ist es ein Tanzboden in der Vorstadt, der die Auflösung des kriminalistischen Rätsels bringt, in RIVOLUZIONE ist es das Fest der *Unità,* auf dem die Kamera die Argumente von Fabrizio zum Tanzen bringt, in PARTNER: ein Tanz um die Waschmaschine, das goldene Kalb des Konsumismus, zu dem die Parole »Masken ab!« ausgegeben wird. In STRATEGIA ist es der Ball der Faschisten, zu dem die Kamerabe-

La luna

wegungen ihr Spinnennetz um Athos knüpfen – dies nicht als
Metapher der Analyse, sondern: nachweisbar der Grundriß
der fortrückenden Kamerapositionen um den tanzenden
Athos herum. Im CONFORMISTA wird das Ballhaus im pariser
Arbeiterviertel Belleville Schauplatz der einkreisenden Bewegung, tanzen die Frauen ihren frechen pas-de-deux und um-
zingeln mit der Polonaise den Konformisten: das Opfer ihrer
Form. Im TANGO kontrapunktieren Brando und Schneider die
grotesken Tangoschritte des Tanzwettbewerbs durch ihren
farcenhaften pas-de-deux, der in der Entblößung von Brandos
Hintern gipfelt. In NOVECENTO tanzt sich Ada, hysterisch blind,
in die Arme des Landproletariers, tanzt aber auch ein alter
Bauer einen grotesken Tanz: mit einer seinen Schuhen ange-
nähten Stoffpuppe; ein makabrer Theatercoup, der in die Arbeiteridylle Befremden trägt. Joe schließlich in LA LUNA, voll-
gepumpt mit Heroin, tanzt in der »Zanzi-Bar« zur Musik der
BeeGees, nachdem er als Kleinkind Bertoluccis Version der
Freudschen Urszene ausgeliefert war: seine Eltern nicht im
Beischlaf zu überraschen, sondern: im Tanz, beim Twist auf
der Sonnenterrasse, im harten Gegenlicht wahrgenommen,
zeichenhaft mit den Sexualmetaphern Fisch und Messer be-
schwert, die das Elternpaar in den Händen hält. Zum Finale
tritt Joes Mutter auf in Verdis *Maskenball,* eine Probe auf der
Bühne der Caracalla-Thermen.
»Verdi ist für mich wie ein Vater!« erzählt die Sängerin be-

schwörend ihrem Sohn, als sie das Geburtshaus des Meisters besuchen. Nicht nur für die Sängerin, die in ihrem römischen Appartement einen Wandteppich mit dem Porträt Verdis hängen hat. Ein Porträt übrigens, das schon, im Dunkeln allerdings und als Ahnenbild getarnt, in der alten Druckerei hing, in der Fabrizio und seine Tante – in RIVOLUZIONE – die unheilige Nacht zum Ostersonntag verbringen. Es scheint fast, daß, wo die Vaterschaft verfehlt wurde wie die Suche nach ihr, Bertolucci sich umso stärker an Verdi heftete. In dessen Musik fand er Bilder des Aufbruchs, der Erschütterung und Desillusionierung, die er an den Schauplatz Oper verlegte. Fabrizios Resignation wird bei *Macbeth*, als Verdioper die Saison von Parma eröffnend, besiegelt. Der junge Mann Fabrizio, ein liberaler Vetter des Konformisten, heiratet die fade Braut Clelia, obwohl seine Passion doch Gina gilt. Diesen unerhörten Wunsch hält Verdis Musik, kraft ihrer Exaltation der Gefühle, wach. Wo Verdis Belcanto verströmt, da züngelt die Empörung noch; zünden wird sie nicht mehr. Das Finale im Opernhaus, sagt Bertolucci, war der Handlung funktional. »Das Theater als Kulturtempel der Bourgeoisie koinzidiert mit dem Augenblick, als Fabrizio ins Leben eintritt und die ihm zugewiesene soziale Rolle akzeptiert, und Verdi, der im Risorgimento als revolutionär galt, wird, als Bestandteil des bürgerlichen Ritus, zur revolutionären Nostalgie.«[33]

Athos Magnani sen., dem vermeintlichen Widerstandskämpfer, wird seine spektakuläre Hinrichtung während einer Aufführung von Verdis *Rigoletto* zuteil. NOVECENTO eröffnet, nach dem Vorspann zur Handlung um 1945, mit dem Klageruf des Krüppels, Rigoletto geheißen und dessen Kostüm verhaftet: »Giuseppe Verdi ist tot!« Joes Mutter in LA LUNA glänzt in einer Opernaufführung von *Il Trovatore* – in dem die Rivalität zwischen Manrico und dem Grafen Luna ausgefochten wird. Verdi, das ist für Bertolucci zum einen: Heimat, denn der Komponist stammt aus Le Roncole in der Provinz Parma und hatte sein Landgut Sant'Agata, das in LA LUNA die Sängerin und ihr Sohn besuchen, 1848, nur wenige Kilometer von seinem Geburtsort entfernt, erworben. Zum anderen gießt die Musik Verdis Wärme aus auf Bertoluccis kalte Formen, denen die Erstarrung, Vertracktheit und Überformung droht. Das Hochmanierierte wird dem Publikum mit Verdis Hilfe schmackhaft und populär gemacht, weil die Musik das befremdliche Bild mit vertrautem Klang eingehen läßt. Dennoch ordnet Bertolucci diese Musik seinen Bildern unter. Nie dient sie als dramaturgisches Zitat, als verdoppelnde Anspielung, als müsse man den Sinn einer Szene über Verdis Szene vermittelt erschließen. Er nutzt ihn kontrapunktisch und verfährt mit der fremden Musik montierend.

Beschäftigt er einen Auftragskomponisten wie Morricone für NOVECENTO oder Delerue für TANGO, so variieren diese eher konventionellen Musiker die wohltönende Kompaktheit, das sinfonische Verströmen und den kollektiv einbindenden Harmoniezwang, wie es ihnen Verdi vorschrieb. Leitmotive, illustrative Programm-Musik und eng gefaßte, als eingängig geltende Themen – das sind die Kennzeichen von Morricones Musik zu NOVECENTO, die bloß unterbrochen wird durch Zitate von Volksmusik wie das Widerstandslied der demonstrierenden Frauen oder der Trauermarsch zur Totenklage um die in der »Casa del Populo« verbrannten Landarbeiter. Eine trokkene, ungefüge Elegie für Blasorchester klingt hier auf, die man als populistisch genießen mag. Andererseits ist es die gleiche Musik, die Visconti in seinem Film *Il Gattopardo* wählte, als der Fürst Salina in seine Sommerresidenz einzieht. Burt Lancaster spielte den Fürsten, und diese Darstellung war so überzeugend, daß Bertolucci ihn für die Darstellung des Patriarchen in NOVECENTO wählte. Besetzung und Musik-Zitat sind ein doppeltes Zeichen der Reverenz an Visconti.

Die Zitate von Mozart, die Bertolucci wählt, sind, so scheint mir, im Gegensatz zu seinem eher instinktiven Umgang mit Verdi, dramaturgisch verstärkend eingesetzt. Im TANGO erklingt, als Jean-Pierre Léaud und Maria Schneider durch ihr Elternhaus taumeln, vom Cassettenrecorder der 2. Satz aus der Sinfonia Concertante für Geige und Bratsche in Es-Dur, K. V. 364. Thema und Durchführung sind nicht polyphon geführt, sondern fast stimmenförmig; der Satz der beiden Instrumente wird zu einem Duett, eben gesungen. Die Musik stellt einen Dialog her, über der Konstellation, die Maria Schneider aus den Armen von Brando in die von Léaud treibt. Eine helle und eine dunkle Stimme, die sich umspielen in einer melancholischen Stimmung. In LA LUNA sucht die Sängerin Trost bei ihrem alten Gesangslehrer, als sie wähnt, ihre Stimme versage. Der Lehrer drückt eine Taste im Cassettenrecorder, und wo ansonsten der üppigste Verdi tönt, klingt leise ein Abschiedsgesang an, das Quintett aus dem 1. Akt von *Così fan tutte,* »Soave sia 'l vente« (Günstig sei euch der Wind gesonnen). Hier funktioniert die Musik als Kommentar zum Bild, wo sie im übrigen umstandslos dem Affen, das heißt dem Publikum Zucker gibt.

»Wenn die Musik der Liebe Nahrung ist, spiel weiter«, höhnt Marlon Brando zur Kapelle im Tanzsalon des TANGO. So spricht kein namenlos Gestrandeter. Hier spricht ein zynisch gewordener Literat, wie er zum Mythos des Amerikaners in Paris gehört. Brando hat einen Satz des melancholischen Herzogs aus der Komödie *Was ihr wollt* auf den Lippen, und deren Autor Shakespeare war unter den Manieristen einer ihrer größten Zeitgenossen. In RIVOLUZIONE ermahnt der Lehrer Cesare seinen Schüler Fabrizio: »Denk an Pavese, ›Ripeness is all‹«. Abgesehen von der falschen Fährte halben Wegs – Pavese war nicht der Autor dieses Concettos, wohl aber für Italien einer der wichtigsten Mittler der anglo-amerikanischen Moderne –, führt Cesare, der mit Pavese seinen Vornamen teilt, Shakespeare im Munde. »Reif sein ist alles«, ist die Maxime des jungen, auch zutiefst melancholischen Charakters Edgar aus *König Lear,* der seine eigene Maxime, nur darin beständig, verfehlt. Nicht nur Trintignant als Konformist, auch Brando als namenloser Literat geben lateinische Verse von sich, und zwar die gleichen. »Anima, Vagula, Blandula« und beschwören damit »unstete, holde Sinne« – die eigenen? Der Konformist, im Zug nach Paris unterwegs, sinniert einigen Versen von Leopardi nach, diesem Romantiker des Weltschmerzes. Als Léaud als schwadronierender Jungfilmer seine Freundin drängt, ihr eine realistische Szene aus dem Leben, zur laufenden Kamera, vorzuspielen, wirft sie ihm schnippisch hin: »Heute abend wird aus dem Stegreif gespielt.« Das ist wahr, aber doppeldeutig. Denn es ist ein Stücktitel von Pirandello, der als Überwinder des naturalistischen Theaters gilt. So leicht hingeworfen klingt es als Bertoluccis ästhetischer Programmvorsatz, Schluß mit der Abbildungsfunktion des Kinos zu machen, als eine Pointe mit der linken Hand ausgestreut.

Daß drei Filme dieses Regisseurs auf literarischen Vorlagen beruhen, kann, nach Erörterung seiner Technik, nur eine Arbeitshypothese sein. Ein Ausgangspunkt, ein Bild wie von Magritte, von dem alles erst ausgeht, wie der Kameramann Storaro sagte. PARTNER ging aus von einer Dostojewskij-Novelle,

STRATEGIA von einer Borges-Erzählung und CONFORMISTA von einem Moravia-Roman. Sie sind als Film darum nicht literarischer als die anderen Filme Bertoluccis.

Gibt es, bei allen Affinitäten, filmische Vorbilder für Bertolucci? »Ich fühle mich den Strukturen von Oshima nahe«, sagte er, »der Lichttechnik von Francis Ford Coppola, den Filmobsessionen von Bogdanovich und der gestischen Gewalt von Glauber Rocha.«[34] Der späte Manierist eröffnet einen Blick in seine Ahnengalerie und begrüßt als die ihm Nächsten: lauter Epigonen, denen nur eines gemeinsam ist, die Maximalisierung der filmischen wie ökonomischen Mittel sowie, zwangsläufig, der Gefühle, die sie ihren Tableaux auf der Leinwand unterwerfen. Was nun die filmischen Zitate angeht – es sind ihrer Legion, und sie im Lager der Analyse antreten zu lassen, wäre pedantisch. Eine Haltung aber soll erkennbar werden. Unter Godard, Eisenstein, Renoir und Hawks tut es Bertolucci nicht. Die Größten sind ihm gerade groß genug, gleich ob er deren kinematografischen Lösungen nachstellt, sie parodiert, veralbert oder ungeschickt nachäfft. Mit den Meistern geht man selbstverständlich und nicht ängstlich um. Erst ab LA LUNA geht diese Manie des cineastischen Zitierens zurück, geht Bertolucci, und das ist ziemlich spät im Kontext seines Werkes, ökonomisch mit der fremden Kunst um. Je stärker er das Interesse an Fremdmaterial verliert, das seinem Werk zu inserieren wäre, desto stärker beugt er sich über das eigene Werk. LA LUNA ist nicht weniger arm an Zitaten als die früheren Filme. Nur: es sind Zitate aus den Bertolucci-Filmen, die der Meister halb ironisch, halb narzißtisch einstreut.

So findet ein später Manierist – mit den Anfängen – zu sich.

1 Julio Cortázar: Reise um den Tag in achtzig Welten. Frankfurt a. M. 1979, S. 226 (edition suhrkamp 1045).
2 B. Bertolucci, Interview in: Rolling Stone (21. Juni 1973), S. 35.
3 Arnold Hauser: Der Manierismus. Die Krise der Renaissance und der Ursprung der modernen Kunst. München 1964, S. 13.
4 ders., a.a.O., S. 110.
5 ders., a.a.O., S. 119.
6 Attilio Bertolucci: Viaggio d'inverno. Mailand 1971, S. 33.
7 Bernardo Bertolucci: In cerca del mistero. Mailand 1962, S. 83.
8 ders., a.a.O., (Gedicht: A Pasolini), S. 58.
9 Eleanor Coppola: Vielleicht bin ich zu nah. Notizen bei der Entstehung von Apocalypse Now. Reinbek 1980, S. 231. (neue frau).

10 Michael Rutschky: Erfahrungshunger. Ein Essay über die siebziger Jahre. Köln 1980, S. 199.

11 Raimund Hoghe/Ulli Weiss: Bandoneon – für was kann Tango alles gut sein? Texte und Fotos zu einem Stück von Pina Bausch. Darmstadt 1981, S. 15 (Sammlung Luchterhand).

12 Vgl. den Katalog zur Ausstellung der Staatlichen Kunsthalle Berlin/West: Realismus. Zwischen Revolution und Reaktion 1919–1939. München 1981, S. 48 ff.

13 Franco Fornari, Kritik zu NOVECENTO in: La Repubblica, 29./30. 8. 1976. Zitiert nach der Übersetzung von Arno Widmann in: Filmfaust, 1. Jg., Nr. 3 (April/Mai 1977), S. 70.

14 Maurice Merleau-Ponty: Das Auge und der Geist. Philosophische Essays. Aus dem Französischen von Hans Arendt. Reinbek 1967, S. 117.

15 Bernardo Bertolucci im Gespräch mit Jonathan Cott, in: Rolling Stone, 15. November 1979, S. 52.

16 Bernardo Bertolucci im Gespräch mit Francesco Casetti, in: Casetti, Bernardo Bertolucci, Florenz 1975, S. 6.

17 Casetti, a. a. O., S. 24.

18 Bernardo Bertolucci: In cerca del mistero, a. a. O., S. 15.

19 Arnold Hauser, a. a. O., S. 110.

20 Bernardo Bertolucci, Interview mit Jean A. Gili, in: Etudes Cinématographiques, Nr. 122–126 (Paris 1979), S. 13.

21 Theodor W. Adorno: Minima Moralia. Reflexionen aus dem beschädigten Leben. Frankfurt a. M. 1964, S. 17.

22 Bernardo Bertolucci in: Kim Arcalli – montare il cinema. Venedig 1980, S. 76.

23 Georges Bataille: Der heilige Eros. (L'Erotisme). Berlin 1979, S. 18 (Ullstein Taschenbuch).

24 Caroline Sheldon: Lesbierinnen und Film. Aus dem Englischen von Karola Grammann, in: Nabakowski, Gislind, Helke Sander und Peter Gorsen: Frauen in der Kunst, Frankfurt a. M. 1980, Bd. 1. S. 119 (edition suhrkamp 952).

25 Bernardo Bertolucci in: Rolling Stone, Nr. 137 (21. Juni 1973), S. 34.

26 Vgl. Politeia in: Platons Sämtliche Werke, Bd. 3, übersetzt von Friedrich Schleiermacher, Reinbek 1980, S. 224–227 (das Höhlengleichnis). Rowohlts Klassiker 680.

27 Julio Cortázar, a. a. O., S. 233.

28 Eleanor Coppola, a. a. O., S. 107.

29 Vittorio Storaro im Interview mit Lorenzo Codelli, in: Positif, Nr. 222 (September 1979), S. 43.

30 Laurens Straub in seiner Replik auf Alf Mayer, in: medium, 11. Jg., Nr. 6 (Juni 1981), S. 28.

31 Maurice Merleau-Ponty, a. a. O., S. 16.

32 Arnold Hauser, a. a. O., S. 119 (vgl. Anmerkung 5).

33 Bernardo Bertolucci, La musica e miei film. Interview in: Filmcritica, Nr. 305/306 (Mai-Juni 1980), S. 203.

34 Bernardo Bertolucci, Interview in: Rolling Stone (1973), S. 35.

Dank an Alberto Barbera, Giovanni Spagnoletti, Thomas Schmid und Sigrid Vagt für Hinweise und Hilfe. Dietrich Kuhlbrodt und Hans Helmut Prinzler: für Ermutigung. Wolfram Schütte: für seine Zöllnersgeduld.

Interview

Von Karsten Witte

Rom, den 19. April 1980. Seit drei Tagen verschiebt Bertolucci, den ich im März in Hamburg kennenlernte, unser Treffen. Er müsse sich um den Start und die Promotion des Films *Ogietti Smaritti* (Verlegte/verlorene Gegenstände) kümmern, den sein Bruder Giovanni drehte. Ich streife in der Altstadt durch Buchhandlungen, um die gedruckten Drehbücher zu Bernardo Bertoluccis Filmen aufzutreiben. Unauffindbar ist sein erstes Buch *In cerca del mistero* (Auf der Suche nach dem Geheimnis, 1962). Ein Gedichtband, den der einundzwanzigjährige Bertolucci veröffentlichte und der ihm den renommierten Preis »Premio Viareggio« eintrug. Nenne ich nur den Nachnamen des Autors, meinen die Buchhändler, ich suche ein Buch des in Italien nicht minder berühmten Vaters Attilio Bertolucci: Poet, Kritiker und Wissenschaftler. Ein Verkäufer erzählt, er habe kürzlich das letzte Remittenden-Exemplar der Gedichte Bernardos an die Autorin des Bestsellers *Schweine mit Flügeln* verkauft.

In einer Sondervorführung kann ich Bertoluccis Kurzfilm mit dem Living Theater AGONIA sehen. Die Fernsehfilme LA VIA DEL PETROLIO will er nicht zeigen. Die Rechtslage sei zu kompliziert.

Bertolucci lebt in Trastevere in einem Apartmenthaus vom Zuschnitt einer Landvilla, mit Innendimensionen, die man nicht erahnt. Eine Wohnung von raffinierter Kargheit. Hohe Räume, in Augenhöhe eine Grenze, die farblich helles Ocker vom lichten Blau abtrennt, als stünden im Raum zwei Kuben aufeinander. Er stellt mich seiner Frau Clare Peploe vor. Amerikanerin und Mitautorin seiner letzten Drehbücher, auch von Antonionis Film *Professione Reporter/Passenger*. Sie spricht italienisch mit ihrem Mann und kümmert sich um die schreiende Tochter.

In der üppig quellenden Couch des Salons sackt man bis zum Fußknöchel ein. Ein Gefühl, als säße man über dem Boden auf dem rauhen Kokosläufer. Die Fenster haben verspiegelte Ein-

Historische Fotografie aus der Emilia zur Jahrhundertwende, Vorlage für Novecento

fassungen, die mehr Licht ins Zimmer werfen. Als ich Bertolucci bitte, Photos von ihm machen zu können (die mißlingen), eilt er zu einer verspiegelten Schiebetür. Er fährt sich mit der Hand kämmend durchs Haar. Ein Diener bringt Kaffee und Wasser. Bertolucci, der nicht mehr raucht, ist ein Kettenkauer und bietet laufend chewing-gums an. Unser Gespräch, das er mit englischem Filmjargon und französischem Intellektuellenjargon durchsetzt, wird von Telefonaten unterbrochen. Läuft das Tonband, siezt er mich. Läuft es nicht, dann duzt er mich. Auf dem Couchtisch liegt die erste italienische Nummer des *Rolling Stone,* ein Exemplar des Organs der KPI: *Unità,* und Jean Genêts *Œuvres complètes,* zerfleddert in der Broschur von Gallimard. Im Schallplattenbord viele Operngesamtaufnahmen, konkurrierende Einspielungen der gleichen Oper. Mozart ist ebenso vertreten wie Verdi. Unter den Kunstbüchern eines über den naiven Maler Antonio Ligabue, dessen Löwenbild dem Vorspann zum Film STRATEGIA DEL RAGNO unterliegt. Daneben steht das große Sigmund-Freud-Album, ge-

Besuch P. P. Pasolinis während der Dreharbeiten zu Novecento

staltet von Ilse Gubrich-Simitis und Willy Fleckhaus, in italienischer Übersetzung. An der Wand nur zwei Photos. Eines von Bertoluccis Frau und Tochter. Ein anderes von Dominique Sanda, deren Ausdruck das Arrogante der Moreau mit dem Rätsel der Deneuve addiert.

Bertolucci trägt auf braunkariertem Holzfällerhemd einen Art-Déco-Schlips. Nach einer Stunde friert ihn. Er zieht sich um, Jeans und Seemannspullover. Er wechselt beim Sprechen oft die Haltung. Wie um die zehn Arten, in einem Knautschsessel zu sitzen, vorzuführen. Bis er schließlich die Beine über eine Lehne legt und seine Rede präzis mit beiden Armen skandiert.

Nach dem Interview blättern wir in seinem Arbeitszimmer in Photos, Szenenbildern und Arbeitszeugnissen zu Dreharbeiten. Historische Photos zur »Lega« der Landarbeiter aus den Zwanziger Jahren, nach denen er die Bilder vom Gutshof in NOVECENTO inszenierte.

Photos mit Pasolini. Als jener in der Nähe von Mantua 1975 *Salò o le 120 giornate di Sodoma* drehte, war Bertolucci ganz in der Nähe am Schauplatz von NOVECENTO. Auf dem Photo sei Pasolini enttäuscht. Sein Team im Fußballspiel habe gegen Bertoluccis Team schlecht abgeschnitten. Bertolucci weist darauf hin, daß der Schlachtruf für sein Team: »No-ve-cen-to« die höhere Nummer gehabt habe als Pasolinis Schlachtruf: »Cen-to-ven-ti«.

Beim Abschied noch ein Blick auf die Werke von Genêt. Ob ich *Querelle de Brest* kenne. Ich hatte den Roman vor dem Abflug nach Rom gerade wiedergelesen. Ein Freund hatte mich gefragt, ob ich ihm zur Koproduktion dieses Stoffes rate. Bertolucci las Genêt, weil eine deutsche Produktion ihn als Regisseur gewinnen wollte. Er zeigte sich fasziniert. Man könne es – aber noch nicht – machen. Man müsse das Ficken, die Schwänze, die Phantasie ausschweifend zeigen. Das könne auch Walerian Borowczyk nicht. Vielleicht interessiere ihn der Stoff später.[1] Das Drehbuch sei aber schlecht. Er zieht die Augenbraue hoch. In disprezzo, aus Verachtung.

So kommen wir auf Moravia und den kühlen Film *Le mépris,* den Godard daraus entwickelte. In der Nacht vor unserem Gespräch hatte ich geträumt, wir säßen in einem Restaurant an der Elbe. Ein heftiger Wind kam auf und hob die Tischdecke hoch. Am Nebentisch begann eine Reisegruppe zu

Dreharbeiten zu La commare secca

schunkeln. Entgeistert sprang Bertolucci auf. Er setzte sich an den äußersten Rand des Gartens, wo das Ufer zur Elbe abfällt. Ich kam mit den Gläsern nach. Wir sprachen über Hamburg und über Parma. Darüber, was Heimat sei.

*

Sie kamen im März nach Hamburg, um dort Ihren Film LA LUNA *vorzustellen. Was sind Ihre Eindrücke von dieser kurzen Reise, von der Stadt Hamburg?*

Hamburg ist genauso wie Chicago oder San Francisco. Das heißt für mich: ein Flughafen, ein Zubringerwagen, eine Hotelhalle, eine Zimmerflucht. Ich bin abends gleich nach München weitergeflogen, weil ich mir völlig verloren in Hamburg vorkam. In München gab es wenigstens Douglas Sirk, den ich sprechen konnte.

Man hat Sie also isoliert, der Kälte ausgesetzt. Kennen Sie vielleicht den Film Der amerikanische Freund, *den Wenders in Hamburg drehte?*

Ich erinnere mich vor allem an einige Totalen auf Hamburg, die sich aber mit Bildern von Manhattan und Paris und der Brücke von Passy vermischen. Es ist komisch, jemand fragte mich: am Anfang von LA LUNA stößt Douglas[2] auf dieses Kaugummi unter dem Balkongitter, ist es das Kaugummi aus dem LETZTEN TANGO IN PARIS? Ich antwortete: Ja, aber das Kaugummi aus dem LETZTEN TANGO hat Wenders in den *amerikanischen Freund* übernommen und ich hab's mir in LA LUNA wiedergeholt.

Als kleine Hommage?

Sagen wir, ich habe die Reverenz meinerseits erwiesen. Aus Ritterlichkeit, eine Geste wie unter chinesischen Edlen.

Haben Sie Wenders je kennengelernt?

Ja, in New York. Coppola fragte mich am Telefon: Was weißt du über Dashiell Hammett? Über den wußte ich Bescheid, denn ich wollte *Red Harvest* (Rote Ernte)[3], einen Roman von Hammett, verfilmen. Noch vor NOVECENTO. Nach dem Start von NOVECENTO in den USA wurde mir klar, *Red Harvest* wäre ein politischer Film geworden. Mir dämmerte, daß meine Art, politische Filme zu machen, den Amerikanern vollständig dunkel blieb. Ihnen fehlt ein Erkenntnisinstrument wie die marxistische, dialektische Analyse der Wirklichkeit. Als hätte man ihnen den Tast-, Geschmacks- und Sehsinn entzogen.

Sozusagen: unterprivilegiert.

Dreharbeiten zu L'ultimo tango a Parigi mit Marlon Brando in Paris

Mich überkam eine Krise, Ich habe mir gesagt, es ist völlig »pointless« (sinnlos), einen Film in Amerika zu machen, und ließ das Projekt fallen. Ich hätte auf eine politische Optik verzichten müssen. *Red Harvest* ist die Geschichte eines Detektivs der Firma »Continental« im Außendienst (das ist natürlich Dashiell Hammett selber, als er noch in der Detektei Pinkerton arbeitete), dessen Auftrag ihn in ein Provinznest verschlägt. In ein Bergarbeiterstädtchen namens Peaceville.

73

Es gibt da eine Figur, den Gewerkschaftler Bill Quint, die im Roman eine Nebenrolle spielt. Mir schwebte vor, diese Figur bedeutsamer zu machen und eine Art dialektisches Verhältnis zwischen dem Detektiv und diesem Gewerkschaftler zu schaffen. Die Beziehung zwischen einem eher romantischen Idealisten, einem der letzten amerikanischen Sozialisten, und dem Detektiv. Ich wollte ihren Zusammenstoß zeigen. Denn in der privaten Wirklichkeit der beiden springt der Detektiv sehr viel freier mit den Gesetzen um als der Sozialist, der sich eher konventionell verhält, auch in seinen Beziehungen zu Frauen. Deshalb hätte der Film mich gereizt. Und nicht, um einen weiteren »Nostalgietrip« über die Frisuren der Männer, die Kleider der Frauen, die Autos jener Jahre zu unternehmen. Das habe ich im CONFORMISTA gemacht und erneut im zweiten Teil von NOVECENTO. Die Wiederholung langweilt mich. Das alles wußte Francis (Coppola), als er Wenders zu mir schickte.

Der an seinem Drehbuch zum Film über Hammett[4] schrieb.

Ja schon lange. Und als er zu mir kam, habe ich ihm erzählt, was ich durch Lillian Hellman[5] über Hammett erfahren hatte. Wie er aufhörte als Berufsdetektiv und Schriftsteller wurde. Wenders machte auf mich einen merkwürdigen Eindruck, wie die physische Erscheinung ja oft weit entfernt ist von der Vorstellung, die man sich von einem Regisseur gemacht hat, wenn man seine Filme kennt. Seine Filme sind schneidend, klar wie Kristall und im Grunde zerbrechlich wie Kristall. Und als ich ihn im Hotel in New York traf, hatte er nichts Kristallenes an sich. Mit seinen großen Füßen und seinen großen Händen sah er eher aus wie jemand, der aus den Bergen stammt. Aber als ich den *Amerikanischen Freund* gesehen hatte, dachte ich: wie merkwürdig, jemand, der so stark von Antonioni beeinflußt ist, erweist dem LETZTEN TANGO Reverenz.

Es taucht ja der gleiche Schauplatz auf, der Pariser Stadtteil Passy, die gleiche Seine-Brücke.

Ich war »flatté« (geschmeichelt) und habe mit Michelangelo (Antonioni) über diese Anspielungen gewitzelt. Das Projekt *Red Harvest* gab ich schließlich auf, weil es zu einem Zeitpunkt kam, als ich mich der Kommunikationswut ganz ergeben hatte. Das heißt, ich wollte um jeden Preis kommunikative Filme machen, die zum Äußersten gingen. Ich dachte mir,

Dreharbeiten zu Novecento

deinem ersten amerikanischen Film wirst du einen Klassiker
der amerikanischen Literatur wie Hammett, Faulkner oder
Melville zugrunde legen. Die ich mit einem Schlüssel lese, für
den die Amerikaner fatalerweise keinen Sinn haben. So etwas
dennoch zu versuchen, schien mir für meinen Teil zu masochi-
stisch. Und weil ich die sado-masochistische Beziehung zum
Kino, die ihren Höhepunkt in den sechziger Jahren hatte, für
überwunden hielt, verbot ich mir, *Red Harvest* zu machen. Das
marxistische Gedankengut ist den europäischen Filmen, selbst
in den nicht-politischen Beispielen, eingeschrieben. Marx und
Freud sind die Konstanten, auf denen sich hier alles aufbaut.

Wie ist es Ihnen gelungen, diese Vision der Klassenanalyse in
NOVECENTO *mit den Vorstellungen des amerikanischen Marktes*
zu versöhnen?

Gar nicht. Die Art, wie sich die Amerikaner zur Abnahme von
NOVECENTO, oder besser gesagt: zur Ablehnung bequemten,
hat mir klar gemacht, daß der Film eine Sprache spricht, die
sie nicht kapieren können. Zum Teil war das auch durch eine

75

Art Zensur bedingt, wie sie die Paramount äußerst schwerwiegend ausgeübt hat. Zuerst hat die Gesellschaft den Film abgelehnt. Paramount gehört Charles Bluhdorn, das heißt: der Firma »Gulf and Western«. Bluhdorn ist kein Freund von roten Fahnen. Schließlich hat der Produktionschef der Paramount, Berry Diller, gesagt: ich will diesen Film nicht, ich habe einen Vertrag geschlossen über die Länge von drei Stunden, fünfzehn Minuten und will weder einen Film von fünfeinhalb, noch von zwei Stunden.

Ein Freund von Ihnen hat mir von acht Stunden erzählt.[6]

Die gab's nie. Die längste Version war sechs Stunden und die in Cannes gezeigte fünf Stunden. Danach hat mich mein Produzent Grimaldi aus dem Schneideraum ausgesperrt und selber wie ein geheimer amerikanischer Cutter NOVECENTO auf drei Stunden fünfzehn Minuten heruntergeschnitten, um das Werk vertragsgemäß abliefern zu können. Ich habe dagegen in Italien prozessiert und Recht bekommen, daß die Kurzfassung nicht gezeigt werden darf. Erneuter Streit mit Grimaldi, Gegenklage und schließlich der Vergleich: die Filmlänge von vier Stunden, zehn Minuten. Ich muß zugeben, der Krach hat mir auch Spaß gemacht.

Was fehlt denn jetzt?

Nichts, nichts. Statt ganze Sequenzen zu schneiden, habe ich den Rhythmus des Films verändert und nur hier und da kleine Stückchen herausgeschnitten. Anyway, die roten Fahnen waren immer noch zuviel. Die Paramount ließ sich zur großen Geste herab, anläßlich des Filmfestivals in New York 1976: o. k., nehmen wir den Film. Sie haben aber keinen Pfennig in die Werbung gesteckt. Für die Presseabteilung hieß der Film Eins/Neun/Null/Null. Die »cast number« (Besetzungsliste) wurde nicht erwähnt: de Niro, Sutherland, Lancaster, Hayden, Sanda. Jedenfalls konnte man sie kaum lesen. Anyway.

Beim Drehbuch intervenierte niemand von der Gesellschaft?

Das akzeptierten sie, weil sie wußten, sie können viel mehr damit als mit der Ablehnung erreichen. Der Verleih hat den Film geschluckt und ein für alle mal erledigt.

Dreharbeiten zu Tragedia di un uomo ridicolo

Bleiben wir mal bei den roten Fahnen und der Versöhnung von Form und politischem Gehalt.

Das ist nur ein Beitrag zu Berlinguers außerordentlichem »Compromesso storico« (Historischem Kompromiß). Die Megalomanie, die man mir zu diesem Film vorhielt, liegt nicht in den Kosten, die relativ niedrig lagen. Bei fünf Millionen Dollar, was heute quasi nichts ist. Es gibt teurere Filme. Dennoch war die Megalomanie schon ein Ziel des Films.

In Richtung auf die Klassenversöhnung?

In der Versöhnung von Hollywood und einem Regionalfilm, der schon lokalen Zuschnitt hat.

Ein Ziel des Films ist doch, den Klassenantagonismus zu versöhnen.

Sicher, aber der Klassenantagonismus hat etwas von »Nicht versöhnt« [auf Deutsch zitiert].

Soll das eine Anspielung sein?[7]

Ich will damit sagen, die tiefe Freundschaftsbeziehung von Alfredo und Olmo liegt eigentlich in der Nicht-Versöhnung der beiden Klassen. Deshalb dauert die Beziehung, hält auf Jahre, ein Jahrhundert. Deshalb schafft es weder die bäuerliche Klasse noch die besitzende Klasse, das innere Bild, das sie sich jeweils von der anderen macht, aufzugeben. Denn das innere Bild, das sich Alfredo vom Bauern Olmo macht und das innere Bild, das sich Olmo vom Grundherren Alfredo macht, ist in diesem Lande so strukturiert, daß sie beide für einander unverzichtbar sind.

Die ganze Revolution vom 25. April (1945), diese Art Utopie im chinesischen Stil zum Finale von NOVECENTO ist eine vollkommen theatralisch ausagierte Rationalisierung, um sie nicht wirklich erleben zu müssen. Olmos Rationalisierung geht so weit zu sagen: der Padrone ist tot, aber wir brauchen ihn nicht umzubringen. Denn er ist der lebende Beweis dafür, daß der Padrone tot ist. Das ist ein ziemlich chinesischer Satz.

Was die Dialektik angeht. Aber ist es nicht auch ein Schritt zur Harmonisierung jenes Kampfes?

Diese Harmonie kommt den Vorstellungen von Berlinguer entgegen und seinem Begriff vom historischen Kompromiß. Das besagt: katholische und kommunistische Arbeiter marschieren Seite an Seite, Arm in Arm, um für jedwede Gewerkschaftsforderung zu demonstrieren, für das Schaffen von Bündnissen zwischen den Verbänden CGIL und CISL.[8]

Wie waren die Reaktionen der KPI auf NOVECENTO?

»Disappointing«. Ich war sehr enttäuscht. Weil ich glaubte, und auch daran festhalte, ich hätte der kommunistischen Partei Italiens eine Art filmisches Denkmal gesetzt. Aber nicht nur der Partei, sondern eigentlich den Leuten, die sie betreiben: den Männern, Frauen und Kindern, die die Partei ausmachen. Die Reaktion der historischen »Leader« wie Amendola und Pajetta[9] war Ablehnung. Die Reaktion der Jungkommunisten war sehr gut. Sie waren in jenen Jahren, wie Pasolini von allen Jugendlichen in diesem Land behauptete: erniedrigt.

Wiederholten sich hier Ihre Erfahrungen mit den Reaktionen auf Ihren Film PRIMA DELLA RIVOLUZIONE, der eine provozierende Kritik der KPI enthält?

In NOVECENTO handelt es sich nicht um eine Kritik, sondern um eine Art Hymne auf die KPI. Damals ist nichts passiert, weil niemand den frühen Film gesehen hatte, obwohl sich 1964 darin schon eine Haltung wie von 1968 ausdrückt. Der Film nimmt viel vom späteren Verhalten der 68er-Gruppen vorweg, finde ich.

Gehörten Sie je der Partei an?

Ja, ich trat 1968, angesichts des virulenten Antikommunismus, ein. Mit einer Reihe von Argumentationen in PRIMA DELLA RIVOLUZIONE war ich eine Art Vorläufer.

Traf Sie, nach NOVECENTO, nicht der Bann?

Nein, warum? Der Film ist eine Hymne. Wissen Sie, warum Amendola und Pajetta den Film ablehnten? Meiner Meinung nach aus falschem politischen Kalkül. Das erste, was sie sagten, war: das ist eine Geschichtsfälschung, niemals haben wir den Grundbesitzern den Prozeß gemacht. Ich entgegnete: Das ist der Abgrund, der uns trennt. Aber diesen Prozeß vom 25. April, den hat es gegeben, im Veneto und in der Emilia Romagna. Anyway, dieser etwas chinesische Prozeß, der 1945 nicht geführt wurde, wird eines Tages geführt werden. Ich sagte ihnen: entschuldigt, aber wenn ihr 1945 nicht abgerechnet habt, warum habt ihr Angst, 1976 abzurechnen, wenn in einem Film wie NOVECENTO dieser Prozeß als vorstellbar zur Sprache kommt? Mir scheint, ihr geht zu weit. Also hab ich kapiert, daß meine Position sehr idealistisch war. Ich gab alles, Leib und Seele, für jemanden, der mich nicht verdiente, dachte ich damals. Die waren nicht in der Lage, das zu würdigen. Ich verfolgte auch nicht die Strategie der »Realpolitik« [auf Deutsch zitiert]. Ich beging einen schweren Fehler, einen in Anführungszeichen »politischen« Film zu machen, ohne an die Realpolitik zu denken, was ein Widerspruch in sich war. Dennoch, wenn ich NOVECENTO heute noch einmal machen müßte, würde ich ihn genauso machen.

Glauben Sie nicht, daß sich der gleiche Konflikt auch im Inneren des Films zwischen Form und Inhalt widerspiegelt?

Die große Provokation in NOVECENTO besteht darin, daß die Form diesen Konflikt als einen zwischen Dolly [Kamerawagen auf Gummirädern] und Kamerabewegungen am Kran austrägt, die wie bei Busby Berkeley beginnen und wie die eines sowjetischen Regisseurs enden. Und der sich in der Innen-

Dreharbeiten zu Novecento

spannung des Bildes fortsetzt, das Hollywood-Schauspieler mit Bauern aus der Emilia zusammenwürfelt. Kurz, in NOVE-CENTO ist das Thema sekundär, gleichsam unterirdisch verlegt wie ein Lichtkabel. Außerdem ist es die Analyse des Produktionsmodus, wie ein europäischer Regisseur einen Film mit amerikanischem Kapital macht. Eigentlich ist der Film exemplarisch dafür, daß er nicht nur wie in den sechziger Jahren eine Geschichte erzählen will, sondern auch davon spricht, was den Film ausmacht. Ein Film, der eine Schienenfahrt erzählt, der eine Kamerabewegung definiert, der sagt, was eine Rückblende bedeutet. Meine Filme wie PRIMA DELLA RIVOLUZIONE oder PARTNER waren Filme über das Kino. NOVECENTO war ein Film über einen Produktionsmodus und LA LUNA ein Film über die höchst instinktive Art, mit dem Publikum zu kommunizieren, mittels seiner Emotionen, um Sam Fuller zu zitieren.

Das wurde mir deutlich, als ich die Dokumentation über die Dreharbeiten zu NOVECENTO *sah, die Gianni Amelio vorlegte:* »Bertolucci secondo il cinema«. *Als Sterling Hayden, ganz emilianischer Bauer, plötzlich im O-Ton breites Amerikanisch in die Kamera spricht, war das wie ein Schock. Besser gesagt, wie ein Riß durch den Film.*

Du sprichst doch englisch, oder? I took advantage by my limits in mixing American actors with Italian actors to blow up this contradiction between my political ideology and working in this system. [Ich habe meine Begrenzung ausgenutzt, indem ich amerikanische mit italienischen Schauspielern zusammenführte, um den Widerspruch zwischen meiner politischen Ideologie und meiner Arbeit innerhalb dieses Systems zu sprengen.] Dieser Widerspruch, jedenfalls, herrscht immer im Film.

Sie haben eine Vorliebe dafür, eher auf einen Sozialcharakter zu setzen als auf eine überindividualisierte Figur. Ein entgleister Intellektueller in PRIMA DELLA RIVOLUZIONE, *eine Künstlerin in* LA LUNA, *ein Faschist in* IL CONFORMISTA, *Bauern und Besitzende in* NOVECENTO. *Wie erklärt sich diese Typisierung, Ihre Wahl für Figuren, die symptomatisch für ihre Klassensituation scheinen?*

Ich weiß nicht, was das sein soll, dieser Sozialcharakter. Ich sehe das weniger komplex. Hinter jeder dieser Figuren steht eine Wahl, die in jedem Fall gerechtfertigt getroffen wurde, die in jedem Fall verschieden ist. In LA LUNA wollte ich, daß die Mutter »Mutter-Vater« wäre, das heißt, eine etwas mythische Figur. Deshalb wollte ich diese Mutter über die anderen erheben, sie auf eine Plattform, eine »stage« (Bühne) stellen.

Als Figuration?

LA LUNA ist ein Melodram, und als es um die Entscheidung ging, welchen Beruf übt die Hauptperson aus, habe ich sofort gedacht: machen wir ein Melodram wie Verdi. Dann wird es ein Beziehungsspiel zwischen der »stage« (Bühne) und dem Leben – was auf dasselbe hinausläuft. Wegen des Geredes von der Droge als Sozialproblem wollte ich den Film nicht soziologisch beschweren. Daher habe ich mir zwei Figuren gewählt, die durch ihre Arbeit äußerst ungewöhnlich werden. So können sie dem Menschenverstand der Soziologie, der eher finster als gesund ist, entgehen. Hätte ich zwei Vertreter der Mittel- oder Kleinbürgerschicht gewählt, wären sie vom soziologischen Diskurs entweder erstickt oder integriert worden. Tödlich wäre die Folge in jedem Fall gewesen, wie beim Fernsehen, wenn es über die Droge ein Soziodram macht. Ich wollte keine Soziologie im Film, weil sie alles andere herausdrängt. Die Soziologie ist nur die Soziologie, und die Statistiken sind deren Banalisierung. Mich interessiert es mehr, einen Fall – wie ein Diagramm – zu verfolgen, als zweitausend Fälle. Bei

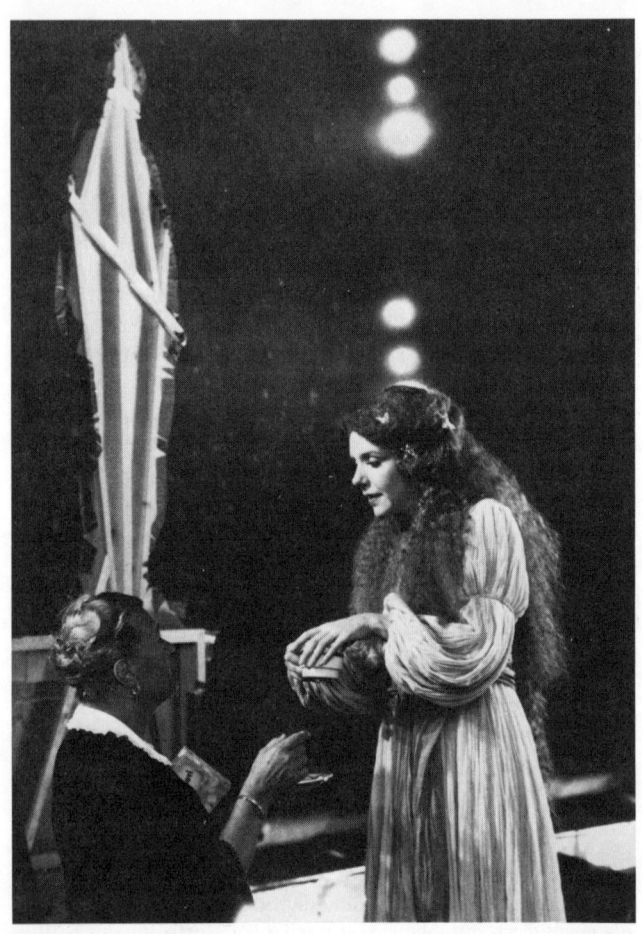

La luna

Olmo und Alfredo z. B. (in NOVECENTO) herrscht das dialektische Prinzip von Herr und Knecht.

Doch eher die Projektion des gleichen Charakters.

Wie zwei Gesichter des gleichen Charakters, wie in vielen meiner Filme herrscht auch hier ein schizophrenes Gefühl, wie in

Prima della rivoluzione

STRATEGIA DEL RAGNO oder in PARTNER. Zugleich aber auch eine
Überwindung der Schizophrenie in PARTNER, weil diese beiden
Figuren – Alfredo und Olmo – eins sind, wenngleich sie ver-

La luna

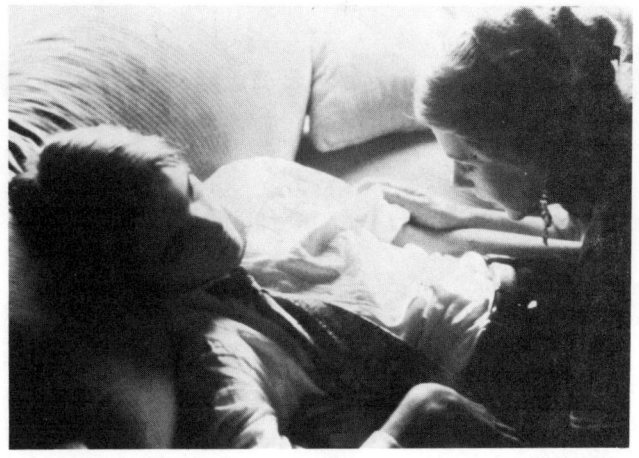

schiedene soziale Entitäten und verschiedene Klassen haben. Sie sind, wie ich finde, gleichsam Poesie und Prosa. Man muß der Schizophrenie auf den Grund gehen, um sie zu überwinden. Ich bin mir jetzt darüber klar geworden, daß LA LUNA im autobiographischen Sinne PRIMA DELLA RIVOLUZIONE ähnlich ist. Auch das war ein Film über den Inzest, aber: statt mit der Mutter – mit der Tante, weil es mir damals an Mut mangelte, von der Mutter zu sprechen. Ich glaube, daß in den Kinderphantasien wie in Träumen, in der kindlichen Sinnlichkeit erotische Vorstellungen über Cousinen, Tanten oder Verwandte herrschen, die nichts anderes als eine Ersatzvorstellung für die Mutter sind. In Wirklichkeit steht immer die Mutter dahinter.

Zu dieser autobiographischen Bemerkung fällt mir ein, daß Fabrizio, die Hauptfigur in PRIMA DELLA RIVOLUZIONE *eher auf der Suche nach einer verfehlten Vaterfigur zu sein scheint.*

Stimmt. Das ist ein weiterer Berührungspunkt zu LA LUNA. Nicht von ungefähr ist der Vater, der ständig gesucht und schließlich gefunden wird in LA LUNA, von Beruf Volksschullehrer wie Cesare in PRIMA DELLA RIVOLUZIONE. Noch enger als Bezugspunkt ist das Unbehagen, das von der inzestuösen Liebe ausgeht und ins Politische übersetzt wird: in LA LUNA

La luna

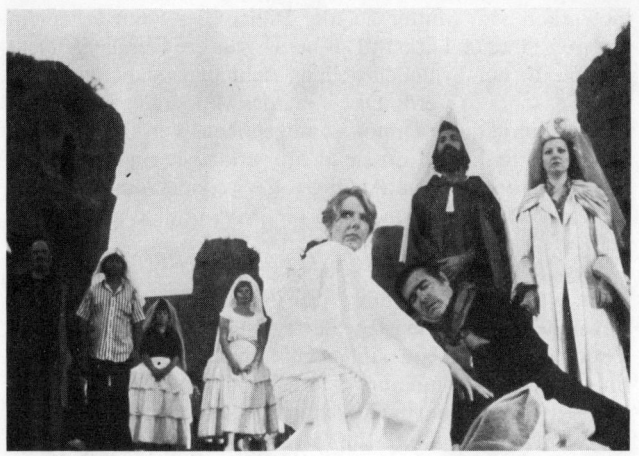

La luna

Heroin im Blut, in PRIMA DELLA RIVOLUZIONE die Politik im Blut. Im Grunde besagt Heroin sowohl Droge als auch Mutter.

Im doppelten Wortsinn [eroina: auch Heldin]?

Als ich aus Caterina eine Sopranistin machte, erinnerte ich mich an ein Schallplattenalbum der Callas mit dem Titel: L'eroina verdiana/Die Verdische Heldin. Denken Sie an die kathartische Wirkung von Verdis *Macbeth* im Finale von PRIMA DELLA RIVOLUZIONE und an die Schlußsequenz von LA LUNA.

Verdis Ballo in maschera.

Die Finales ähneln sich. Auch im frühen Film herrscht eine Art undurchdringliches Labyrinth der Blicke vom Parkett zu den Balkons, von Gina zu Fabrizio, von Fabrizio zu Gina und Clelia, von Cesare auf der Galerie.

Ein wahres Blickballett, das in LA LUNA *allerdings stärker ironisiert wird.*

Ja, weil es dort darum geht, durch Blicke anzuzeigen, daß die Familie in verschiedenen Bildern festgehalten wird: der Vater

85

im Parkett, die Mutter auf der Bühne, der Sohn an einem anderen Platz im Parkett. Das besagt: unsere Familie ist nicht vereint. In der Schlußeinstellung sieht man nicht mehr die Familie, sondern Verdi. Das heißt, das Melodrama hat gesiegt und das bürgerliche Drama ist aufgehoben. Verdi stand dabei für die politische Einvernahme und wirkte wie ein Katalysator für die Politik. Wie im Anfang von Viscontis Film *Senso*, als die Flugblätter fallen und die Rufe: Viva l'Italia! ertönen.[10]

Hatte Visconti Einfluß auf Ihr Formbewußtsein?

Ja, aber ich bin da mit mir selber uneins. Ich hege eine große Bewunderung für den Theaterregisseur (metteur-en-scène) Visconti, aber bei seinen Filmen bin ich unschlüssig. Einerseits finde ich ihn bewunderungswürdig, andererseits schwach auf ideologischer Ebene, in Hinsicht der Signifikate. Denn was ihn wirklich vor allem interessiert, ist die Form. Gelingt ihm deren Vollendung, dann durch Aufhebung jener ideologischen Schwäche mittels visueller Erfindungskraft. Mir liegt Rossellini näher als Visconti, und Renoir näher als Ophüls.

Als Ophüls in Hollywood exiliert arbeitete, nannte man ihn zum Spott Mr. Travelling. Könnte man Ihren Kameramann Storaro[11] nicht auch so nennen?

Nein. Storaro macht das Licht und die Farben. Die Kamera bin ich. Er steht dahinter. Ich stelle hohe Anforderungen an die Bestimmung des Bildausschnittes.

Fertigen Sie Skizzen vor den Dreharbeiten an?

Nein. Ich ziehe mich am Drehort in ein Zimmer zurück, bleibe ein wenig allein und denke mir die Bilder hinter meinem »view-finder«, dem Sucher aus. Dann rufe ich den Aufnahmeleiter und fange an, die Bildfolge, die ich mir allein ausgedacht habe, zu überprüfen. Ich schaue mir an, wie sich die Körper der Schauspieler mit dem »Körper« der Kamera in den Raum einfügen. Dann rufe ich Storaro, wir machen eine Probe und er fängt mit der Ausleuchtung an. Mit ihm brauche ich nichts mehr zu bereden, außer am Anfang des Films, so gut kennen wir uns schon. Dann setzt er seinen Schienenwagen in Gang und folgt den abgesteckten Zeichen. Wir einigen uns auf das, was für mich das visuelle Kennzeichen des Films ausmacht. Ich zeige ihm Maler, reproduzierte Gemälde und Photographien.

Vittorio Storaro (links oben) mit seinen Assistenten Enrico Umetelli und Bernardo Bertolucci

Ohne ihn könnte ich nichts erreichen, was mir vorschwebt, weil ich von Technik, vom Licht nichts verstehe.

Dann war also Volpedos berühmtes Gemälde »il Quarto Stato« (Der vierte Stand) zum Vorspann in NOVECENTO *ein Ausgangspunkt für das Licht?*

Eher ein Zielpunkt, weil ich erst darauf stieß, als der Film abgedreht war. Hier fand ich jenes warme Licht, das Vittorio und mir stets vorschwebt. Haben Sie gelesen, daß er gerade einen »Oscar« gewonnen hat?

Ja. Auch in der Arbeit, für die ihm die Auszeichnung zufiel, in Apocalypse Now *finden sich vergleichbare Kameraoperationen, die gleiche Obsession für Schienenfahrten und schwindelerregende Ansichten vom Kran.*

Ich glaube, daß Francis (Coppola) Vittorio (Storaro) ziemlich viel Spielraum eingeräumt hat. Dabei kam ein denkwürdiger Film heraus. Man hat den Eindruck, durch Trümmer zu spazieren, durch die Ruinen eines nie beendeten Projekts. Diese

La luna

faszinierenden Sequenzen kommen mir vor, als liefe man vor eine Zyklopenmauer, durch die Ruinen des Kolosseums.

In Ihren Filmen fällt die Vorliebe für eine klassische Perspektive der Kamera auf. Fast immer teilt die gewählte Mittelachse den Versuch der Figuren entzwei, in Kommunikation zu treten. Diese Mittelachse schafft zwar Ordnung im Bild, aber eine Grenze zwischen den Figuren.

Die Kamera ist eine unsichtbare Person, die wie Jesus Christus sagt: ich bin gekommen, um zu teilen, nicht, um zu vereinigen. Die Kamera vereint nur zum Schein, in Wirklichkeit teilt sie.

Die Kamera als Messias?

Das ist ein »joke«. Die Kamera also zerteilt oft mittels der Achse. Denn die Kamera ist der Körper und das Auge des Regisseurs, der eifersüchtig auf die Schauspieler ist. Sein Exhibitionismus steht oft mit ihnen »in competition« (im Wettstreit). Er ist auch eifersüchtig auf die Zuneigung der Schauspieler zu seinen Figuren und will sich da einschleichen. Manchmal übernimmt die Kamera diesen Exhibitionismus, indem sie sich zur gewichtigen Nebenstimme heraushebt und die Aufmerksamkeit des Publikums, die auf den Schauspielern liegen sollte, diesen stiehlt und auf sich lenkt.

Darin besteht die Einbeziehung des Zuschauers.

In meinen Filmen wird das Publikum, wahrscheinlich ohne sein Wissen, in die privilegierte Rolle eines Voyeurs gedrängt. Daher identifiziert es sich mehr mit der Kamera als mit den Figuren. Als Voyeur wird das Publikum am Eintreten gehindert. Darin drehe ich die amerikanische Vorstellung um. Die Kamera ist das Publikum, der Regisseur, aber auch das Auge des Zuschauers. Normalerweise identifizieren sich die Männer im Publikum mit, sagen wir, Dustin Hoffman, und die Frauen mit Meryl Streep.[12] In meinen Filmen identifiziert sich der Zuschauer mit der Kamera und gewinnt eine gewisse Distanz. Auch, wenn die Kamera sich im Gegensatz zu dem bewegt, was sich Brecht vom Kino vorstellte, zur starren Einstellung.

Im Gegensatz zum Rigorismus von Straub?

Letzten Endes läuft es auf dasselbe hinaus. Mir ist bewußt, daß Straub mir sehr kritisch gegenübersteht. Aber ich mag ihn, wenngleich mir diese Kritik schnuppe ist. Ich schätze ihn sehr und alles, was irgendwie nach Straub aussieht. Das heißt: die Verteidigung verlorener Prozesse. Ich will nicht gönnerhaft sein, ich betone das ganz aufrichtig. Nein, ich wollte etwas anderes sagen. Also: in diesem Sinn, wie wir über Kameraarbeit sprachen, habe ich bei LA LUNA vieles verstehen gelernt. Ich glaube, einen Film zu machen, bedeutet, immer wieder den Blick des Kindes aufzunehmen, das seine Eltern beim Liebesakt beobachtet. Kino machen heißt, die Freudsche Urszene fortzusetzen.[13] Hier identifiziert sich das Kind mit seinem Blick. Zwischen ihn und die Mutter schiebt sich etwas Drittes: der Vater.

Der Feind.

An diesem Punkt gehört die Mutter jemand anderem. Ohne diese fundamentale Sache bliebe das Kind eine Erweiterung und Verlängerung der mütterlichen Wahrnehmung. In der Identifikation mit dem Vater bildet sich Identität. Oft braucht das Kind die Urszene nicht zu sehen. Dann reicht die Vorstellung aus und das Kino ist genau wie eine Phantasie der Urszene. In LA LUNA sind die Kamerabewegungen wie Kran- und Schienenfahrten eher instinktiv. Ich habe darin für mich mehr Spielraum erschlossen und mich, viel mehr als sonst, der Bewegung überlassen können.Wenn der Schienenwagen direkt auf jemanden zufährt, ist das, als ob ein Kind auf sein Wunschobjekt, d. h. die Mutter, den Vater, zuläuft. Oder: die Schienenfahrt nach rückwärts, als sich das Kind mit seinem Spielzeug entfernt, was der Inbegriff von Verlustangst ist, von der Freud in *Jenseits des Lustprinzips* sprach. Da war die Rede von dem braven Kind, das eine Holzspule an einem Bindfaden hinter sich herzog, zum Spielen aber unter seinem Bett verbarg.[14]

Diese Deutung der Kamerabewegungen verrät eine freizügige Freud-Lektüre.

Freud dient in diesem Fall bloß als Bereicherung, als Material, nicht als akademische Autorität.

Haben Sie je Freuds Gegenspieler Wilhelm Reich und seine Massenpsychologie des Faschismus *gelesen?*

Ja, vor vielen Jahren.

Vielleicht spielt diese Erinnerung eine gewisse Rolle in der Realisierung von IL CONFORMISTA, *beim Portrait der konventionellen Psychologie eines banalen Charakters, der gleichwohl symptomatisch aufgefaßt wird.*

Sein Problem ist, daß er nicht banal ist. Wenn jemand Konformist sein will, dann fühlt er sich verschieden, weil er, ohne es zu wissen, ein Homosexueller und Mörder ist. Er will die Augen vor seinem Verschiedensein verschließen. Im Horror vor der eigenen Wahrheit als verdrängter (»refoulé«) Homosexueller. Erst der Mord hat ihn seine Homosexualität entdecken lassen, die ihn bislang verfolgte. Im Zenit des Faschismus als ein Bourgeois verschieden zu sein, zwingt ihn, sich dem sexuellen wie sozialen Konformismus anzuschließen. Er heiratet keine Frau, die vermögend ist, nein: eine Kleinbürgerin. Da liegt der Beweis dafür, wie er die Vorstellung der eigenen Neurose abweist und zum Konformismus durch Mord gelangt.

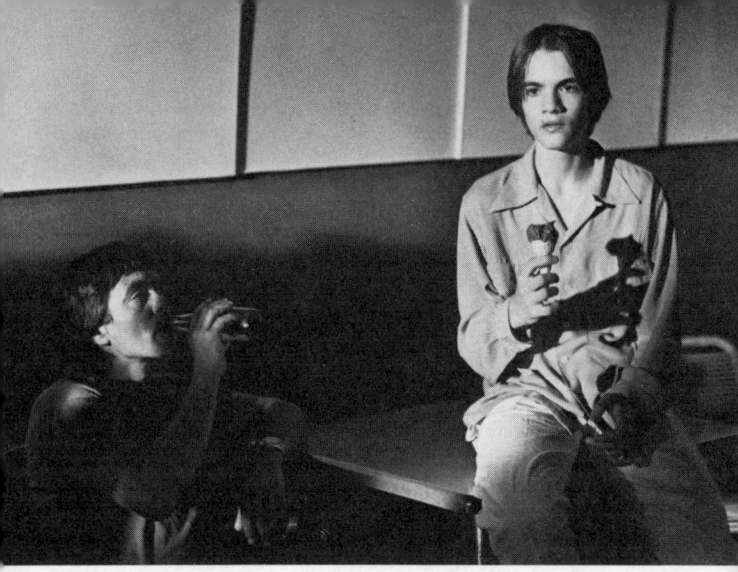

La luna

Er tötet gleichsam den Vater, ohne zur Reife zu gelangen.

Erst ganz zum Schluß wird er sich seiner Homosexualität bewußt.

Mir scheint, es gibt eine bestimmte Struktur der verdrängten Homosexualität schon in PRIMA DELLA RIVOLUZIONE.

Auch in NOVECENTO und LA LUNA.

LA LUNA *liest sich wie ein Katalog denkbarer sexueller Beziehungen.*

Das liegt daran, daß der fünfzehnjährige Joe noch extrem polymorph, d. h. sexuell gesehen: alles ist. Noch hat er die Stufe der Genitalität nicht erreicht, er befindet sich im prägenitalen Universum. Er geht mit Arianna, aber auch mit Franco Citti. Zwischen den beiden »war was«. Denn nach der Szene in der »Sansibar« – Travolta, Citti, Pasolini[15] – wird ihm schlecht, als er nach Hause kommt. Er kann nicht pissen. Einerseits, glaube ich, weil er sich an jenem Tag tief verwandelt hat und darauf eine innere Reaktion erfährt, andererseits vielleicht auch deshalb, weil er sich ficken ließ und urologische Probleme hat.

91

Sie haben die Filmarbeit als Regieassistent bei Accattone *aufgenommen. Pasolini berichtet von diesem Zusammentreffen vor
den Dreharbeiten in seinem Band* Poesia in forma di rosa.[16] *Als
ich gestern den Film* Amore e Rabbia *sah, schien mir, als hätte
ich Ihre Stimme als Kommentator der Pasolini-Episode erkannt. Stimmt das?*

Da waren viele Sprecher. Ein Satz ist auch von mir. Als ich
Pasolini *Accattone* drehen sah, wohnte ich der zweiten Geburt
des Kinos bei. Ich war der Filmkenner, Pier Paolo nicht. Als
ich im Jahr darauf LA COMMARE SECCA drehte, war ich ein Regisseur, der seinen Ausgangspunkt beim Kino nahm, dessen
Erfindungen ich kannte und liebte. Pier Paolo dagegen fing bei
Null an. Er wußte nichts vom Kino. Als er eines Tages sagte,
heute machen wir eine Schienenfahrt, schien es, als habe er
den Schienenwagen wie Griffith erfunden.

Was schreiben Sie Ihrer Arbeit zu bei Accattone?

Wir gingen stets zusammen zum Drehort. Pier Paolo erzählte
mir seine Träume. Ich kümmerte mich um die Schauspieler,
hörte ihre Stichwörter und Dialogsätze ab. Bei dieser Ebene
blieb es.[17]

Ist die Besetzung von Citti in LA LUNA *als Hommage an Pasolini
zu verstehen?*

Ja, aber da gibt's noch ein Geheimnis. Die Sequenz lief weiter
in der ersten Schnittfassung, im »rough cut«. Joe tanzte und
sagte: ich bin müde, ließ sich an einem Tisch nieder und schlief
ein. Als er erwachte, saß Citti vor ihm und beobachtete ihn.
Rund zehn Personen standen drum herum, alle aus Pasolini-
Filmen. Einer aus *La Ricotta* (1962), der Junge aus *Mamma
Roma* (1962), ein Neapolitaner aus *Accattone* (1961), sie alle
waren achtzehn Jahre später versammelt und schauten von
oben auf Joe herab. Er drehte sich um, zum Fernseher und sah
die »news« zum Tod von Pasolini (1975). Alle weinten und
waren tief erschüttert. Ich drehte zwar diese Sequenz, weigerte
mich dann aber, die »rushes« (Muster) zu sehen. Ich ließ sie
von meinem »editor« (Cutter) montieren, schloß bei der Vor-
führung die Augen und sagte nur: weg, weg, weg damit. In
Wirklichkeit ertrug ich keine rationale Erklärung. Mir schien
darin zu wenig Respekt für die Tragödie zu liegen, die Pier

Dreharbeiten zu Novecento

Paolos Tod für dieses Land und für mich persönlich bedeutet hat. Ich konnte die Sequenz nicht ansehen, die mir wie ein zweiter Mord vorkam.

Was hielt Pasolini von Ihren Filmen?[18]

ULTIMO TANGO A PARIGI gefiel ihm nicht. Ich erinnere mich, daß er mich wenige Tage vor seinem Tod anrief, als ich gerade NOVECENTO schnitt. Wir schnitten in Fregene, in einer Villa am Meer in der Nähe von Rom, nicht in einem »lab« (Schneideraum). Dort hatten wir den Schneidetisch aufgestellt und blieben zwei Monate. Pasolini rief an und fragte: wie geht's? Ich bin sicher, daß mir NOVECENTO sehr gefallen wird. Tatsächlich stand ja hinter dem Film eine Idee, die von Pier Paolo stammte. NOVECENTO war eine Antwort auf die gesamte Theorie von Pier Paolos letzten Jahren über die Zerstörung der Popularkulturen. Ich wollte überprüfen, ob in der Emilia Romagna die Popularkultur zu retten wäre. Tatsächlich verdankt sich diese Rettung dem Sozialismus und dem Kommunismus, die ein Bewußtsein bei den Bauern schafften, daß ihre Kultur der wahre Schatz und Reichtum sei. Darin liegt auch eine Antwort an Pasolini.

Er ging allerdings soweit, von einer anthropologischen Mutation der italienischen Gesellschaft zu sprechen.[19]

In den letzten Jahren hat sich der Wandel der kulturellen Identität des italienischen Proletariats grundlegend vollzogen.

Was Pasolini zwang, seine Forschung zu radikalisieren.

Er wurde sehr negativ und pessimistisch. Er sagte sich öffentlich los von dem, was er seine »Trilogie des Lebens« nannte: *Il Decameron* (1970), *I racconti di Canterbury* (1971) und *Il fiore delle mille e una notte* (1973).[20]

Er hat sich aber nie vom Kino losgesagt. In Hamburg erzählten Sie, daß Sie erwägen, einen Film über die politische Aktualität Italiens zu drehen.

Endlich habe ich eine Geschichte gefunden. In Hamburg sprach ich darüber wie über ein »need« (Bedürfnis). Jetzt schreibe ich schon. Ich kann nicht sagen, worum es geht. Aber es handelt sich um eine Person, die diese tödliche Logik der Gewalt, der Übergriffe, wie sie in Italien herrscht, nicht akzeptiert. Eine Geschichte des Lebens gegen den Tod. Nicht über den Terrorismus, das wäre was anderes. Jemand, der die Gewalt aufnimmt, umkehrt und zur positiven Kraft macht. Italien, kurzum.

Haben Sie den Film Deutschland im Herbst *gesehen, als er hier im Fernsehen lief?*[21]

Nein, im Kino, hier in Rom. In der Originalfassung, im Politecnico, mit italienischen Untertiteln.

Wie denken Sie darüber?

Ich denke, daß mir Fassbinders Episode, die im Grunde eine private ist, am meisten über die deutsche Wirklichkeit gesagt hat. Sie ist geschlossen, spricht aber in poetischen Begriffen von der Wirklichkeit. Dann haben mich die beiden Bestattungsszenen sehr beeindruckt, die von Schleyer und die der drei (Stammheimer) Selbstmörder.

Glauben Sie an die Selbstmordversion?

Ich sprach von Selbstmord. Vielleicht waren es »Selbstgemordete«. Soweit ich weiß, ist der Terrorismus in Deutschland ausradiert.

Können Sie sich eine solche Kollektivarbeit wie Deutschland im Herbst *für italienische Regisseure vorstellen?*

Auch das hat mich an diesem Film betroffen gemacht. Daß es sieben oder acht Regisseure des neuen deutschen Films geschafft haben, was in Italien nie klappen könnte. Obwohl es Versuche gab. Einen Film über Pinelli in Mailand, von verschiedenen Autoren. Oder ein Video-Tape, als Pasolini starb.[22]

Schreiben Sie dieses Nicht-Gelingen der Tendenzwende zu?

Nein, ich glaube, es liegt an den unterschiedlichen Strukturen der jeweiligen Filmländer. Die »Nouvelle Vague« z. B. hat es ja auch geschafft, mit *Loin du Vietnam*. Hier schafft sich jeder seine eigene Struktur. Es liegt aber auch an der Gewalt des Zerfalls, der Pulverisierung in diesem Land. Ich muß sagen, daß mir *Deutschland im Herbst* in seiner politischen Haltung sehr eigen und mirakulös vorkam. Besonders diese Verzweiflung von Fassbinder einerseits und die Friedhofsszenen andererseits, d. h. das Private und das Öffentliche, haben mir mehr gesagt als seriös angelegte Analysen.

Gibt es schon einen Termin für Ihre Dreharbeiten?

Im Herbst wahrscheinlich, wenn ich das Buch bis dahin hinkriege.

Wird Ihre eigene Firma »Fiction« produzieren, oder wird es eine Koproduktion mit amerikanischem Geld?

Ich weiß noch nicht, woher das Geld kommt. Entscheidend ist, daß es kommt, nicht: woher es kommt.

1 Als Grund der definitiven Absage des Projekts, das nun – nach Werner Schroeter – Rainer Werner Fassbinder übernommen hat, gab Bertolucci später an: Für den Stoff mit den detaillierten Beschreibungen homosexueller Praktiken seien Filmindustrie und Öffentlichkeit frühestens in zehn Jahren reif. – Reif? Vgl. die Notiz in *Der Spiegel,* 35. Jg., Nr. 4, vom 19. 1. 1981.

2 Gemeint ist die Figur Douglas Winter, der amerikanische Ehemann der Diva.

3 Dashiell Hammett: *Rote Ernte.* Neu übersetzt von Gunar Ortlepp. Zürich: Diogenes 1976.

4 Nach dem Roman von Joe Gores: *Dashiell Hammetts letzter Fall. (Hammett).* Aus dem Amerikanischen von Friedrich A. Hofschuster. München: Goldmann 1978. Im Interview mit der Zeitschrift: *Tip,* Nr. 24/1980, berichtet Wenders, er habe im Frühjahr 1980 in zehn Wochen 80% des Drehbuches verfilmt. Da es aber mit dem Produzenten Coppola Differenzen über den Schluß des Films gebe, werde er im Mai 1981 erst die Dreharbeiten beenden können: nach dreieinhalbjähriger Arbeit. Vgl. auch „Das große Geld, die Angst und der Traum vom Geschichtenerzählen", ein Interview mit Wim Wenders in *Filmkritik,* Nr. 264, Dezember 1978.

5 Lillian Hellman, amerikanische Schriftstellerin und Lebensgefährtin von Dashiell Hammett, von dem sie in ihrer Autobiographie *Eine unfertige Frau* (aus dem Englischen von Kyra Stromberg, Frankfurt a. M. 1975, suhrkamp taschenbuch 292, S. 236-260) ein Portrait entwarf.

6 Michele Mancini, Universität Palermo, Herausgeber der Filmzeitschrift *Fiction,* und Autor der einzigen Max Ophüls-Monographie (Florenz 1978), machte mich darauf aufmerksam, daß es in der Achtstunden-Fassung von NOVECENTO einen fahrenden Sänger und politischen Kommentator im Stile von Ernst Busch gegeben habe, der ganz fortfiel.

7 *Nicht versöhnt oder es hilft nur Gewalt wo Gewalt herrscht,* Film von Jean-Marie Straub und Danièle Huillet, 1964. In Casettis Interview werden u. a. D. H. und J. M. S. als Freunde Bertoluccis genannt. Vgl. Casetti: *Bertolucci,* Florenz 1975, S. 10.

8 Gewerkschaftsverbände. CGIL = Confederazione Generale Italiana del Lavoro, Einheitsgewerkschaft, schon vor Ende des Krieges durch die wichtigsten antifaschistischen Parteien gegründet. Wegen des beherrschenden Ein-
flusses der KPI spaltete sich 1949 die CISL = Confederazione Italiana
Sindacati Lavoratori (unter katholischem Einfluß, der jedoch seit den
Kämpfen 1968 an Bedeutung verlor), ab.

9 Giorgio Amendola, Mitglied des ZK der KPI, Exponent des rechten Flügels
der Partei. Giancarlo Pajetta, ebenfalls Mitglied des ZK der KPI, Wirt-
schaftsexperte, Führer der italienischen Delegation zum Parteitag der
KPdSU, 1981.

10 In *Senso* (1953) demonstrieren italienische Nationalisten in Venedig 1866
gegen die österreichischen Besatzer, deren Offiziere in einer Aufführung
von Verdis *Il Trovatore* im Theater sitzen. Vgl. Reihe Film: *Luchino Visconti,* Bd. 4, München 1975, S. 73.

11 Vittorio Storaro, geb. 1942, Kameramann, arbeitet mit Bertolucci seit PRIMA
DELLA RIVOLUZIONE (1964) zusammen. Seine Kameraarbeit in STRATEGIA DEL
RAGNO skizziere ich im Kamera-Heft der Zeitschrift *Filme,* 1. Jg., Nr. 6,
1980.

12 Die Hauptdarsteller im Film *Kramer vs. Kramer,* von Robert Benton, USA
1979.

13 In Sigmund Freud: *Aus der Geschichte einer infantilen Neurose* (= *Der
Wolfsmann*), 1918, wird die Beobachtung des elterlichen Koitus unter dem
Namen »Urszene« beschrieben.

14 In seiner Schrift *Jenseits des Lustprinzips* (1920) deutete Freud dieses Spiel
als Leistung des Kindes, qua Triebverzicht das Fortgehen der Mutter ohne
Sträuben zu gestatten: »Es entschädigte sich gleichsam dafür, indem es dasselbe Verschwinden und Wiederkommen mit den ihm erreichbaren Gegenständen selbst in Szene setzte.« Freud: *Gesammelte Werke,* hg. von Anna
Freud, London 1940, Bd. XIII, S. 13.

15 Travolta, Hauptdarsteller im Film *Saturday Night Fever,* nach dessen Musik
Joe in der »Sansibar« tanzt, wo ihn Franco Citti, Hauptdarsteller in Pasolinis
Debütfilm *Accattone,* anmacht.

16 »Bertolucci mit dem Gesicht von der Sonne ein wenig weiß/gemacht/unter
der schlappen Krempe des Hutes und mit dem süßen Grinsen/der heiligen
Sicherheit der Unsicheren.« Zitiert nach Enzo Siciliano: *Pasolini. Leben und
Werk.* Aus dem Italienischen von Christel Galliani. Weinheim: Beltz &
Gelberg 1980, S. 357.

17 Siciliano schreibt Bernardo Bertolucci die Schuld am Zerwürfnis von Pasolini und Freunden und Mitarbeitern bei *Accattone* zu, a. a. O., S. 305.

18 Über PRIMA DELLA RIVOLUZIONE hatte Pasolini in seinem Aufsatz »Die Sprache des Films« geschrieben, deutsch in: *Semiotik des Films,* hg. von Friedrich
Knilli, München: C. Hanser 1971, S. 49-50. Über PARTNER die Rezension
»Un film straordinario«, im Rahmen seiner wöchentlichen Kolumne, »il
caos« betitelt, in der (inzwischen eingestellten) Zeitschrift *Tempo,* no. 44,
26. Okt. 1968.

19 Vgl. Pier Paolo Pasolini: *Freibeuterschriften.* Aus dem Italienischen von
Thomas Eisenhardt. Berlin: Klaus Wagenbach 1978, S. 34.

20 Pasolini protestierte am 15. Juni 1975 in einem Artikel für die Tageszeitung
Corriere della Sera, erschienen am 9. November, gegen die Scheintoleranz
der sexuellen Befreiung und widerrief selbstkritisch seinen Hedonismus, der
in jenen Filmen der »Trilogie des Lebens« dem Konsumismus anheimgefal-

len sei. Vgl. Pasolini, »Abiura della trilogia della vita«, in: *Lettere Luterane,* Turin: Einaudi 1976, S. 71-76.

21 *Deutschland im Herbst* wurde am 28. Februar 1980 im 2. Programm der RAI, ungekürzt, im Rahmen einer politischen Dokumentation, ausgestrahlt.

22 Am 12. Dezember 1968 tötete eine Bombe, die an der Piazza Fontana in Mailand explodierte, sechzehn Menschen. Neofaschisten waren die Täter. Verhaftet wurden hingegen die linken Anarchisten Pinelli und Valpreda. Pinelli wurde im Polizeipräsidium gefoltert und, schon tot, aus dem Fenster geworfen. Vgl. Guido Viale: *Die Träume liegen wieder auf der Straße.* Offene Fragen der deutschen und italienischen Linken nach 1968. Aus dem Italienischen von Susanne Schoop und Michaela Wunderle. Mit einem Beitrag von Thomas Schmid. Berlin: Klaus Wagenbach (Politik, Bd. 87) 1979, S. 144-151.

Aus dem Italienischen übersetzt und mit Anmerkungen versehen von Karsten Witte.

Kommentierte Filmografie

Von Dietrich Kuhlbrodt

Die Texte dieser Filmografie versuchen, den Leser darauf aufmerksam zu machen, daß die Filme Bertoluccis erfahrbar sind. Der Kommentar läßt sich auch auf das ein, was Bertolucci »die Lust am Film« (le plaisir du film) nennt. Diese Lust-Erfahrung läßt sich in seinen Filmen freilich am wenigsten über die Rezeption der Handlung, des plots, machen. Das narrativ Diskursive bleibt vordergründig, wird in den Filmen gründlich gestört und ist, wie in PARTNER, beliebig. Der Autor dieser Kommentierung wirbt deshalb dafür, in die Rezeption der Filme Bertoluccis die Erfahrungen einzubringen, die man bislang üblicherweise außerhalb des Kinos gemacht hat: Erfahrungen mit anderen Arten visueller Künste oder mit der Musik. Die Angaben zur Film-Handlung sind daher nicht mehr als besondere Kennzeichen zur Identifizierung des einzelnen Films.

La telèferica. 1956

Mit 14 Jahren drehte Bertolucci im Sommer 1956 in den Wäldern von Casarola im Apennin seinen ersten Film, einen Ferienfilm: LA TELEFERICA (Die Seilbahn). Der Film war zehn Minuten lang, stumm, in 16 mm und in der Kamera montiert. Kinder waren darauf zu sehen, und Bertolucci zeigte sein Werk den Bauern im kleinen Ferienort. Sein Vater widmete der Produktion ein hymnisches Gedicht[1]; Bernardo fand sein erstes Publikum und entdeckte seine Liebe zum Film.[2] Darum soll hier die Seilbahn die kommentierte Filmografie eröffnen. Im Datenteil fehlt sie zu recht.

La morte del maiale. 1957

Der Tod des Schweins, 1957, 16 mm, stumm, kurz (Länge unbekannt). Im Geburtsort Bachanelli, sechs Kilometer von

Parma entfernt, filmte Bernardo nach einem Drehbuch die bäuerliche Hausschlachtung eines Schweins. Der Film blieb Fragment. Er wurde niemals montiert. – Montiert wurde eine ähnliche Hausschlachtung 17 Jahre später in NOVECENTO. Das cinéma vérité der Schlachtung gehört zum autobiografischen Inventar und bringt schon beim Fünfzehnjährigen die Bildwahrheit im Drehbuch unter.

La commare secca. 1962

Die Polizei klärt den Mord an einer Prostituierten auf. Die Tatverdächtigen geben verschiedene Versionen zu Protokoll.

»Die Gevatterin Tod« ist Bertoluccis erster Spielfilm. Er drehte ihn, 21 Jahre alt, »in völliger Naivität« (Bertolucci) nach einem Treatment[3] seines Freundes, Herrn und Meisters Pier Paolo Pasolini. Im Parco Paolino ist eine Prostituierte ermordet worden. Wer ist der Täter? Die Polizei verhört – im off – Zeugen und Tatverdächtige, die ihre Bekundungen zu Protokoll geben. Die Kamera illustriert, bestätigt und dementiert die Aussagen. Das Wort ist verdächtig, das Bild stimmt.
Der erste, Canticchia, 20 Jahre alt, will sich nach Arbeit umgeschaut haben. Die Kamera zeigt, wie er statt dessen im Park Liebespaare bestiehlt. Die (Hand-)Kamera schleicht lustvoll mit: eine lange Einstellung unter der Mauer hindurch, am Boden durchs Gebüsch. Ertappt! Und dann greifen urplötzlich glatzköpfige Knaben ein, wie hineingezaubert in den dunklen Tann. – Der zweite, Califfo, gibt vor, mit seiner neuen Freundin spazierengegangen zu sein. Man sieht ihn aber dabei, wie er, der Superblonde, versucht, keifende Frauen auszunehmen. – Teodoro, der junge Soldat, will im Kino gewesen sein oder doch die ganze Zeit schlafend auf der Parkbank. Zu sehen ist, wie er ebenso selbstsicher wie ziel- und ergebnislos auf der Straße hinter Frauen herläuft (mit versteckter Kamera gefilmt); wie er müde am Colosseum sitzt (ein Junge zeigt ihm Löwenbilder) und vor dem Regen unter die Brücke zu den Prostituierten hockt. – Natalino wird verhört, der Mann mit den Holzpantinen aus dem Friaul (P. P. P. s Heimat). Er lenkt den Verdacht auf Pipito und Francolicchio, die Fünfzehnjähri-

La commare secca

La commare secca

gen, die auf der Suche nach Geld für ihre Mädchen sind. Zu
sehen ist, wie sie einem älteren Schwulen im Park ein goldenes
Feuerzeug samt Mantel klauen. Die Episode wird ausge-
schmückt, bekommt Eigengewicht. Wort und Bild kommen
zusammen, als die beiden abhauen: »Die Bullen suchen uns«.
Francolicchio ertrinkt in den Strudeln des Tiber.

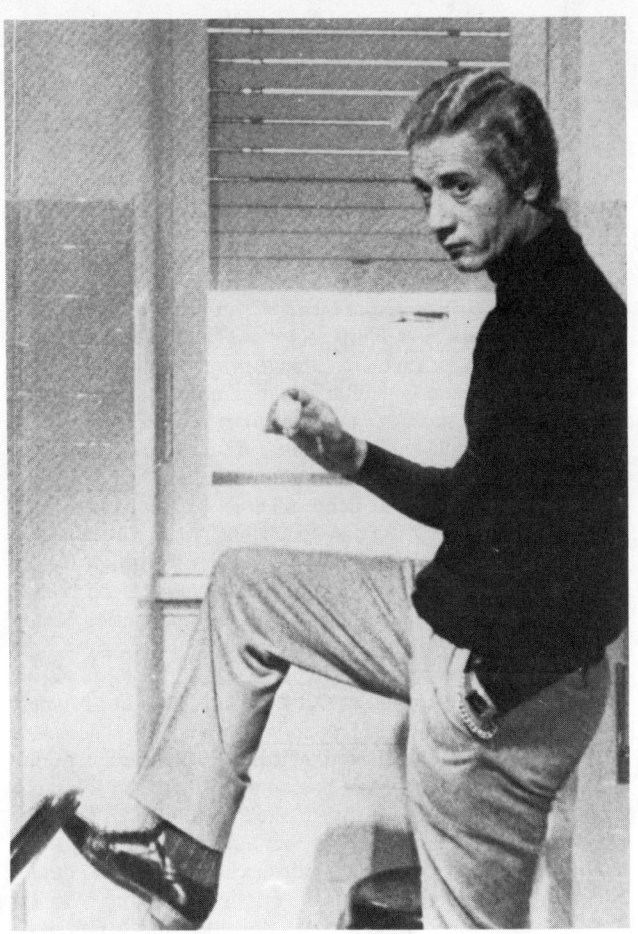

La commare secca

Die verschiedenen wahren und falschen Geschichten flechten sich jetzt zusammen. Die Tat wird vorgeführt: »Du bist aus Friaul«, spricht das Opfer. »Ich habe eine Freundin aus Friaul«. »Was hast du nur für merkwürdige Holzschuhe.« Natalino ist der Raubmörder. Zum Schluß die Entlarvung. Eine heitere Szene. Nackte Knaben baden im Teich. Das Kantap-

per-kantapper der Holzschuhe wendet sich in einen Cha-cha-cha. Der Schwule denunziert den Mann aus Friaul.
Zwischentitel zum Schluß des Films. G. G. Belli wird zitiert, der Dialektdichter: »La Commare Secca de Strada-Giulia arza er rampino« (»und so wurde dem Sensenmann von der Via Giulia das Handwerk gelegt«, heißt es in der deutschen Fassung. – Geht es aber nicht so: Gevatterin Tod von der Strada Giulia kommt die Stiegen rauf?) – Der Bezug ist nicht eindeutig: wer bringt den Tod? Der Mann aus Friaul der Prostituierten oder der Schwule dem Mann aus Friaul?

Pasolini schrieb seine ersten Gedichte im Friaul-Dialekt. Bertolucci, schon als Fünfzehnjähriger mit ihm befreundet, widmete ihm seinen ersten Gedichtband *In cerca del mistero* (Auf der Suche nach dem Geheimnis)[4] mit den Zeilen »Vicino a te, timida come una sposa«. Pasolini schrieb »Ad un ragazzo: Col sorriso confuso di chi la timidezza«[5] (»In deiner Nähe, schüchtern wie ein Eheweib« und »An einen Knaben: Mit dem unsicheren Lächeln deiner Schüchternheit«). – LA COMMARE SECCA führt die poetische Auseinandersetzung mit der Person und dem Werk Pasolinis fort. Zwei Tage vor der Uraufführung des Films auf dem Festival in Venedig bekam *In cerca del mistero* den Premio Viareggio. Was Bertolucci seitdem schrieb, waren Drehbücher: Film-Gedichte.

Bertolucci hatte Pasolini bei *Accatone* assistiert. Pasolini war in Mode gekommen und zog das größere Projekt (*Mamma Roma*) dem vorbereiteten (*La commare secca*) vor. Assistent Bertolucci bekam die Chance. Mit nur 90 000 Dollar drehte er, gar nicht schüchtern, mit Laiendarstellern einen Film, der zwar den Forderungen entsprach, die Pasolini an das Kino der Poesie richtete, der gleichzeitig aber auch eine ganz unpasolinische und höchst persönliche stilistische Arbeit des Filmdebütanten ist. Strophenartig ist der Film aufgebaut. Wie ein Refrain wiederholen sich nach den Episoden Musik, Geräusch (Gewitterregen), Bilder aus dem Zimmer der Prostituierten, welche Kaffee und Milch auf den Herd rückt und einen Blick aus dem Fenster wirft. Ausgedehnte Sequenzen belegen besonders deutlich die Affekte, mit denen der Autor sich Personen und Situationen nähert. Ja, richtig: Pasolinis römisches Subproletariat. Es wird aber nicht als Begriff vorgeführt, sondern als Gegenstand eher schüchterner und schwermütiger Zuneigung. Die Laiendarsteller stellen nichts dar als sich

La commare secca

selbst – in dem Maße, wie der Regisseur sich unverkennbar selbst als Gegenstand der Regie einbringt. Bertolucci macht zum Gegenstand: sein zärtliches Gefühl (das als solches erst anderthalb Jahrzehnte später in Mode kommt und von Herman van Veen besungen wird). In den sechziger Jahren schreibt Frieda Grafe[6]: »LA COMMARE SECCA ist nachgerade das filmische Äquivalent einer klassischen Gedichtform: der Elegie.«

In LA COMMARE SECCA ist von Anfang an da, was Pasolini als Bertoluccis »elegischen Realismus« rühmt, als »die Liebe zur poetischen Welt der eigenen Lebenserfahrungen«.[7] Der Film vermittelt sehr schnell den Eindruck, daß es um die Krimigeschichte nicht recht geht. »Alle erzählten Geschichten sind Alibis, um über sich selbst zu sprechen« (Bertolucci).[8] Das Reale an LA COMMARE SECCA ist nicht *der* Subproletarier als Gegenstand der Strafverfolgung, sondern die Art und Weise, wie Bertolucci sich dem Laiendarsteller zuwendet (»Ich drehe Filme nur mit Leuten, die ich liebe«). Die Realität dieses Films ist die Bewegung auf das Abgebildete hin. Wahrer Protagonist dieses Films ist der Stil.

Ich will nicht behaupten, daß die Realität als Stil in LA COMMARE SECCA in jedem Detail gleichmäßig deutlich zum Ausdruck kommt. Aber das subversive Prinzip funktioniert: hinter der geschlossenen Lied-Form (Strophe/Refrain; Episode/ Verflechtung; Handlung/Wiederholung) rollt ein zweiter Film ab, in welchem es um ungebremste und ungehemmte Affekte geht. Freiheit fürs Expressive.

Verräterische Anzeichen für den – eigentlichen – Subfilm sind die langen, insistierenden Sequenzen, in denen die Kamera den Augenblick verlängert, einfach nur *da* ist. Versteckt windet sie sich – mit Teodoro zusammen – durch den Passantenstrom auf den Straßen Roms. Subjektiv kriecht sie durch Mauerlöcher, durch Dreck und Schmutz auf die Handtaschen der Liebespaare zu; am Anfang dreht sie sich kokett vom Kran, der alles überblickt, in die dunklen Tiefen der römischen Vorstadt hinunter, und zum Schluß verläßt sie insubordiniert ihren Posten als Registrator der großen Entlarvung und nimmt die Perspektive des schüchternen Schwulen ein, der Natalino-den-Mann-aus-Friaul der Polizei denunziert. Die Kamera spielt mit. Mehr: sie beherrscht das Spiel. Bertolucci läßt sie spüren, und diese Geste bringt eigene Lebensgeschichte unj die Geschichten der Randschichtenjungs zusammen.

Bertolucci spart sich auch das politische Coming Out. Er ist noch nicht Kommunist – erst 1968 wird er Mitglied der KPI – und nicht mehr braver Bürger. Er entwickelt Affinitäten, scheut vor der Konsequenz. Die Unsicherheit, die Ambivalenz, die er zeigt, kommt jedoch der Realität bedeutend näher, als es die damals noch zum Dogma erhobene Attitüde des allwissenden engagierten Regisseurs zuließ. Das ist heute einsichtig. 1962 war es für den Filmgucker ungeübt. Wer von uns, der damals Filme sah, hätte es gewagt oder nur vermocht, sich auf sein Gespür zu verlassen, auf seine Affinität für eine Filmsprache, für einen Film-Schöpfer[9], der sich im Werk als Ganzes zeigt, mit dem kompletten Satz von Ungereimtheiten und Widersprüchen, die seine authentische Existenz ausmachen? Hätte man vor 18 Jahren schreiben mögen, daß Bernardo Bertolucci liebenswert ist?

Rigoros war er freilich schon 1962 in einer Hinsicht: er zerstörte die Prosastrukturen des Films, die Kontinuität. Und das bedeutet, jedenfalls für die nächsten Kapitel dieser kommentierten Filmografie, daß das Nacherzählen der Filmhandlung den Intentionen des *Kinos der Poesie* zuwiderliefe. Näher kommt man den Filmen mit dem Versuch, eine Affinität zu ihrer Realität zu entwickeln, zu ihrem Stil.

Prima della rivoluzione. 1963/64

Parma, Sommerhalbjahr 1962. Fabrizios Versuch, sich von seiner großbürgerlichen Herkunft zu lösen, scheitert. Er heiratet die reiche Clelia. Sein Freund Agostino begeht Selbstmord. Cesare, dem Kommunisten und Lehrer, glaubt Fabrizio nicht mehr. Die emotionale Hilfe der Tante Gina weiß er nicht zu schätzen.

Der erste große, eigene Film: ein Knoten, der sich nicht aufdröseln ließ. Bertolucci befreite sich mit der Figur des Fabrizio von Liebesqualen: von der Inbrunst des Marxismus, von der Vernetzung in die reiche Hälfte der Stadt Parma. Ein Versuch war dies, selbstredend. Fünf Jahre vor dem wirklichen Jahr 1968. Damals nahmen die italienischen Genossen das Werk übel; der Film blieb in Italien fast unbekannt. Heute erst, da das Stirnrunzeln des Medienpädagogen nicht mehr als der Weisheit letzter Schluß erscheint, ist die Rezeption des *offenen* Films gesichert. Die poetische Form, die autobiografische Geste transportieren die vielen Realitätspartikel, die heute noch kräftig am Leben sind. Botschaften sind dem Film freilich

Prima della rivoluzione

nicht abzulösen. Schon der Titel nötigt dazu, sich auf Ambivalenzen einzulassen: sich einzustimmen.

Zu Beginn des Films ein Insert / das Motto: »Wer die Jahre vor der Revolution nicht erlebt hat, kennt nicht die Süße des Lebens« (Talleyrand). Zum Schluß taucht der Film in Stagnation und Melancholie: der zweideutige Protagonist Fabrizio heiratet die großbürgerliche Clelia und gibt seiner Liebe zum Marxismus schnöden Abschied – und seiner Liebe zu Gina, mit der alles hätte anders werden können. Süße des Lebens? Das Gegenteil scheint richtig, und richtig ist auch, daß man Zeit gebraucht hat und ziemlich unsicher gewesen ist, bis man das Talleyrandzitat als ein ironisches, ein zu dementierendes empfunden hat. Bertolucci: »Ich hätte dasselbe Zitat an das Ende des Films setzen können, und der Sinn des Films wäre einfacher gewesen, aber [...] ich habe nicht allzuviel übrig für die sehr klaren Sachen. [...] Wer vor der Revolution lebt, der kennt – das ist meine Meinung – die Lebensangst und nicht etwa die Süße des Lebens.«[10]

Liebe und Angst. Die Gefühle brechen auf, und die Struktur

Prima della rivoluzione

der Handlungskontinuität wird ruiniert, aber nicht gänzlich. Der Widerspruch zwischen der Beschreibung des Subjekts und dem Gang der objektiven Handlung bleibt ungelöst. Das *Klima* von Parma entfaltet sich in den Ambivalenzen. April 1962, eine Woche vor Ostern, und es regnet. Das Panorama zeigt die Stadt und, querdurch, den Fluß. Wir werden belehrt: der Fluß teilt arm von reich. Die vornehme Clelia (Cristina Pariset) weilt in der Kirche, und draußen scheint die Sonne auf den menschenleeren Platz. – Fabrizio (Francesco Barilli) trifft den Freund Agostino (Allen Midgette); dem ersten Gespräch ist ein schneller Nachtrag zum River Parma zu entnehmen: im Friedens-Cinema läuft *Red River* (was nicht mehr explizit wird, aber unterschwellig anläuft: das Rote Parma, und Ostern war nicht unbedingt der kirchliche Feiertag, sondern der Friedenstag von 1945 und die Befreiung vom Faschismus).

Unergiebig ist es, in PRIMA DELLA RIVOLUZIONE literarische Bezüge entdecken zu wollen. Stendhals *Kartause von Parma* war für Bertolucci Anlaß, den Film zu machen. Nicht mehr. Eine hommage an die Romanhandlung: das sind die Namen der

Prima della rivoluzione

Film-Protagonisten. – Der Fabrizio des Films traktiert Agostino, den unsicheren Kandidaten, verbal: »Du mußt Mitglied
der Partei werden. [...] Selbst, wenn du dich irrst, hat der
Irrtum einen Sinn. [...] Gemeinsam muß man kämpfen.« Der
Freund antwortet auf die Parolen mit einem Fahrradakt, der
die erste autonome Sequenz des Films ausmacht. Dreimal
scheint er sich taumelnd zu Tode zu stürzen. Trommelwirbel
markieren den Fall circensisch (Ton: »Das ist für meinen Vater. – Das ist für meine Mutter. – Das ist für mich.«) – Christian Metz hat diese Sequenz zum Muster der »Ebene der
zweiten Bedeutungen« (sens connotés) gemacht, und er unter-
streicht, daß die filmische Motivierung zwar weniger offensichtlich, aber völlig real sei. Wie genauer und wirklicher wäre
Agostinos poetische Labilität, seine romantische und ohn-
mächtige Ehrlichkeit, seine authentisch erlebte Unruhe auszudrücken gewesen?[11]
Der Realität der Zweitebene steht nicht entgegen, daß der
Bedeutungen viele, einander ausschließende, wechselnde sein
können. Die Badetümpelsequenz macht dies deutlich. Kleider

Prima della rivoluzione

liegen am Ufer (Zweitbedeutung: Badevergnügen). Eine
Hand greift danach (Der Badende kommt aus dem Wasser).
Zur Hand gehört ein Bein im Stiefelschaft (Jetzt stimmt etwas
nicht). In das Polizeiauto wird ein Fahrrad getragen (Ein poli-
zeilicher Einsatz und kein Badevergnügen). Fabrizio schaut
badenden Knaben zu (Das Bild ist aus LA COMMARE SECCA
bekannt: das autobiografische Inventar wird deutlich). Ein
Siebzehnjähriger in der Unterhose gibt Fabrizio Auskunft (ein
Badeunglück?). Fabrizio realisiert den Tod des Freundes
(Selbstmord). – Selbstkritik folgt: sprach er doch zu Agostino
mit den Worten der Partei: »Ich dachte, sie sind klarer als
meine.«
Agostinos Stelle nimmt Tante Gina ein (Adriana Asti). Sie
erscheint in Parma und macht mit den klaren Worten Schluß.
Fabrizio unterscheidet fortan *parlare* und *gesticolare*. Gina
führt ihm etwas vor: sich eine Brille auf die Nase zu setzen,
dem spontanen Einfall nachzugeben, miteinander ins Bett zu
gehen. Ihre Gesten verweisen ins Ekstatische. Was sie praktiziert (den Inzest), tut sie nicht gegen die Konventionen, son-

Prima della rivoluzione

dern ohne sie. Triviales ist erlaubt. Die Sonntage in Parma:
quel giorno! Schlager, Schirme, Shopping.
Zwischentitel: »Ostermorgen. Die gerade losgebundenen
Glocken flogen durch die Stadt. Sie aber schliefen fest. [...]
Sie schliefen weiter: ein richtiger Skandal, weil alle im Hause
schon fertig waren, um in die Messe zu gehen.« – Als senti-
mentale Erzieherin funktioniert Gina freilich mitnichten. Sie
scheitert mitten auf der Straße an einem fremden selbstbe-
wußten Kind. Gina: »Kämm dein Haar. Du siehst wie eine
Hexe aus!« Eine dramatische Nervenkrise folgt. Klassische
Musik gibt den großen Rahmen. Des Rätsels Lösung? Die
folgende Szene gibt noch mehr Rätsel auf. Gina fährt im Gegenlicht durch die Landschaft (wohin? weshalb?). Einem Unbekannten (Fabrizio? Ihrem Psychiater in Mailand?) antwortet sie stereotyp: »Frag mich nicht.«
Die Welt spiegelt sich in sie hinein. Sie ist dafür empfänglich.
Mit Fabrizio zusammen sitzt sie in einem optischen Zimmer im
Dunkeln, in einer Art camera obscura: an die Zimmerwände
reflektiert sich der große Platz von Parma und sein Verkehr. –

Prima della rivoluzione

Diese Sequenz wird zum Zentrum des Films: sie ist farbig –
aber fast farblos farbig. So hell ist es im Dunkeln. »Cinéma
vérité in colore«, heißt es dazu. Alles ist gut so.
Der zweite Teil des Films nimmt das Gute zurück. Es beginnt
mit einer Diskussion bei Cesare (Morando Morandini), dem
Lehrer und Kommunisten. Um die Vergangenheit geht es, um
die Geschichtsschreibung, um die Zeit der Befreiung vom Faschismus, um Ostern 1945. Fabrizio zweifelt: »Cesare, ich
spreche wie ein Buch, wie die Bücher, die du mir gabst.« Gina:
»Zeit existiert nicht. Ich ändere mich nicht.« – »Eine Frau ist
eine Frau.« Die Kamera zeigt den Filmtitel an der Front des
Supercinema Orfeo: »Oggi«.
Gina macht sich von den Diskutanten unabhängig. Sie greift
sich einen Mann (»Wie heißt du noch gleich?«), Carlo, und
steigt mit ihm im »Gallo d'oro« ab. Auf der Straße trifft sie
hinterher mit der neuen Begleitung auf Fabrizio, der gutbür-
gerlich reagiert. Der eine wie der andere entfernen sich von
Gina. Sie bleibt auf der Straße stehen, und der Kamera-
schwenk allein ist es, der die Struktur der Isolation, die der

113

Anarchie inhärent ist, lakonisch aufdeckt.[12] Fabrizio in der einen, Carlo in der anderen Richtung verschwinden in die Unschärfe. Wirklich bleibt die Vereinzelung.

Eine melancholische Dauereinstellung: Landbesitzer Puck (Cecrope Barilli) – »Wir erben Attitüden« – nimmt Abschied von seinem Besitz. Pappeln, Nebel, Barken, Gänse: »Lebt wohl ihr wilden Vögel.« – Was Fabrizio zu spät begreift (»Es werden Maschinen kommen«), begriff 1963 kaum jemand. Erst heute kann man von einer frühen obsessiven Ökosequenz sprechen.

Die kommunistische Folklore des Unità-Festes wird Fabrizio fremd. Seine Einsicht ins Unvermögen: »Für mich [als Bürger] ist es immer vor der Revolution.« – Die Verdipremiere in der Oper vereint die Personen des Films – die beiden Seiten des roten Parmaflusses, Clelia und Gina. – Fabrizio sitzt in der Loge der reichen Clelia. In der Loge gegenüber hat Cesare mit kommunistischen Arbeitern Platz genommen. Gina, die Vereinzelte, ist im Parkett eingezwängt. Sie guckt auf, und die Kamera zieht sich, wie ertappt, zurück. Das ist Kinowahrheit, denn Bertolucci hat »im Wochenschaustil« ein authentisches Opernpublikum plus der PRIMA-Darstellerin aufgenommen. Cinéma vérité aus purer Not: für Statisten langte das Geld nicht. Bertolucci mußte mit 60 Millionen Lire (etwa 400 000 DM) auskommen.[13]

Verdis *Macbeth*: im Teatro Regio machen die Hexen die Musik dazu, wenn der Marxismus, die große Liebe, sich anschickt, systemimmanent zu werden. Fabrizio: »Wer streikt heute für die Freiheit von Angola? Wer geht denn auf die Barrikaden, wenn in Alabama ein Neger ermordet wird?« – Der Schluß ist zum Weinen. Cesare indoktriniert die Schüler mit *Moby Dick*. Gina drückt sich Fabrizios kleinen Bruder an den Busen.

Damals zog sich Bertolucci mit PRIMA DELLA RIVOLUZIONE den Haß linker Kritiker zu. Aristarco verhinderte in der italienischen Prämienkommission, daß der Film den für die Förderung wichtigen »premio di qualità« bekam. Interesse fand der Film nicht in Italien, sondern in Frankreich (Cannes 1964, Woche der Kritik) und von dort weiter (Frieda Grafe in der »Filmkritik«[14]). Die Angelsachsen haben es dann eh leichter gehabt, dem Film das anzusehen, was heute als prophetisch erscheint. – Den Theorieexperten von anno dazumal war der Blick auf das verstellt, was zu ihrer Zeit, 1963, Realität wurde.

La via del petrolio. 1965/66

Eine Gelegenheitsarbeit für das Fernsehen (gesendet im Januar und Februar 1967). Der Weg des Öls vom Iran nach Bayern: Bertolucci erkannte dabei, daß der Dokumentarfilm nicht sein Metier ist. Gleichwohl gelang den Cahiers du Cinéma im Januar 1967[15] eine eindrucksvolle Interpretation, der hier gefolgt sei, da keiner der Mitarbeiter dieses Bandes den Film sehen konnte. Der erste Teil des Ölwegs (Produktion und Verladung im Persischen Golf) entspricht demzufolge dem Kino der Prosa in der Tradition des realistischen Dokumentarfilms. Im zweiten Teil (Seefahrt und Landung in Genua) lagert sich das Kino der Poesie über die Frachtroute: Bertolucci spricht von sich selbst, von seiner Beziehung zur Realität. Im dritten Teil (Weitertransport an Parma vorbei zur bayrischen Raffinerie hinter den Alpen) wird die Subjektivität des zweiten Teils objektiviert – in Gestalt eines argentinischen Journalisten, der die Verröhrung kommentiert. Doch sprechen die Cahiers nicht von Dialektik, sondern von der reichen Widersprüchlichkeit des alten Europas, welches Manzoni und Mizoguchi, Einstein und Welles, Bach und Miles Davis versöhnt. Der Film zitiert diese Größen, und so sieht man das *trunkene Schiff* zu den Klängen der *Traviata* in Genua einfahren; Rimbaud und Verdi werden Paten der Energiezufuhr.

Bertolucci hält seinen Film heute für ziemlich mißglückt. Er hat ihn sich freilich auch nie wieder angesehen.[16]

Il canale. 1966

Eine zwölfminütige Sonderarbeit (16 mm, Ton) aus LA VIA DEL PETROLIO.

Infinito futuro

In den drei Frustrationsjahren zwischen PRIMA DELLA RIVOLUZIONE und AGONIA zerschlug sich auch der Film NATURA-CONTRONATURA. Das Drehbuch war bereits fertiggestellt. Es ging um das Verhältnis eines Dichters, eines Politikers und eines Schwulen – um die Autobiografie Bertolucci-Pasolini. Die

Rollen waren schon besetzt (Lou Castel, Allen Midgette, Jean-Pierre Léaud), da zog sich die Produktion zurück.[17] Entnervt, verzweifelt nahm Bertolucci eine 16-mm-Kamera und machte seinen einzigen – zeitgenössisch formuliert – Untergrundfilm. In INFINITO FUTURO filmte er die Anschläge einer Schreibmaschine, die Buchstabe für Buchstabe, Wort für Wort und Zeile für Zeile den Text von NATURA-CONTRONATURA aufs Papier bringt. Dem Inhalt des Drehbuchs entsprechend macht die Kamera – reduziert auf die kleine Welt des Anschlagbereichs der Schreibmaschine – Fahrten, Totalen, Nahaufnahmen, Schwenks, Dollybewegungen.

Die Länge des Films ist nicht bekannt. Er hat existiert. Er ist heute verschollen. Die einzige Kopie wurde Bertolucci zusammen mit seinem Auto und seinem Gepäck gestohlen.[18]

Agonia. 1967/68

Ein alter Mann stirbt, und im Vorraum versammeln sich die Trauernden, Klagenden, ihn Anklagenden, die Abschied von ihm, aber nicht von ihrer Hoffnung nehmen.[19]

1967 schloß sich Bertolucci zusammen mit Julian Beck und dem Living Theatre zehn Tage lang in einem Studio der Cinecittà ein. *Die ganze Welt in einem Zimmer/Le monde entier dans une chambre* – unter diesem Titel erschien Bertoluccis Arbeitstagebuch über die Episode AGONIA (ex-»Der unfruchtbare Feigenbaum«) in den Cahiers du Cinéma.[20] Aus der Übersetzung der »Filmkritik«[21]:

»Ich habe nie etwas übriggehabt für die Form des Episodenfilms. Auch die Regisseure, die ich mag (J.-L. G. und P. P. P.) haben ihre Episoden immer leicht grimassierend gedreht, als ob sie Verdauungsschwierigkeiten hätten, wie Linkshänder, die gezwungen sind, den Federhalter in der Rechten zu halten, ohne selbst zu wissen weshalb. Meiner Episode liegt das Gleichnis vom ›unfruchtbaren Feigenbaum‹ zugrunde, den sein Besitzer schlagen lassen will, worauf der Knecht aber vorschlägt, ihn noch ein letztes Mal zu düngen. Wenn der Baum dann im nächsten Jahr auch keine Frucht trage, dann könne man ihn schlagen.

Ich habe in dem Augenblick meine Abneigung gegen die Epi-

Agonia

sodenform unterdrückt und mich bereiterklärt, den ›unfruchtbaren Feigenbaum‹ zu drehen, als mir die Idee kam, einen
sterbenden Mann zu filmen: fünfundzwanzig Minuten Agonie
und dann der Tod. Man kann sich schwerlich ein absoluteres
Thema für eine Filmerzählung denken als dieses. Zusätzliche
Gründe, die meinen Entschluß mitbestimmten: die unwider-
stehliche Versuchung, nach drei Jahren erzwungener Untätig-
keit endlich einen Film zu machen; der alte, nie befriedigte
Wunsch, mit dem Living Theatre zu arbeiten, der sich 1964
regte, bei der Premiere der *Mysteries,* die Neugier, was sich
mit Farbe und Cinemascope machen ließe.
Die Sünde des Mannes, der stirbt, ist, wie die des Feigen-
baums, seine Dürre, seine Sterilität: wie der Feigenbaum hat
er nichts Böses getan, aber auch nichts Gutes. Schon zu Leb-
zeiten war er ein Toter unter den Lebenden. Wie der Feigenbaum bekommt er eine letzte Chance. Der Dünger, von dem
der heilige Lukas spricht, ist bei ihm ein menschlicher Dünger,
Realität, die Realität, der der Mann sein Leben lang ausgewi-
chen ist. Die Realität bemächtigt sich seines Schlafzimmers,

erfüllt die 35 cbm Luft, Boden, Wände, Vorhänge, Bett und Körper des Sterbenden, bis sie ihn fast erstickt.

Der Mann ist also eine von diesen traurigen Seelen, die ›ohne Schmach und ohne Ehre‹ gelebt haben, einer von diesen Engeln, ›die weder gewagt zu rebellieren noch treu zu bleiben‹, einer von denen, ›die die Himmel jagten ... und die auch der tiefe Schlund der Hölle nicht empfängt‹, kurz einer der Lauen aus dem Dritten Gesang. Nackt, gepeinigt von Hummeln und Wespen, sind sie für immer ruhelos. Das Blut, das über ihre Gesichter rinnt, ist vermischt mit Tränen und wird, wenn es heruntertropft, ›von ekelhaften Würmern aufgeschnappt‹. Was mir vor allem wie ein geheimnisvoller Hinweis vorkam, war der wie eine Prophezeiung anmutende Zusammenhang zwischen den Qualen, die der Laue erleidet und der Grausamkeit bei Artaud. Deshalb fiel mir das Living Theatre ein.

[...] Immer wieder habe ich gesagt, das entscheidende Element der Visionen und Geschöpfe sei ihr physischer Charakter: keine Schminke, keine Überblendungen, Spiegeleffekte.

[...] Endlich ist meine alte Idee von einer Masse von Köpfen, Körpern, Armen realisiert worden, das heißt, das erste Auftreten der Geschöpfe. Sie haben es umgetauft, sie nennen es den BAUM.

[...] Heute drehen wir den Baum, eine lange, monolithische Einstellung, aber ein Monolith auf Rädern. Es gibt nämlich mitten in dieser Dreieinhalb-Minuten-Einstellung ein kleines Travelling, das, glaube ich, einer für die Bühne konzipierten Idee das Filmische verleiht.

[...] Die Dinge verliefen mit der Grazie, dem Glück und dem barbarischen Schweiß der ersten Tage. Sie wurden für mich und meine Kamera wieder ein Gegenstand der Liebe. Und ich für sie? Ich weiß nicht, aber ich habe bei einigen von ihnen das verstohlene Lächeln desjenigen erkannt, der lieben will, ohne sich über die Gründe Rechenschaft geben zu können.«

Partner. 1968

Der Franzose Jakob hat seinen ersten Lehrauftrag in Rom an der Accademia d'arte drammatica. Ein Doppelgänger bemächtigt sich seiner Identität. Wer ist es, der Clara liebt – und sie würgt?

118

Partner

Vier Jahre seit PRIMA DELLA RIVOLUZIONE. – In PARTNER waren vier Jahre Lebensgeschichte aufzuarbeiten, vier Jahre Filmgeschichte und vier Jahre Vorbereitung auf das Jahr 1968. »Zuviel«, kritisiert Bertolucci heute selbst. – Die Organisation des Films ist eher zufällig. Die Realität ist nicht das Organisierte, sondern die Bewegung daraufhin. Das ist die Kamera, die hinter Mensch und Ding her ist. Sie verfolgt die Vietnamfahnen, das Straßentheater, die Herstellung des Molotowcocktails, die Usurpation der eisensteinschen Potemkintreppe, die Belebung einer godardschen Tractszene mit der prostituierenden Waschmittelverkäuferin, der Augen auf die Lider gemalt sind. Sie verfolgt die Partner, in die sich der Lehrer an der Theaterakademie (Pierre Clémenti) verdoppelt – die ihre Rollen tauschen, die wieder identisch zu werden scheinen.

In PARTNER regiert die Plansequenz, die autonome Einstellung, in der die Kamera Wirklichkeit schafft. Sie verharrt, nähert sich, entfernt sich. Wagen und Kran zugleich verfahren die schöne Welt, die in aufdringlichen Farben und aufrauschender Musik (Ennio Morricone) in Dekor und Zitat verfällt. Der

Partner

simulierte Kinderwagen auf der Potemkintreppe transportiert
die Bombe, die ihrerseits vorgetäuscht ist. Und die Freiheit-
für-Vietnam-Fahnen verkommen zur ganz-ganz tollen Zim-
merdekoration. Bertolucci war dabei, mit PARTNER für den
Film die Montage abzuschaffen als eine dem Medium eher
fremde literarische Struktur und als verdächtiges Herrschafts-
instrument überhaupt.[22] Montiert werden mußten freilich zumindest die Plansequenzen (und ohne Ausnahmen ging es so-
wieso nicht ab). Plausibel ist Bertoluccis Hinweis[23], daß PART-
NER zunächst eine andere Fassung hatte. »Der Film war zuerst
völlig anders montiert. Er war ein anderer Film. Dann habe
ich ihn neu zusammengesetzt, weil er rauskommen und für das
Publikum einen etwas konventionelleren Rahmen kriegen
sollte. Den Film habe ich ohne jeden Gedanken an die Dramaturgie gedreht. Die Handlung, die sich aus der Montage
ergibt, ist eine Gefälligkeit gegenüber dem Produzenten. Sie
gefällt mir aber auch selbst ein bißchen.« So Bertolucci An-
fang 1969, und auch wenn dies nur $^{1}/_{2}$, $^{3}/_{4}$ oder $^{9}/_{10}$ wahr sein
sollte, so macht es doch, daß die Chose stimmt – einerseits,

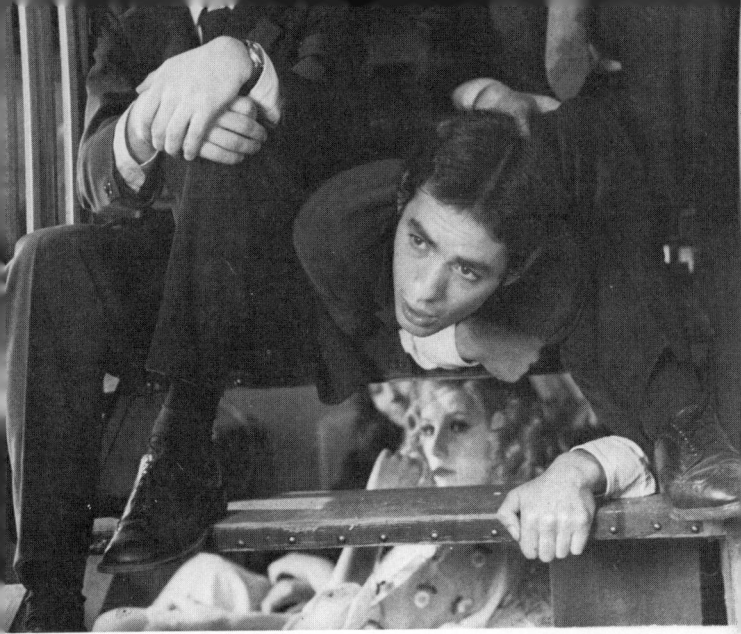

Partner

und daß es andererseits abwegig ist, hier so etwas mieses Literarisch-Organisiertes zu unternehmen, wie ein Plot zum besten zu geben.

Wie also jetzt vom Film reden, ohne die Autonomie der PARTNER-Plansequenzen zu beschädigen? Noch einmal Bertolucci dazu: »Die Montage der Sequenzen ist mir völlig egal.« Das zu wissen, ist die Große Wohltat, wenn man a) »den Film« (das heißt: die Handlung) nicht verstanden hat und b) einem das schlechte Gewissen darob glücklich ausgetrieben wird. Was es mit dem Autonomen der bertoluccischen Sequenzen auf sich hat, begreift heute, ein Jahrzehnt später, einer besser, der das Autonome einer Randgruppe ausprobiert hat. PARTNER kann man heute sehen, ohne zuvor Artaud und Foucault studiert zu haben. Hapern wird es allenfalls daran, daß es nicht mehr auf Anhieb damit klappt, die Fahne als eine solche Vietnams zu identifizieren. Aber auch dieses Zeichen ist schon von den »Partnern« seines Sinns entleert worden.

Rom 1968. Der Schauspiellehrer Jakob läßt sich von seinem Vermieter Petruschka (Sergio Tofano) bedienen. Petruschka

121

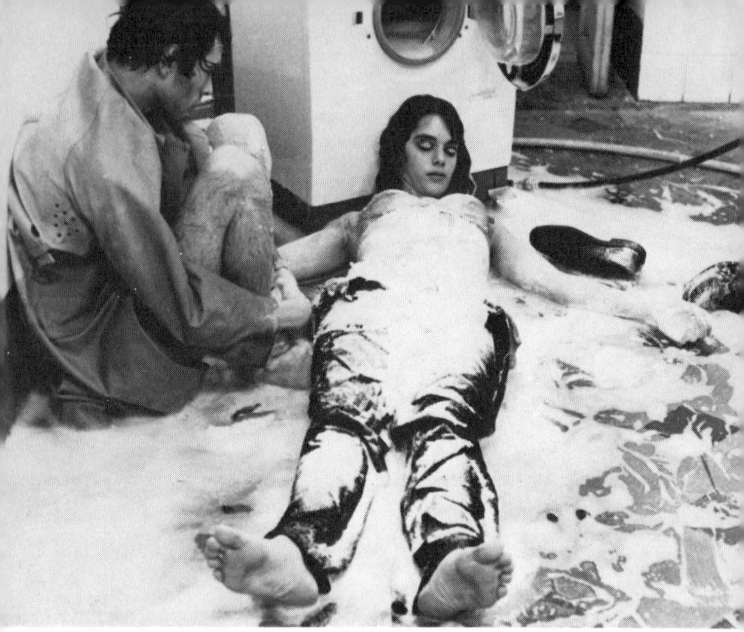

Partner

Partner

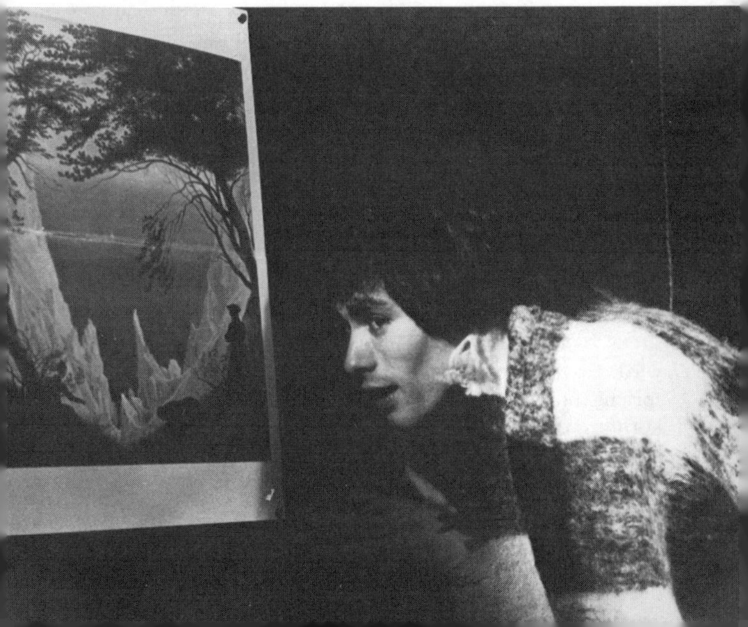

Partner

simuliert den Diener; er kommt vom Theater; er war Souffleur. – Jakob sitzt in einem Raum mit schwarzen Wänden. Die Bücher türmen sich bis zur Decke. Er sinniert über Artaud, das Theater der Grausamkeit und die Funktion der Kunst für die Revolution. Das Theater der Grausamkeit, zu Ende gedacht – ist es nicht die Revolution?

Leider setzt Jakob seine Erkenntnisse nicht in die Tat um. Er kommt auch nicht seiner großen Liebe näher, Clara, des Professors schöner Tochter (Stefania Sandrelli). Fragmentarisch-surrealistisch dringt die Wirklichkeit in sein Interieur. An der Wäscheleine, die durchs Kabinett gezogen wird, hängt 1 Wäschestück, 1 Fisch, 1 Buch: eine buñuelsche Kavalkade vom *Chien Andalou*. – Das muß man sich forciert-romantisch vorstellen, eine Halbsatire mit ungefähren Zitaten. Eher komisch ist es, wie Jakob von Claras Geburtstagsparty abgewiesen wird. Er liegt auf der Treppe mit dem Kopf nach unten und spricht durch die offenen Stufen Tierisches, Hysterisch-Gakkerndes: eine imaginierte Provokation der Gäste.

Die Schauspielschüler üben, die Sexualität in Worte zu fassen.

Partner

Die Zahlwörter reichen aus: eins, zwei, drei, geiles Zögern, vier, fünf, sechs, die Stimme geht in den Hals zurück, sieben, acht, neun, schluck, zehn. Zeehhn. – Eine Burleske, Morricones Musik dreht auf: Jakob wird gewahr, daß sein Schatten Eigenleben hat. Der übermächtige Schattenriß folgt eigenen Gesetzen: zwei Jakobs (oder zwei halbe Jakobs?). Clémenti spielt sie beide, und da sie die Kleider tauschen, bleibt der Zweifel an der Identität. »Ich bin Ja und Kob«, spricht der eine; »und wer bin ich?«, der andere.
-kob macht sich anheischig, Clara zu entführen und das Theater auf die Straße zu bringen. Ja- steht im Straßenpissoir, sich mit der Rasierklinge die Pulsadern aufzuschneiden. »Freiheit für Vietnam!«, fordern die Plakate am Pissoir. Der Partner verhindert den Selbstmord. Und schon spielt der wahre Jakob (?) die Bandiera rossa auf der Mundharmonika, während Petruschka Claras Liebesbrief verliest. Während Ja-Jakob den (imaginierten) Tango tanzt, imponiert Jakob-kob der Clara als eine Art Brando-he-man. »Schwein, Hure, Nutte!«, schimpft er sie und gibt ihr die Armhöhle zum Riechen.

125

Ein exakter Lebenslauf wird eingeführt: der 13. Februar 1959 in Paris im Hôtel Danmark, 5 Jahre in Aix-en-Provence, eingewiesen in die Anstalt Val-de-Grâce, entwichen, Name: Arthur. 10 Jahre Zwangsarbeit auf der Insel Elba, und die Freiheit. – 1969 also. Während der Simulierung (oder Imaginierung) dieses Lebenslaufes gehen die Partner durcheinander durch. Der erste nimmt allmählich die Eigenschaften des anderen an und umgekehrt. Ja-Jakob schießt übers Ziel hinaus. Clara, die ihm liebevoll in den Finger beißt – er würgt sie im öffentlichen Verkehrsmittel, während die erhabene Architektur Roms an den Scheiben vorbeizieht. Eine Tragödie der großen Oper, hört man Morricones Musik. Jakob-kob dagegen bringt zwar das Theater auf die Straße, aber das Publikum bleibt weg. Seine Aktivitäten leiden an einem Defizit. Aber an welchem?

Zweideutige Bilder lösen sich ab. »Alle Macht der Imagination!«, wird als Parole ausgegeben, während ein Blinder mit roter Armbinde durch die Straßen tappt. Auf den Kirchenstufen finden die Leute mittels Indianergeheuls zueinander. Ein Polizist simuliert Knüppelschläge, um die Freiheit-für-Vietnam-Demonstranten aus dem Haus zu drängen. »Raus hier, wir proben!«, ruft Jakob dazu. Das Theater ist die Wirklichkeit.

Eine Maschine produziert Spinnweben, und dazu wird gezeigt, wie man Molotowcocktails herstellt. Man nehme einen halben Liter Seifenpulver – und schon klingelt es an Jakobs Tür, eine Vertreterin für Waschpulver (Tina Aumont) erscheint und bietet erst dieses, dann jenes und dann sich selbst an. Auf den Lidern sind ihre Augen vorgetäuscht. Vor der Waschmaschine schäumt das Paar sich lustvoll ein, und dann hinein mit dem Kopf in die Drehtrommel. Der Film führt die Aktionen seiner Protagonisten in den Aktionismus. Malt die rührige Vertreterin Haken-Kreuze, dann holt sich die Kamera eine Straßenfront ins Bild und kreuzt genußvoll Fenster aus und ganze Häuser. Aus dem quasi preußischen Pflicht-Satz des Che Guevara wird: »Die Pflicht des Theatermannes ist, Theater zu machen.«

Doch meint man, im Beziehungsgeflecht etwas Passendes gefunden zu haben, kriegt man gleich was auf die Finger. »Ich bin kein Schauspieler. Ich bin ein Mensch!«, opponiert der wer-auch-immer Jakob, während durch den pfeifenden Hand-

Partner

lautsprecher im Computerstakkato befohlen wird: »Filmt wie Godard und Straub!« – Bertolucci hat sie zerstört – die rettenden Strukturen.

Ratlosigkeit bricht nicht nur beim Zuschauer des Films aus. Im Film läuft nicht nur das Publikum, sondern schließlich auch die Schauspielklasse den Jakobs weg. »Kümm're dich um dich selbst« ist die letzte Devise des Films. Gesichtspflege für Männer ist Mode. Maultrommeln begleiten die bange Frage: »Jakob, haben die Studenten uns betrogen?« und die Antwort: »Ich weiß nicht.« Die beiden Jakobs stehen im hohen Stockwerk auf dem Sims. »Warte, ich spring mit dir.« – »Ich brauche Zeit. Ich habe eine Idee.«

Mit diesen Wucherungen, Wurzelbildungen, Geflechten, Täuschungen und Wahngebilden ist PARTNER heute für uns das Dokument geworden, das es 1968 schon war, als es das Scheitern der akademischen Revolution belegte, während sie noch im Schwange war. Bertoluccis PARTNER ist der Dokumentarfilm über die Bertoluccis, die unsere Partner waren.

Die Doppelgänger – und das hat die Rezeption der PARTNER erschwert – stoßen freilich eher ab, als daß sie anziehen, weil man vor ihrer Nähe Distanz halten muß, – »weil man aufgesaugt und eingeschmolzen zu werden droht«; in der Bewegung der Plansequenz »manifestiert sich [...] am genauesten das Wesen des hartnäckigen Partners. Er ist [...] kein anderes sprechendes Subjekt, sondern die namenlose Grenze, an die die Sprache stößt. [...] So wird die Sprache von den alten Mythen befreit, in denen sich unser Bewußtsein von den Wörtern gebildet hat« (Michel Foucault ein Jahr vor dem Film).[24]

Strategia del ragno. 1969

Das erstemal seit seiner Kindheit kehrt Athos Magnani in seine Vaterstadt Tara zurück. Dort wird sein Vater als Held und Märtyrer des Kampfes gegen den Faschismus verehrt. Mit Hilfe der Geliebten des Vaters, Draifa, entlarvt der Sohn die Legende: der Vater war als Verräter von den antifaschistischen Genossen hingerichtet worden. Die Wahrheit macht Athos jr. jedoch nicht publik. Er beläßt es bei der Legende, denn im Kampf gegen den Faschismus zählt das Schicksal des einzelnen nicht.

Strategia del ragno

Vom Monolog der PARTNER zum Dialog mit dem Publikum:
STRATEGIA DEL RAGNO (Die Strategie der Spinne) war eine Produktion des italienischen Fernsehens. Mit höchsten Ehren,
nämlich gleich zweimal hintereinander, wurde der Film dort
gezeigt (am Sonntag, den 25. Oktober und am Freitag, den
30. Oktober 1970). Dem neuen Publikum (dem breiten) sich
zu nähern, hatte Bertolucci eine neue Strategie entworfen. Er
nahm volkstümliche Motive auf: naive Bilder des regionalen
Novecento und melodramatische Muster der Verdiopern.
Diese sind unterwegs. Sie gehen vom Libretto aus und damit
von ihm weg. Bertolucci also zeigt die konkrete, regionale
Landschaft, die Bassa Padana, und schlägt von dort aus zeit-
lich, örtlich und individuell gänzlich andere, disparate Wege
ein. Die formalen Mittel, die er bislang entwickelt hatte, nutzt
er im Sinne dieser Strategie prozeßhaft. Er macht die Annäherung an die Dinge, an den Film, an sich, zu sich deutlich.
Die Rolle der Plansequenz hat sich geändert. Brachten die
langen, komplizierten Bewegungen der Kamera in PARTNER
nur ein und dasselbe heraus, die vorgezeichnete, unabänderli-

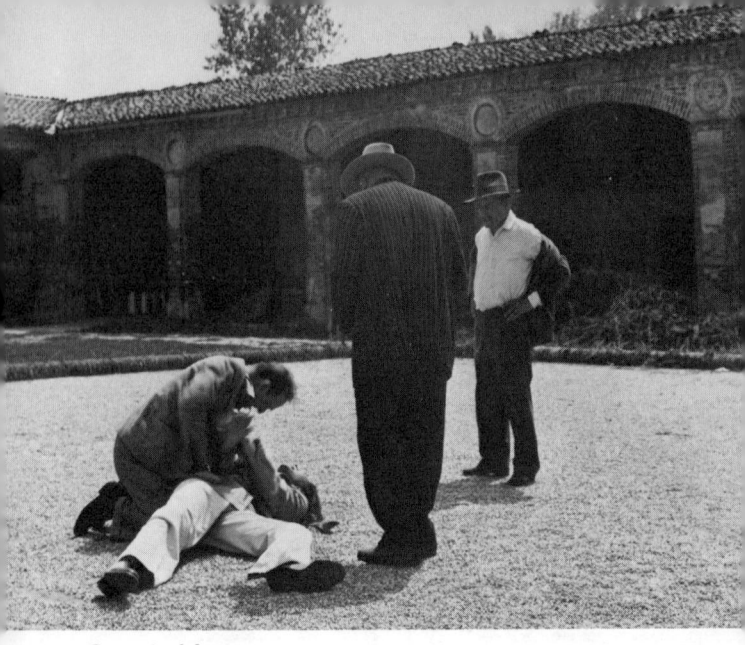

Strategia del ragno

che und schicksalhafte Verdoppelung / Austauschbarkeit der
vorgeblichen Partner, so will die Plansequenz in der STRATEGIA
DEL RAGNO Neues. Sie sucht in immer neuen Ansätzen und
Pausen und Differenzen der Annäherungen etwas zu entdek-
ken: die Erinnerung und die Fragwürdigkeit des Erinnerns.
Die Plansequenz hat eine Funktion bekommen. Sie gilt nicht
mehr absolut. Entsprechend wird sie als formales Mittel neben
anderen gehandhabt. Bertoluccis Berührungsangst, die Scheu
der PARTNER vor Schnitt und Montage ist dahin. In klassischer
Parallelmontage deckt Bertolucci in der STRATEGIA DEL RAGNO
die physische (Wald-Lauf) und psychische Affinität (Rollen-
Spiel) seiner beiden Magnani-Figuren auf. Athos-Sohn und
Athos-Vater laufen durch die Flur; dreißig Jahre liegen dazwischen; die Rolle wird vom selben Darsteller gespielt (Giulio
Brogi); nur durch das rote Tuch wird er als der antifaschistische Vater ausgewiesen, der im Jahre 1936 das Duce-Attentat
in Tara vorbereitete. Ein Lauf, zwei Personen, 1 Darsteller
und eine Vielzahl von Schnitten, die Vater und Sohn im Wech-
sel vorführen: eine Wiederholung der Situation. Athos-Sohn

Strategia del ragno

nähert sich der väterlichen Rolle an, indem er sie, bewußt/
unbewußt, nachspielt.

Das ist das Thema der Strategia, der Fahrt nach Tara in der
Bassa Padana, in welchem wir Sabbioneta erkennen, halben
Wegs von Mantua nach Padua; aber das Teatro Regio mischt
sich ein und die Architektur von Parma. Am Thema beteiligt
sich der Zuschauer, wenn ihm eine Strategie angeraten werden
darf, indem er seinen Sinnen traut und sich darauf einläßt, was
ihm der Film gleich mit dem Vorspann suggeriert: sich an der
Jagd, an der Reise, die ins Vergangene und doch Gegenwärtige führt, zu beteiligen.

Zu hören ist eine aktuelle Tangomusik (eine des Produk-
tionsjahrs 1969). Zu sehen sind Jagdbilder von Ligabue
(1899–1965); diese zeigen Schnee in der Padana und einen
Schlitten und fantastischerweise einen Löwen als Wild. Die
Reise beginnt mit der Ankunft des Zuges, Eisenbahnwagen
Nr. S. V. DE 424-08. – Wieso der Löwe als winterliches Wild-
bret? Das Theatralische des Jagdzeremoniells entspricht dem
Theatralischen eines Flusses. Verdi, ganz Tara-nah, erhöhte

Strategia del ragno

Strategia del ragno

auf seinem Herrengut den Po zum Aida-Nil. Der Film nimmt das Thema in annähernden Bildern später auf. Zum Essen wird die große Platte hereingetragen. Zentral, zottig, von bunten Gemüsen umgeben, thront darauf das majestätische Haupt des Löwen, eine Limone im Maul, zu Verdiklängen. Die Jäger führen sich, irgendwo im Film, als Deutsche ein (das bringt die Synchronisation wieder weg, in der deutschen Fassung): »Nicht schießen! Mensch paß auf! Tür zu hier unten!« Die deutschen Kommandos hallen über den italienischen Platz. In einer ambivalenten Sequenz entpuppt sich, Schritt für Schritt, der Sachverhalt. Ein Kind wird weggetragen. Aber es wird nicht vor den Faschisten gerettet, denn die Kommandos gelten nicht der Bevölkerung, sondern dem Tier. Und die Löwenjäger sind eigentlich Zirkusleute, die den entsprungenen Sultano einfangen. Vor dem Königlichen Theater.

Wer sich jetzt die Frage stellt, die wir leider eingeübt haben, was der Autor damit sagen wolle, begeht einen strategischen Fehler. Denn die Explizifierungsversuche gehen – zumindest während des Films – auf Kosten des Vergnügens, die STRATEGIA DEL RAGNO zu erfahren. Die erste lange Plansequenz (eine Minute zwanzig Sekunden) macht es deutlich, was vordergründig und sehr direkt zu begucken und zu hören ist: die Kamerafahrt, mit der Athos-Sohn seinen Einzug in die Stadt Tara hält, beginnt mit einer kurzen Totalen auf die Piazza. Der Kamerawagen setzt sich in Bewegung, sobald Athos in den Colonnaden auftaucht. Die Kamera verlangsamt die Fahrt, um das Straßenschild »Via Athos Magnani« lesbar zu machen – ein emotional besetzter Name: pathetisch rauscht auf der Tonspur Verdi auf. Die Kamera bleibt dann bei den Alten stehen, die über den Weg zu einem Hotel debattieren. Sie beeilt sich, wieder Athos einzuholen, begleitet ihn und fällt aufs Neue zurück, um vor dem Schild »Circolo giovanile Athos Magnani« (Jugendzentrum Athos Magnani) stehen zu bleiben. Die Schrift läßt sich grad noch lesen. Aber Eile tut not; Athos-Sohn ist schon weitergegangen. Die Kamera holt ihn erst hinter den Colonnaden ein, auf dem nächsten Platz. Athos bleibt stehen. Die Kamera nimmt ihn von hinten auf. Erst eine kleine Bewegung enthüllt, was er verdeckt: ein Denkmal seines Vaters. Wiederum setzt sich die Kamera in Bewegung. Jetzt ist es die Büste des Vaters, die den Sohn verdeckt. Schnitt. Ende der Fahrt.

Der Mensch, den die Kamera begleitet, verliert, wiederfindet, ist noch namenlos. Er wird auch nicht getauft (das ist in diesem Text nur der Bequemlichkeit halber geschehen). Die Kamerafahrt setzt den Menschen in Beziehung zu Dingen in Tara, zum Namen Athos Magnani; sie nimmt den Perspektivenwechsel vorweg (derselbe Darsteller wird Athos-Sohn und Athos-Vater spielen), fügt das Theatralische ein und vermittelt das strategische Moment der Annäherung / der Erkundung, indem sie – eigenständiges Reise-Vehikel – den Darsteller auf der Fahrt begleitet, ihn verfolgt und mit ihm zusammen die Spuren in Tara aufnimmt: die Kamera fährt nebenher. Es ist, als ob sich die Fahrt mit dem Zug, der kurz vor Beginn der Sequenz in Tara eingefahren war, fortsetzt und als ob die Strategia del ragno aus dem Abteilfenster zu betrachten ist. Bertolucci hat die Parallelsicht dieser Film-Fahrt »den Stil der Bummelzüge auf dem Land« genannt. »Dadurch entstehen niemals zu heftige Zusammenstöße, man entfernt sich nie zu weit, man bleibt immer in einem Abstand, das heißt, die Dinge werden fast immer von der Seite verfolgt.«[25] – Das ist untertreibend formuliert, denn die kunstvolle Reisebegleitung hat eigenes Pathos. Des theatralischen Vorzeigens der Verdimusik hätte es kaum bedurft. Der Schnitt am Ende der 1-Minute-20-Sekunden-Einstellung beendet einen Auftritt: 1. Akt, 1. Szene, 1. Auftritt (oder, selbstredend, der Schnitt markiert die Ankunft des Zuges in der nächsten Station).

Was man unmittelbar hört und sieht im Film, ist mittelbar verwertbar. Keineswegs ist die Aufgabe zu lösen, Versatzstücke in den plot einzuklinken. Häufig werden die Bilder zu Sedimenten, die an ganz anderer Stelle des Films ausgegraben werden und dann erst eine Beziehung ergeben. So erscheint gleich am Anfang des Films rätselhaft der zweite Fahrgast, der den Zug verläßt. Der weiße Matrose (Allen Midgette) läuft Athos-Sohn voraus. Die beiden kennen sich offenbar nicht. Plötzlich macht der Matrose eine zackige Wendung und ruft den Namen »Tara«. – Im letzten Drittel des Films hastet er an Athos vorbei dem Bahnhof zu, den Zampel schwingend. »Ciao!«, ruft er (und dann: Verdi, Rigoletto). – Die Erinnerung an den ersten Auftritt bringt die Wörter zusammen: Tara – ciao. Der im ländlichen Ort seltsam anmutende Seefahrer verläßt, eilig, die Heimat. –

Athos gelingt es nicht, sich von Tara zu lösen. Er bleibt zurück. Regressives teilt sich mit. Auch die Züge fahren nicht mehr recht. Aus dem Bahnhofslautsprecher schallt der *Rigoletto*. Allenfalls wird angesagt: »Der Zug nach Parma hat 20 Minuten Verspätung. – Der Zug nach Parma hat 35 Minuten Verspätung«, und das Gleis, guckt man hin, ist schon reichlich zugewachsen. Arbeiter schieben mit Stangen einen Rollwagen drüber hin. Eventuell hat die Kamera, auf ihren Bummelzugfahrten, draufgestanden.

Mehr als die Geschichte, die hier immer noch nicht wiedergegeben ist, zählt das Bild von Tara. Bertolucci hat seinem Kameramann Storaro Magrittes *L'empire des lumières* gezeigt, um verständlich zu machen, was er von der Kamera will. Sieht man dann den von Storaro gefilmten Bahnhof von Tara, möchte man den Magritte-Titel genauer übersetzen: nicht das Reich der Lichter, aber die Herrschaft der Beleuchtungen / der Lichtperspektiven. Der Bahnhof von Tara, eine Totale auf ein isoliertes Bauwerk, vor violettblauem Dämmerungshimmel: eine sehr lange statische Einstellung. Im Gebäude herrscht gelbes warmes Lampenlicht: häuslich einladend. Der Bahnhof wirkt mitnichten als Transitstätte, sondern als Ort des Bleibens: als Heimstätte. Athos versucht – wiederum vergeblich –, sich von Tara zu lösen. Die Vergeblichkeit drückt sich nicht in einer Aktion aus, sondern in einem Bild von einem Zustand: Athos, allein, isoliert, verharrt im Bahnhofsgebäude. Wer sich bewegt, ist die Kamera, die neben dem Gebäude herfährt, langsam beschleunigend, offenbar auf den realen Gleisen einen Zug simulierend. Athos kommt dreimal ins Bild: hinter dem Gebäude / darin / davor. Dann wechselt die Kamera ihrerseits die Position. Sie sieht aus der entgegengesetzten Richtung auf das Gebäude. Der Himmel ist jetzt dunkel. Verkehrszeichen teilen Gebote aus und Verbote. Ein Standortwechsel, der der Aufnahme des Athos-Magnani-Denkmals zu Beginn des Films entspricht. Der Grund des Bleibens, der Perspektivenwechsel, wird poetisch, mit kinematografischen Mitteln plausibel gemacht.

Die Verkehrung der Blickrichtung, eine Person oder eine Sache von vorn und dann von hinten aufzunehmen, ist ein Bild für Athos' abenteuerlichen Versuch, sich auf der Suche nach seiner Vergangenheit (seinem Vater) mit allen Personen zu identifizieren, denen er begegnet. Er trifft Draifa (Alida Valli), die Geliebte des Vaters, der als Märtyrer des antifaschistischen Widerstands gestorben war: erschossen während einer Rigoletto-Aufführung im Königlichen Theater. Ein Mysterium scheint über dem Tod zu liegen. Athos-Sohn hört sich der Reihe nach Berichte von Draifa und den drei antifaschistischen Genossen der Verschwörergruppe an (Pippo Campanini, Franco Giovanelli, Tino Scotti). Die Gruppe hatte ein Attentat auf Mussolini während der Rigoletto-Aufführung geplant, war aber verraten worden. Die Frage: wer war der Täter? liefert den deftigen Ansatz der Kriminalstory. Die vielen Rückblenden ins Jahr 1936 entpuppen sich jedoch als Täuschungen. Sie führen nicht in die andere Zeit, sondern illustrieren lediglich Athos-Sohns Bemühungen, sich diese Zeit – seine Kindheit – aus wechselnden Perspektiven vorzustellen, und das ist eine sehr gegenwärtige Vorstellung. Was als Rückblende anmutet, zeigt daher die Personen im Lebensalter der Gegenwart. Athos selbst, spielt er die Rolle des Vaters, ist mühsam genug am roten Halstuch zu erkennen. – In der Kinderperspektive wird alles Ältere alt. Nur Alte (und Kinder) bevölkern das Tara der Faschistenzeit.

Die Bilder sind die Ereignisse. Sie stehen nicht für anderes, und schon gar nicht verkörpern sie einen Ablauf, einen gedanklichen. Inhaltliche Struktur bekommen die Bilder (die Erinnerungen, die Imaginationen) erst durch die Wiederholung, das Nacherleben, das Identifizieren. Der Film schlägt den Weg nach innen ein: in die psychische Analyse. Auf diesem Weg verschmelzen Vergangenheit und Gegenwart. Bertolucci drückt dies durch fließende Übergänge innerhalb der Plansequenz aus, gelegentlich auch durch Ton- oder Schärfe-Wechsel.

Athos-*Vater* sitzt *vor* dem Gitter. Dann geht die Kamera von ihm zurück. Das Gitter-Fenster ist *hinter* ihm (Perspektivenwechsel). Im Hintergrund wird Sultano, der Löwe, eingefangen. Der Wagen fährt ein Stück zurück. Der Hintergrund wird unscharf, und in der Bewegung geht die Schärfe auf Draifa, die in der Nahaufnahme Athos-*Sohn* ganz gegenwärtig erzählt, was sich vor dreißig Jahren ereignet hat. Während Athos-Vater noch zu sehen ist, hört man Draifa sagen: »Das ist das letztemal, daß ich ihn gesehen habe.« – Was an Perspektiven in dieser Sequenz zusammengeht, war durch keinen Schnitt getrennt.

Die Details sind genau, realistisch, untheatralisch, mit auffällig

Strategia del ragno

wenig Licht aufgenommen. Das Theatralische, Poetische stellt sich in präzisen Differenzen ein: in der häufig erst auf den zweiten Blick erkennbaren Abweichung von Zusammengehörigem. Athos' erster Gang zu Draifa beginnt mit einem Rundschwenk, der zweimal innehält und mit einer kaum wahrnehmbaren Kamerafahrt verbunden ist: der Hof, auf den sie tritt, bekommt dadurch eine rätselhafte Dimension. Draifa steht plötzlich neben Athos, um sogleich wieder – alles in ein und derselben Sequenz – mysteriös zu verschwinden. Grade weil die Sequenz nicht geschnitten ist, stellt sich der präzise Eindruck eines unpräzisen, ungeklärten Geschehens ein: eine Vorbedeutung.

Die Szenen, die in die Gegenwart fließen, eine solche werden, sind Vorstellung, aber auch Erinnerung – ohne direkte Funktion, es sei denn zu zeigen, *daß* Athos sich erinnert. Im Morgengrauen imitiert der Vater den Hahnenschrei. Nach und nach fängt es im Ort zu krähen an: Nicht-Simulationen, und ein Schwenk über die Landschaft holt die Erinnerung optisch in die Gegenwart.

138

Strategia del ragno

Gaibazzi, Costa und Raisori, die drei Mitverschwörer des Vaters, sind es, bei denen Athos-Sohn Sonden anzulegen sucht, um in das Innere des Geheimnisses zu dringen, das den Tod des Helden Athos Magnani umgibt. Gaibazzi führt die Sonde in die 28 Parmaschinken ein, um sich ein Urteil bilden zu können, wie es drinnen aussieht. – Perspektivenwechsel auf den, der blickt. Das Freilichtkino zeigt *L'occhio caldo del cielo* (Der warme Blick vom Himmel -?-) mit Dorothy Malone.[26] Die Leinwand ist hell und weiß; sie rollt hoch und gibt den Blick frei auf die volle pralle Natur: Wald und Flur und drüber – Himmel.

Die Carabinieri fanden kurz vor dem geplanten Attentat die Bombe im Lastwagen. Das wird dem Sohn *berichtet*. Zu *sehen* ist der Wagen später im Film – einsam, im Wald, am Fluß. Gaibazzi schreit und hält den Ton so lang wie möglich: eine Nahaufnahme. Weiter hinten schlagen Raisori und Costa auf den Wagen ein: ein Ausdruck leerer Kraft und sinnloser Wut. Im Hintergrund schleicht einer vorbei: Athos-mit-dem-roten-Tuch. – Soll man da noch Worte verlieren? Das Bild selbst, die

Strategia del ragno

theatralisch aufgebaute Szene weist auf denjenigen der vier Verschwörer, der den Plan verriet.

Der 15. Juni 1936 wird gefeiert, die Erschießung des Helden Athos Magnani. Es ist die heißeste Zeit des Jahres, wieder 30 Jahre danach. Draifa öffnet Athos den Gürtel. Muß man es noch registrieren, ob die Geste dem Vater oder dem Sohn gilt? Der Zuschauer, der sich nicht aufgerufen fühlt, eine Entscheidung zu treffen, tut recht daran: Vergangenheit und Gegenwart verschmelzen, wiederholen sich.

Athos-Sohn attackiert den Vater, dessen Denkmal. »Athos Magnani 1900-1936«: der Sohn zerkratzt die Inschrift und zerschlägt das Medaillon. Dann nimmt er die Petroleumlampe und geht durchs Maisfeld zum Bahnhof. Doch er hört nur noch das Geräusch, mit dem der Zug wegfährt. Die Grillen bleiben da, und Athos bleibt zurück. Die Tat führte nicht zur Befreiung – im Gegenteil. Die Wiederholung / Verschmelzung

140

Strategia del ragno

nimmt ihren Fortgang. In der Oper läßt sich Athos von den drei Mitverschwörern die Wahrheit berichten: »*Wir* haben deinen Vater umgebracht. Hau ab. Wir können mit dem anti-faschistischen Mythos gut leben.« In einer Rück-(Imaginations-)Blende bestätigt der Vater: »Ich habe die Gendarmen anonym angerufen«, und oben, über den Dächern von Tara, inszeniert er seine Hinrichtung: »Ich will ein Held werden, den das Volk lieben kann.« Einen Märtyrer simulierend, läßt er sich in der Rigoletto-Aufführung (an Stelle Mussolinis) er-schießen.

Als großes Spektakulum kommt die Verdi-Aufführung (die von 1936 und/oder die von 1966) ins Bild. Lautsprecher über-tragen den *Rigoletto* auf den Großen Platz vor dem Teatro Regio. Der Emiliabauer hat sich auf einen Stuhl gestellt, um den Kopf noch näher an den Lautsprecher zu schieben. Ein anderer küßt die Plakette »Athos Magnani«. – Athos-Sohn läßt sich vom Pathos ergreifen. Er imaginiert eine Rede ans Volk. Die Legende zerstört er nicht. Die historische Wahrheit zählt, nicht die individuelle. Genau das waren die väterlichen Beweggründe gewesen, sich zu opfern.

Mit der STRATEGIA DEL RAGNO hat Bertolucci eine kinematografische Struktur für die vier Seiten der Erzählung von Borges gefunden. Das »Thema vom Verräter und vom Helden« formuliert die Ambivalenzen, das Prozeßhafte der Annäherung an Geschichte und Erinnerung: »Es gibt Zonen der Geschichte, die sich mir noch nicht erschlossen haben. Heute, am 3. Januar 1944, sehe ich, ahne ich sie wie folgt: Die Handlung spielt in einem unterdrückten und widerstandskräftigen Land: Polen, Irland, die Republik Venedig, irgend ein südamerikanischer oder balkanischer Staat –, besser gesagt, sie hat gespielt, denn wenn auch der Erzähler Zeitgenosse ist, so ereignet sich die von ihm erzählte Geschichte doch in der Mitte oder zu Beginn des 19. Jahrhunderts. Sagen wir (der erzählerischen Einfachheit halber) Irland; sagen wir, 1824« (Borges).

Da es um ein »Thema von« ... geht, wird der Film eine Abhandlung, Künstliches, Theatralisches, das durchaus neben der »wahren« Geschichte liegt: sie quasi auf dem Eisenbahn- oder Kamerawagen begleitet. Das *wahre* Motiv des Verrats bleibt ungenannt – im Film. Das öffnet den Film für begleitende Interpretationen aus der Parallel-Sicht. Im März 1973 bot Bertolucci als Entsprechungen für das Verhältnis von Athos-Sohn zu Athos-Vater an: die Beziehung von Berlinguer zu Togliatti und, allgemeiner, diejenige vom kommunistischen Kompromiß in Italien zum dogmatischen Stalinismus in Moskau.[27] – Daß die Notwendigkeit für Verrat und Tod nicht (nur) historisch, sondern biologisch ist, meint der italienische Filmtitel. Der deutsche Verleihtitel sagt grad das Falsche, aber das liegt daran, daß die deutsche Sprache den männlichen ragno zur weiblichen Spinne macht. Bertoluccis Strategie ist die des Spinnenmannes. Denn er identifiziert sich mit ihm, der bekanntlich der Gefahr ausgesetzt ist, vom Spinnenweib, gern gleich nach dem Koitus, verzehrt zu werden. »Daher beginnt der Spinnenmann, sobald er merkt, daß er die Spinnenfrau erregt, um sie herumzulaufen – in sicherer Entfernung; er eriegiert, er masturbiert, er nimmt den Samen in den Mund, wartet, kommt wieder zu Kräften und befruchtet erst dann das Weib. Das ist die wahre Strategie des Spinnenmannes.«[28]

Il conformista. 1969/70

Marcello, der als Junge eine Pistole auf Lino, den schwulen Verehrer, abfeuerte, flüchtet sich vor den Gefahren seiner Psyche in die Normalität. Er geht eine bürgerliche Ehe ein und wird Beamter. 1938 schickt ihn der faschistische Staat von Rom nach Paris, um dort den lästigen Emigranten Professor Quadri zu beseitigen. Marcello gibt freundschaftlichen Regun-

Il conformista

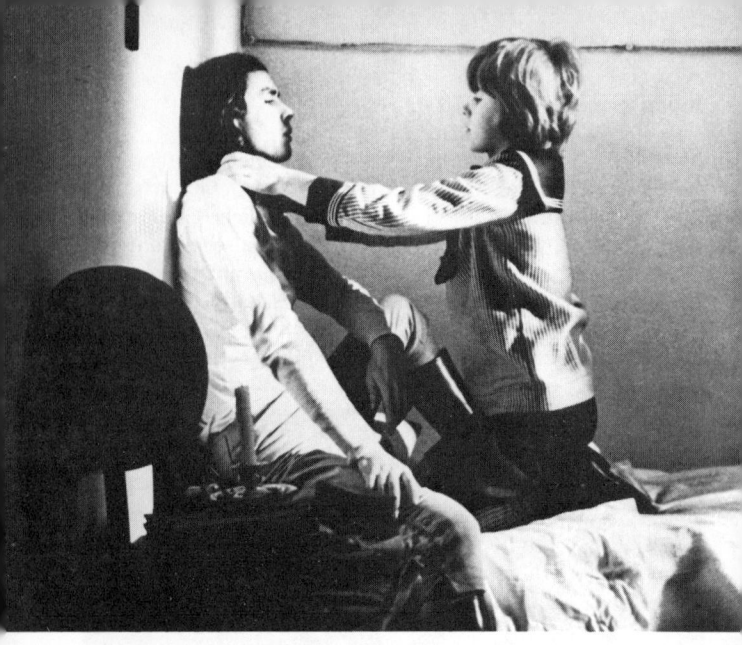

Il conformista

gen, die er für das Opfer hegt, nicht nach, denn nicht dieser, sondern der Faschismus verkörpert zu diesem Zeitpunkt die Normalität.

Der Film beginnt in Paris vor der Gare d'Orsay. Aus dem Hotel kommen ein Mann und eine Frau in eleganter bürgerlicher Kleidung der dreißiger Jahre. Man wird erst sehr viel später erfahren, wer und was sie sind: Dr. Marcello Clerici (Trintignant) und Guilia (Sandrelli). Manganiello (Moschin) verfolgt sie, eine eher komische als bedrohliche Figur. – Marcello ist mit seinen Gedanken woanders. Er lächelt. Man hört eine flotte Musik, ein beschwingtes Trio: »Wer ist glücklicher als ich?« – In der nächsten Szene wird die Studioaufnahme gezeigt: eine (lange) Rückblende beginnt. Marcello guckt durch die große Glaswand des Aufnahmestudios, in welchem das Trio um das zeitgemäße Mikrofon sich schart und schwingt und klingt. An Marcellos Seite steht Italo Montanari (Quaglio), der im Anschluß an die »Übertragung leichter Musik« mystische Dinge über die Natur sagen wird. Montanari,

Il conformista

schwarz gekleidet, ist Faschist. Marcello erklärt dem Freund, warum er ihn verlassen und Giulia heiraten will: »Ich sehne mich nach Sicherheit, nach einem Anschein von Normalität. Wenn ich in den Spiegel sehe, komme ich mir anders vor als die andern.«

Der Roman, den Bertolucci verfilmt (*Il conformista* von Moravia, 1951), beginnt wie eine Biografie: »Als Marcello noch ein Kind war ... « – Bertolucci entzieht sich dem bereits mit dem Filmanfang: Marcello ist längst erwachsen. IL CONFORMISTA ist ein *auto*biografischer Film. Gleich die erste Szene zeigt, daß es anders als im Roman nicht um eine lineare Geschichte geht und nicht um den historischen Ablauf. Die attraktive Musik und das reizende Trio betören die Sinne und schmeicheln uns; kritische Aussagen über das faschistische Radioprogramm sind offensichtlich nicht zu erwarten. Der Film operiert nicht mit Begriffen, sondern lädt ein, eine Erfahrung zu machen – nämlich diejenige Marcellos, der unterwegs ist und die Wege sucht, die ihn zur Normalität führen sollen. Der *Weg* dieser Expedition ist Gegenstand des Films und damit auch

Il conformista

derjenige, der auf der Reise ist. Das *Ziel,* die Wonnen des Gewöhnlichen, erreicht Bertolucci auch mit diesem Film nicht. Hinter der Studio-Glaswand hat jetzt der Vogelstimmenimitator seinen Auftritt. Marcello wird es vorgemacht: wie perfekt Imitation sein kann. Irgendetwas steht jedoch vor dem ersehnten Ziel: Marcello wird im Film vorzugsweise durch Scheiben oder als Reflex auf Scheiben fotografiert. Das erleichtert die Verschmelzung oder den Austausch der Identität: Marcello sucht eine solche, die nicht die seine ist. – Gleich nach dem Vogelstimmenimitator geht Freund Italo Montanari ans Mikrofon und liest einen mystischen Verschmelzungstext ab (das preußische Bild von Mussolini, das italienische Bild von Hitler), und zum Duce/Führer-Gleichnis verschmilzt die Storaro-Kamera geheimnisvoll die Gestalten Italos und Marcellos auf der gläsernen Studiowand: eine sinnliche Vereinigung.

Wie die Bilder funktionieren und wie unverhältnismäßig es wäre, mit intellektuellem Aufwand Eindeutigkeit in die Szene zu bringen, deren Stärke gerade die Ambivalenz ist, zeigt die folgende Sequenz. Marcello wird ins Ministerium gerufen. Auf

146

Il conformista

dem Schreibtisch räkelt sich lasziv ein mondänes Weib (*Sanda*). Marcello holt im Bordell in Ventimiglia Befehle seines Auftraggebers ein. Auf dem Tisch posiert eine Hure (*Sanda*). In Paris trifft Marcello auf die Ehefrau seines Opfers, Anna (*Sanda*).

Wer gewohnt ist, den Film auf den plot zu reduzieren, fängt an zu kombinieren. Ist Anna Agentin? Doppelspionin? Prostituierte? Als Eheweib dem Antifaschisten Professor Quadri untergeschoben? Der Sinn bliebe rätselhaft. Aber die Sinne dessen funktionieren, der – mit Marcello – in Anna den Typ der gesuchten Frau, das Idealbild der Begehrten und nie Erreichten sieht, das – zutreffend – die déjà–vus auslöst (nämlich zwei).

Man braucht nicht groß zu überlegen, was passiert, wenn die Idealfrau nicht erreichbar wird, die das Ich begehrt und die dem Überich mißfällt. Mit dem privaten Normalitätsprogramm geht's nicht zusammen: die Frau des Chefs, die Frau im Bordell, die Frau des Observierten. Die von Dominique Sanda verkörperte Anna nimmt denn auch ein schlimmes Ende. Sie

147

Il conformista

entzieht sich dem Verlangen Marcellos dadurch, daß sie im kalten Winterwald durch sein Zutun auf die dramatischste Art erschossen wird. Marcello bleibt solange hinter Glas. Untätig sitzt er im Wagen. Die Türen hat er verriegelt. Ohnmächtig rutscht Anna draußen am Wagenfenster nach unten, in grauenhafter Todesnot an die Scheiben hämmernd. Wenn es erlaubt ist, es auf die platte Formel zu bringen: drinnen sitzt das Überich. Das Ich ist rausgeschmissen, nach draußen.

Il conformista

Aber zu eindeutig ist diese Formel. Der Film, um wieder in die Chronologie zu kommen, benutzt das Rastermotiv, um Marcellos Teilungen optisch zu erfassen. Seine Braut Giulia bewegt sich im gestreiften Kleid, und das Licht, das durch die Jalousie bricht, wirft eigene Streifen darauf. Die Streifen interferieren, wandern von oben nach unten. – Architektur, Gitter und Raster zeigen den Weg zu Marcellos Eltern. Durch das große Torgitter geht der Blick aufs Elternhaus, auf das Gitter

Il conformista

Il conformista

der Veranda. Die morphiumsüchtige Mutter nennt ihren Sohn einen Moralisten. Der schizophrene Vater hockt vor der Anstalt allein auf einer der vielen Bänke, deren penible Reihen das Bild füllen: die neue Architektur der dreißiger Jahre. Längs des Gitterzauns führt der Weg weiter, direkt – Rückblende – in die Kindheit, da Marcello, 13jährig, im allzu kindlichen Matrosenanzug, von den Kameraden gehänselt und seiner Hose entledigt wird. Der junge Chauffeur, grad des Wegs, greift ein: Lino Seminara (Pierre Clémenti) hat einen Partner, ein Opfer.

Die Szene bleibt ambivalent. Lino hat die Pistole penisgleich im Schoß liegen. Zum körperlichen Kontakt kommt es nicht. Über dem Bett hängt ein Kreuz, ein reales, und daneben malt das Tageslicht das Fensterkreuz an die Wand. Marcello richtet die Pistole auf seinen Beschützer. Lino: »Nur zu, ermorde die schöne Butterfly!« Marcello schießt. Ende der Sequenz. Wir waren, in dieser zweiten Rückblende, im Jahr 1920, rechnet man mit Hilfe des Romans.

In der Beichtszene wird es dann deutlicher, wie Marcello seine Vorstellung von der Realität, das heißt sich selbst in die Realität einbringt. Die Angst, unnormal zu sein, findet ihren gewalttätigen Ausdruck und ihr Programm: »Ich will mir das Normale aufbauen, das Mittelmäßige. [...] Ich bin Mitglied einer Gesellschaft, die sie jagt, die Subversiven.«

Das faschistische Ministerium beauftragt Marcello – im Jahr 1938, ergibt die Rückrechnung –, in Paris den lästigen Emigranten Professor Quadri zu beseitigen. Im 5. Arrondissement in der Rue St. Jacques (Adresse und Telefonnummer sollen mit den damaligen von Godard übereinstimmen[29]) steht Marcello Clerici dem Professor gegenüber. Grelles Tageslicht wirft Schatten und Reflexe an die Wand. Das Zimmer wird wie eine Höhle beleuchtet.

Die kunstvolle Beleuchtung wird Gegenstand des Dialogs (sie bleibt also nicht nur kunstvoll). Im Gespräch mit seinem ehemaligen Doktoranden kritisiert Quadri: »Sie würden die Schatten der Realität für die Realität nehmen.« Wir erfahren, daß Marcello vor dem Platonschen Höhlengleichnis kapituliert hatte.

Marcellos regressive Suche nach der verlorenen Normalität wird von Bertoluccis Grundmotiv der Blindheit aufgenommen. Der Faschist Italo, Repräsentant der Normalität, ist blind. Was er über das Verschmelzungs-Bild ins Mikrofon spricht, tastet er vom Blindenschrift-Manuskript ab. – Auf der Fahrt nach Savoyen wird Marcello hinter der Frontscheibe seines Wagens unscharf: als Schemen gehen die Scheibenwischer über sein Gesicht. Er sagt: »Ich hab geträumt (!), ich war erblindet (!).« Dann erst kriegen die Wischerblätter Schärfe, und Marcello wird seinerseits Schemen. – Marcello hinter Glas, hinter den Konstruktionen seines Normalitätsdogmas, vom Tageslicht immer nur teilweise erfaßt: der Film wird nicht müde, dafür Bilder zu finden.

Ohne explizit zu werden, macht IL CONFORMISTA deutlich, daß dem, der die Normalität sucht, alles ambivalent wird. Die Heirat mit Giulia war Teil seines Normalitätsplanes. Aber die Realität entspricht mitnichten seinen rigiden Anforderungen. Gleich nach der Heirat zerfällt das Klischee der wohlbehüteten Bürgertochter. Ihr Onkel, der Rechtsanwalt Prepuzio (zu deutsch: Vorhaut), hatte sie schon als 15jährige gevögelt (i. e. entehrt). In Paris fallen Raster auf sie. Im gestreiften Mantel sitzt sie im Park auf der Latten-Bank. Und von Anna, der Frau Quadris, läßt sie sich zu lesbischen Zärtlichkeiten verführen. Marcello nimmt die Rolle des Voyeurs ein: liebevoll entkleidet Anna seine Gattin. Sein Entschluß: er entwickelt die Vorstellung von einem Liebesverhältnis – mit Anna (und mit den Figuren auf dem Ministertisch und auf dem Bordelltisch). Im Roman wird noch deutlicher, wohin Marcellos Perspektive geht. Quadris Frau heißt bei Moravia Lina (Lin $^o/_a$ – Lin$^a/_o$). Auf seinem regressiven Weg bleibt Marcello am Ende der Filmszene allein. Ein Gang ins Hotel: schweigend mustern ihn im Fahrstuhl ältere aufgeputzte Damen. Marcello drängt sich heraus. Er geht den leeren Hotelflur entlang. Er verschwindet in seinem Zimmer. – Giulia kommt stets anders ins Bild: die Dinge sprechen. Die Szene beginnt mit einer Nahaufnahme: eine Tierschnauze. Das Bild erweitert sich zu einem Fuchskopf, zu einem Pelz, zur Halbnaheinstellung auf Giulia, und dann schlägt die Kamera lustvoll verschlungene Wege ein, um Gesicht und Sachen in Beziehung zu setzen. Am Ende der Szene ist Giulia in Gesellschaft.

Die Gesellschaft hält die Widersprüche aus, an denen Marcello leidet. Der Intellektuelle Quadri, gehaßter und gefürchteter Antifaschist, lebt gleichwohl frivol und luxuriös. Bertolucci spart nicht an attraktiven Kostümen und Dekors. Es ist eine Freude, die Bilder zu genießen. Im Rhythmus der Filme der dreißiger Jahre fließen sie dahin, sorgfältig sorglos. Wer meint, nun sei's genug, darf sich erst recht entrüsten, denn nun wird gar das sozialistische Kampflied ins Kostüm gezwängt. Die Kinder der opernhaften Veilchenverkäuferin singen es, mit ihren piepsigen Stimmchen, »la lutte finale«. Das kann es doch nicht sein, das Bild der Internationalen im Kampf gegen den italienischen Faschismus? »Parmaveilchen!« werden feilgeboten. Parma und die kommunistische Emilia: was macht der regionale Sozialismus im internationalen Paris der Vorkriegszeit? Im fruchtbaren Widerspruch scheint der NOVECENTO-Film auf.

Von extremer Zweideutigkeit ist auch Marcellos Rolle. Dem Professor Quadri nähert er sich als ehemaliger Schüler. Aber er ist, wie auch er weiß, als Mouchard enttarnt. Da dies nicht offen ausgesprochen wird, kommen Menetekel ins Bild. Den Testbrief hält Quadri so hin, daß das Tageslicht ein Fensterkreuz draufwerfen kann. Hat Quadri das Gefühl, Marcello kann sich ändern (er kann ihn umdrehen)? Oder akzeptiert er, spielerisch?, Verrat und Tod: »Ermorde sie, die schöne Butterfly«? – Das Beziehungsnetz schnürt sich im Ballsaal zusammen: Fenster drumherum, Nacht ist es, und im gelben Licht gehen Anna und Giulia auf der Tanzfläche die allergewagtesten und geilsten Posen ein. Marcello bleibt sitzen, allein, die Hände ungemütlich in den Jackentaschen. Die Frauen animieren die braven Bürger zur euphorischen Polonaise. Die Kamera läßt sich von der ekstatischen Bewegung anstecken. Sie kurvt zu einem Bild an der Wand, im Ansichtskartenformat. Laurel & Hardy grinsen ins Publikum.

Das emotionale Wechselbad ist angerichtet. In der folgenden Sequenz werden Quadri und Anna bestialisch und ausführlich umgebracht. Die Mörder stehen zwischendurch an einem Baum im savoyenschen Forst und pissen. Dialog: »Die Schwulen und die Juden müßte man an die Wand stellen.«

Insert: 5 Jahre später. Das Radio meldet die Demission Mussolinis. Sein Name fällt das erstemal. Wir haben also den 25. Juli 1943. Der Film zeigt einen Apfel, ein kleines Kind. »Gegrüßest seist Du, Maria!«: Marcello betet mit dem kleinen Töchterchen. Ein Familienleben der allernormalsten Art. Dem Anschein nach.

Marcello führt den blinden Italo Montanari am Arm durch die

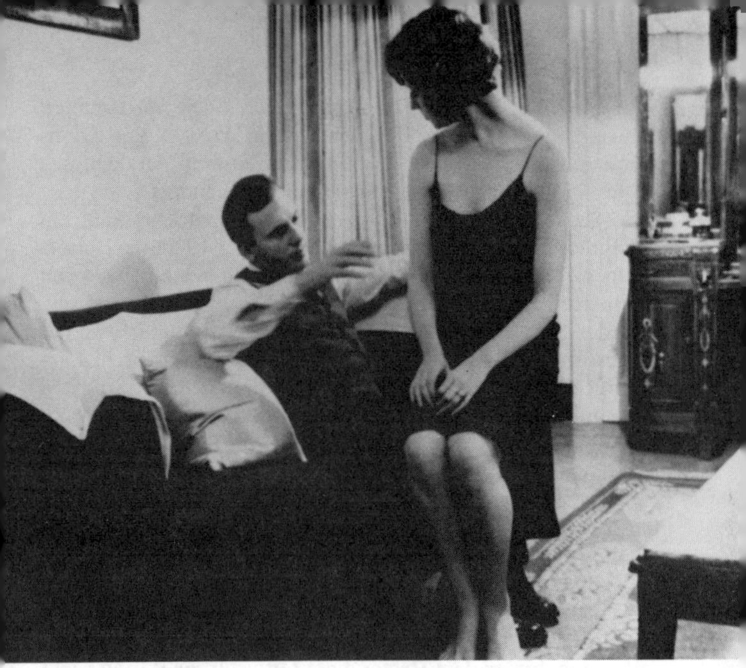

Il conformista

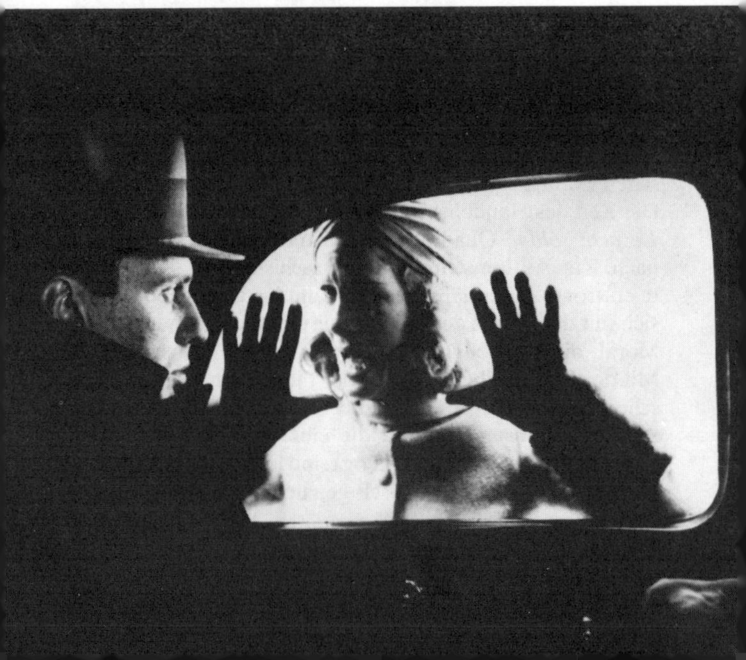

Straßen. Eine Prostituierte macht sie an: »Die verdammten Schwulen gehen schon öffentlich Arm in Arm.« – Die Kontinuität geht über das historische Datum hinweg. An dem, was Moral und Normalität ist, hat sich nichts geändert.

Eine Szene baut sich auf: ein Schuh, ein nackter Fuß, ein bekanntes Gesicht, Lino, der Chauffeur von 1920, die Butterfly in Großaufnahme. – Marcello unternimmt einen letzten Versuch, sich der neuen Version von Normalität anzupassen. Auf der Straße denunziert er seinen alten Freund: »Er hat Professor Quadri ermordet... Er ist Päderast und Faschist!« – Wieder scheitert er. Seine Stimme verliert sich in Lärm und Bewegung. Die Bandiera rossa und rote Fahnen; die Internationale kämpft für das Menschenrecht: am Ende der Sequenz ist Marcello – wieder – allein auf der Szene.

Ein Anti-Höhlenbild in der Schlußsequenz. Der schwule Lino hat sein Bett in der Straße aufgeschlagen. Er wärmt sich die Hände am Feuer und lächelt Marcello zu. Lino lebt. Marcello, vor 23 Jahren – er hat ihn also nicht erschossen. Sein großer Irrtum aber war ein anderer: der Versuch, sich – seitdem – von seinem Ich zu befreien. Im Treppengang zwischen den Häuserfronten, hinter dem Raster einer Gittertür, liegt Lino nackt auf dem Bett. Das Trio vom Anfang des Films ist zu hören: »Du fehlst mir.« Und dann kommt eine Variante in die Wiederholung: Marcello macht die Rastertür auf und geht auf den nackten Partner zu, ins gelbe Flackerlicht des wärmenden Feuers.

Bertolucci hat mit IL CONFORMISTA offen mit der Filmideologie der sechziger Jahre gebrochen, politisch engagierte und das heißt eindeutige Filme zu machen. Quadri läßt einen godardschen Wahrspruch ab: »Die Zeit des Nachdenkens ist vorbei. Die Zeit des Handelns ist gekommen«, und das ist ein Satz aus *Le petit soldat*. Quadri-Godard handelt gleichwohl nicht danach. Zur Aktion schreiten die Faschisten.

IL CONFORMISTA entläßt das Publikum ins Unbehagen. Was hat sich mit dem Ende des Faschismus in Italien geändert? Unsere Moral, die Vorstellung von der Normalität? Das wohl nicht. Mit der Fragestellung aber ist der Film schon aus dem Historischen herausgebracht. Auf die Statik (böser Faschist, guter Antifaschist) ist verzichtet; die einzelnen Momente (Dekor, Kostüm, Licht, Kamera, Dialog) sind beweglich geworden. Sie verlegen das, was faschistisch genannt werden kann, ins Alltägliche und ins Gegenwärtige. Bertolucci hat einen populären Film gemacht, so kunstvoll er auch die dreißiger Jahre durch das (von ihm lebensgeschichtlich erfahrene) Kino der dreißiger Jahre sieht: die starke Ausleuchtung der Filme von Sternberg, Ophüls und Welles und der direkte Appell des *La vie est à nous*. Der Titel kommt direkt ins Bild (1936 drehte Renoir den Film, und damit wird nicht nur die konformistische Zeit, sondern gleichzeitig die Antwort darauf fixiert).

Von Paramount-Universal hatte Bertolucci ein mittelhohes Budget von 600 Millionen Lire bekommen plus Rendite-fördernde Namen wie Moravia und Trintignant. Er nahm die Herausforderung an und suchte sich ein breites Publikum. Dieses sprach schon damals auf die Mischung von Ironie und Affekt an, während die zeitgenössische Kritik sich schwer tat. Zehn Jahre später zeigt die Besichtigung des Films, daß die Kritik von den Zeitläuften überholt ist, der Film aber nach wie vor funktioniert. Die – vergebliche – Suche nach der Normalität ist aktuelles Drama geblieben.

Il conformista

La salute è malata o I poveri muiono prima. 1971

1971 drehte Bertolucci in 16 mm einen Wahlkampffilm für die Kommunistische Partei, der dann auch zu den Kommunalwahlen in Rom eingesetzt wurde. Der 35-Minuten-Film wurde vom Dach eines Wagens auf Häuserwände projiziert, Flugblätter wurden dazu verteilt und Straßendiskussionen durchgeführt. Bertolucci nennt ihn seinen einzigen politischen, d. h. politisch effektiven Film. »Ich habe ihn für die Kommunalwahlen 1971 von Rom gedreht über das Gesundheitswesen der Stadt. Man sieht das Elend der Vorstädte, und es gelang uns, mit Hilfe einiger Kollegen der Gewerkschaft CGIL[30], dreißig Minuten in einer Anstalt die auf den Korridoren zusammengepferchten Kranken und die sanitären Anlagen zu drehen, bis man uns hinauswarf.«[31]

L'ultimo tango a Parigi. 1972

Paul und Jeanne treffen sich auf der Wohnungssuche in einem Mietobjekt. Sie gehen dort ein sexuelles Verhältnis ein, das nach dem Willen Pauls im anderen ausschließlich das Sexualobjekt sieht. Es ist dies sein letztes Experiment. Er ist schon bald fünfzig. Jeanne, grad erwachsen, hält die ihr zugedachte Rolle nicht durch. Bürgerliche Nichtigkeiten finden ihr Interesse – und Liebhaber wie der kleine Jungfilmer Tom. Sie erschießt Paul.

Was will der Autor damit sagen? Es begann schon vor den Dreharbeiten. Um sich verständlich zu machen – so erzählt Bertolucci –, verzichtete er aufs Wort und nahm statt dessen Storaro (Kamera) und Brando (Darsteller) mit ins Grand Palais zur Francis-Bacon-Ausstellung. Der Zuschauer ist aufgerufen, sich gleichzustimmen. Mit Francis-Bacon-Bildern beginnt der Film. Schon während des Vorspanns werden im Kopf des Zuschauers ein Mann und eine Frau zur Deckung gebracht.
Marlon Brando geht in Passy unter dem Métroviadukt längs. »Oh Gott, Scheiße!« ruft er. Auf deutsch. (Original: »Fucking God!«). Die pariser Außenwelt antwortet, indem sie dunkle Gestalten des CRS [32] ins Bild schickt. –

158

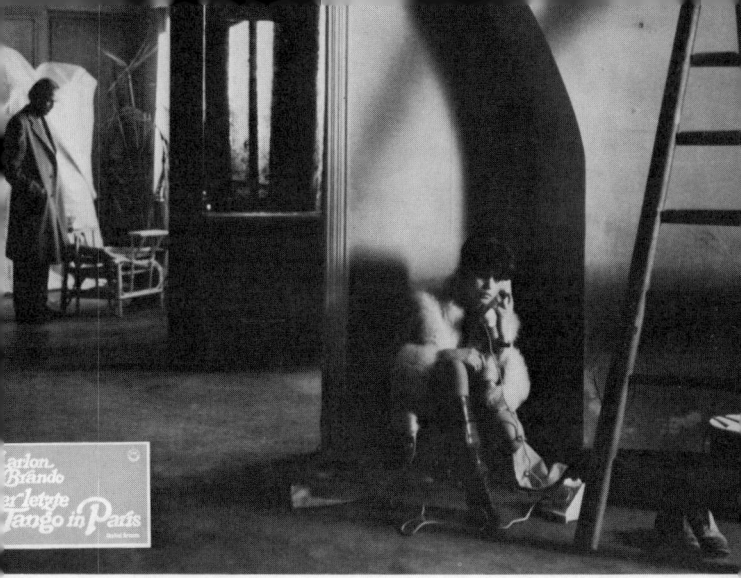

L'ultimo tango a Parigi

Maria Schneider verhandelt in der rue Jules Verne mit der Concièrge (Darling Legitimus). Die Concièrgenhand fährt durch die Öffnung der Glaswand und hält Maria fest. –
Im verwohnten Appartement oben im Haus – es ist zu vermieten – treffen Brando und Schneider zusammen. Vor der kaputten Jalousie hockt sie auf ihm. Die Sexszene läuft ohne Worte ab. Sie wälzt sich von ihm weg; die schmutzige Gardine schleppt über sie. Sie bleibt liegen und keucht. Die Lamellen der Jalousie, deren eine Seite zusammengerutscht ist, werfen sich auf sie – als Schatten.
Bezeichnungen werden dem Zuschauer erst später geliefert. Namen: Paul und Jeanne. Und das Alter: 48 und 19. Die Bezeichnungen sind mitsamt der Sprache aus ihrer Beziehung hinausgedrängt. Grad erfährt man noch, daß Brando Amerikaner ist. Aber das weiß man eh, denn mangels anderweitiger Hinweise definiert sich die Person des Darstellers Brando als Marlon Brando und die der Schneider als Maria Schneider. –
Brando akzeptierte die Filmrolle, weil sie eine Phase seines Lebens darstellt: seine eigene Jugend; die Figur des Paul war seine ganz persönliche Rückerinnerung vor der Kamera. Bertolucci: »An vielen Stellen des Dialogs ging er ohne Hemmun-

159

L'ultimo tango a Parigi

gen viel weiter, als ich vorgesehen hatte. Er fügte Obszönitä-
ten aus den fünfziger Jahren ein, die mir unbekannt waren,
den Amerikanern jedoch besonders großes Vergnügen berei-
teten.« DER LETZTE TANGO IN PARIS: cinéma vérité (Bertolucci).
Auf dem Bahnsteig der Gare St. Lazare, neben den Gleisen,
läuft die Schneider auf den anderen zu, einen jungen Mann.
Sie wirft sich in seine Arme, verschmilzt im langen Kuß. Jean
Pierre Léaud (zum Schluß des Films fällt sein Name: Tom)
deckt die Simulation auf: er dreht einen Film, und im Licht des
cinéma vérité war es das Wahrhaftigste, die Schneider den
Kuß authentisch spielen zu lassen. Zur Versöhnung küssen
sich Schneider und Léaud, ohne daß eine Kamera läuft. Das
heißt, Simulation der Simulation, Storaros Kamera nimmt die
kameralose Szene auf.
Blut wird verschmiert, an der großen Scheibe im Badezimmer.
Ein mysteriöser Anfang der Sequenz. Das Zimmermädchen
(Catherine Allegret) erzählt von einem Selbstmord. Erst als
die Kamera Fahrt aufnimmt und an der Querwand vorbei-
fährt, kommt der Zuhörer ins Bild. Brando steht am Fenster
und zieht den Vorhang weg. Er guckt durch eine Scheibe auf
ein anderes Haus. Dort steht eine Frau, die den Vorhang weg-

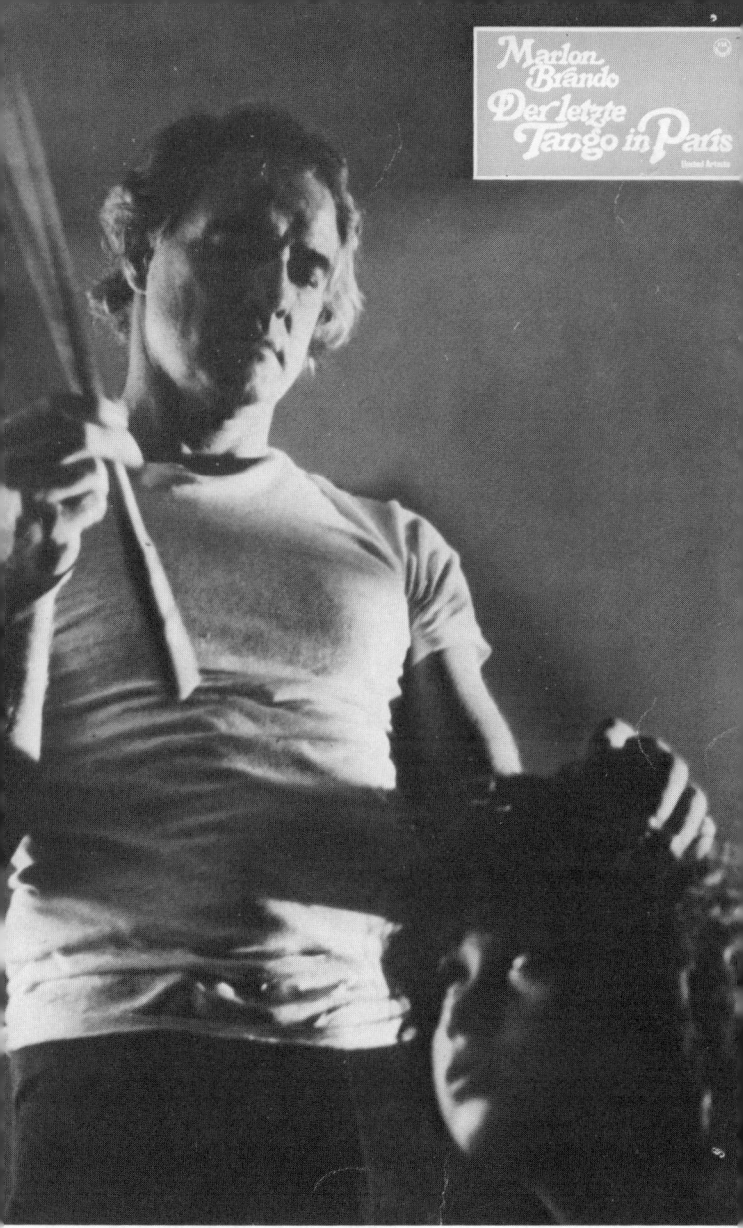

Marlon Brando
Der letzte Tango in Paris
United Artists

L'ultimo tango a Parigi

161

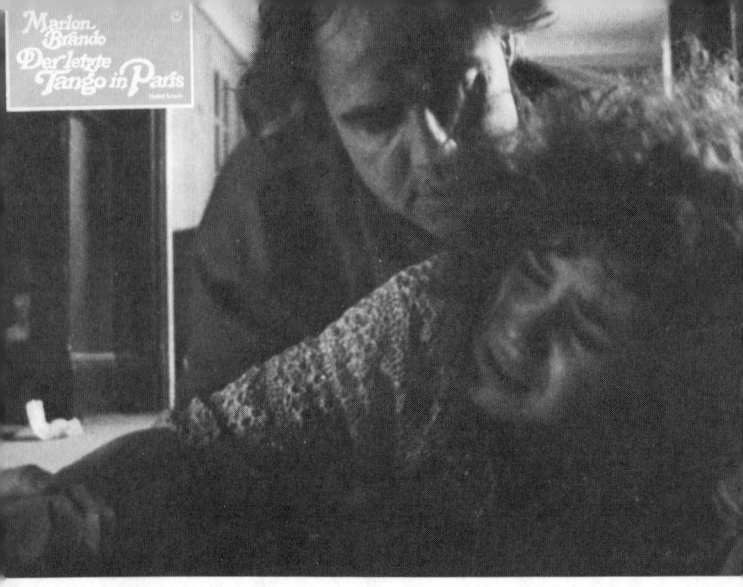

L'ultimo tango a Parigi

gezogen hat und durch eine Scheibe guckt. Sie fühlt sich beobachtet und tritt vom Fenster weg. – Erst später bestätigt der
Film Ahnungen, die er ausgelöst hat. Im Hotel hat sich Rosa,
Brandos Frau, umgebracht. Und an die Frau von gegenüber
am Fenster braucht man nicht mehr zu denken: sie kommt im
Film nicht wieder vor. Ihre Geste bietet eine Erfahrung an: die
reinste und nackteste Erfahrung des Außen, der Leere, der
Gleichgültigkeit, des Schweigens, »das so zweideutig ist, daß
es keiner Entzifferung und keiner endgültigen Definition fähig
ist«. Das schrieb Foucault[33] sechs Jahre vor dem LETZTEN
TANGO zu Blanchots *Warten Vergessen.*
Rätselhaft und unheilvoll bauen sich die Szenen um Brando
herum auf, von den CRS-Schergen bis zum Blut im Badezimmer. – Der Film funktioniert über das irrationale Ambiente,
das Brando umgibt. Maria Schneider wird von der nackten
Obsession ergriffen, mit der er seine absoluten Ziele verfolgt.
Gerade weil er keine Namen nennt und keine Einordnungen
zuläßt, wird die Intensität des sexuellen Kontakts (und damit
des Kontakts überhaupt) grenzenlos. Mit der Sprache fallen
auch die moralischen Schranken des Bewußtseins. Die »Spra-

162

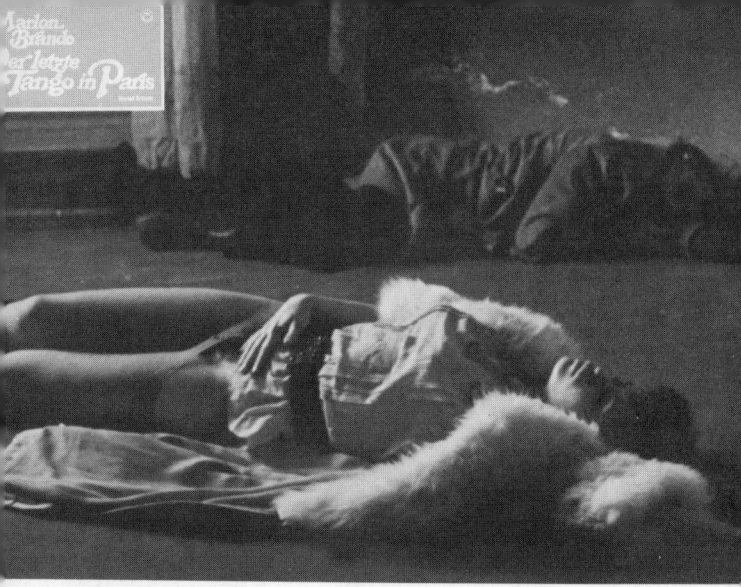

L'ultimo tango a Parigi

che« des Körpers, Gestik und Mimik, sind unmittelbarer, existentieller.

In der Anschlußsequenz führt Bertolucci vor, wie es in der Liebeswohnung zugeht, wenn Maria Schneider sich der narrativ-diskursiven Sprache bedient. Gleich mehrfach gebrochen und vermittelt versucht sie, eine Rückzugsdiskussion zu beginnen. Sie spricht in einen Spiegel, hinter einem Vorhang – mit Brando, der im off bleibt. Seine Handbewegungen kommen schließlich ins Bild. Aber nur die Kamera stellt den Kontakt her. Sie bringt seine Gesten mit dem Spiegelbild der Schneider zusammen – so wie der Film im Vorspann die Bacon-Figuren zusammengefügt hatte.

Wieder im Selbstmordhotel. Dem Schild »privé« vor den Räumen, in denen Brando wohnt, läßt sich zur Not entnehmen, daß ihm das Hotel gehört. Seine Schwiegermutter (Maria Michi) jammert: »Warum hat sich Rosa umgebracht?« Sie bekommt keine Antwort. Doch die Kamera unternimmt beredte Fahrten – von Zimmer 12 zu Zimmer 11, von 11 zu 12 und noch einmal zurück: das private Zimmer, das Selbstmordzimmer – jede Zelle ist mit ihrer Geschichte gefüllt, jede an ihrem

L'ultimo tango a Parigi

Platz. Gleich dem Schließer im Gefängnis steckt die Kamera ihre Nase hier rein und da – und dann bleibt es so, wie es ist. In der Liebeswohnung in Passy wird akustische Verständigung geprobt: »Ich komme besser weg mit Stöhnen und Grunzen als mit Namen.« – Geschnatter und Gegacker schließt sich an. Léaud filmt Kleinvieh. »Ritratto da una ragazza« (Porträt eines Mädchens) soll sein Film heißen. Die Kamera schwenkt er herum, um auf der glättesten Glätte der Oberfläche die Wahrheit zu finden. Die godardsche Interviewtechnik wird komisch. Die Schneider erzählt von ihrer Familie, dem Vater, der Uniform, dem Hundegrab und dem Hund Mustafa (!), der auf Araber dressiert war. – »Der Oberst ist 1958 in Algerien gefallen«, fährt sie fort; der Satz ist wieder in Passy gesprochen, zu Brando. Dieser beginnt mit der eigenen Lebensgeschichte: »Mein Vater war ein berüchtigter Schlägertyp, die Mutter poetisch: beide soffen.« – Die Statements bringen die Außenwelt in die Liebeshöhle im Dachgeschoß. Aber auch das Licht kommt jetzt fast horizontal von draußen und wirft die Schatten der Jalousien und Vorhänge noch an die entfernteste Wand. Der Innenraum ist nicht mehr autark. Er definiert sich in seiner Beziehung nach draußen. Queres Tageslicht also liegt auf dem Arsch der Schneider, als sie vor Brando, dem Zu-

164

L'ultimo tango a Parigi

schauer, onaniert. Ihn trifft die Grausamkeit der Körperspra-
che: er weint.

Die verbale Auseinandersetzung findet wieder im Spiegel
(vermittelt) statt. Er wirft ihr vor, ein altmodisches Mädchen
zu sein und sich zu arrangieren. Im eigenen Haus, im Hotel, im
Zentrum des Arrangements, dreht er die Hauptsicherung raus,
um die Bewohner der Zellen aus ihrer Selbst-Beschäftigung zu
reißen: den Fixer, den Bläser. Mit Marcel, Rosas Liebhaber,
tauscht er sich aus. Sie sind Partner: sie haben den gleichen
Morgenmantel. »Ich hab da einen Pickel.« – »Da würde ich
Salbe drauftun.«

Brando wird authentischer, je geheimnisvoller und wider-
sprüchlicher seine Handlungen sind. Er parliert mit dem Neben-
buhler. Er läßt die Schneider Butter holen, zum Gleiten für den
Analverkehr. »Das ist absolut Bataille« (Bertolucci[34]).
Und er doziert dabei über die Scheißfamilie, die Folterge-
meinschaft, in der die Kinder rangenommen werden, bis sie
die Lügen sagen, die ihnen eingetrichtert werden. Verflucht
und Orgasmus. Und er schlägt den Freier zusammen (»Fick
dich selber!«), mit dem die Nutte geschäftsüblich absteigen
wollte.

Jean Pierre Léaud dagegen verflüchtigt sich in seiner Eindeu-

165

tigkeit zur Farce. In der Métrostation Bir Hakeïm kadriert er von einem Steig zum anderen, über die Gleise hinweg, seine Geliebte/Hauptdarstellerin, legt Daumen und Zeigefinger zum Ausschnitt-Rechteck zusammen. Erst dann umschlingt er sie. – Spott, gutmütigen Spott hat Bertolucci für die Cinéasten seiner Zeit übrig – und für die eigene Kinoleidenschaft. Selbst wenn Tom nicht dreht, erscheint ihm die eigene Braut gedreht. Als sie sich ihm im Brautkleid präsentiert, gerinnt ihm die sachfremde Leidenschaft nur zum cinéastischen Vergleich: »Du bist wie – nein du bist besser als Lauren Bacall«, und der Rettungsring der »Atalante« versinkt im Kanalwasser.

Während Tom-Léaud seine ragazza-Jeanne in den Brautstand versetzt (genauer: eben dies filmt), traktiert er sie verbal. Man darf sicher sein, daß seine Merksätze im LETZTEN TANGO ein Fragezeichen kriegen: »Nichts von dem, was fertig ist, mag ich.« »Wir müssen gleich was Neues anfangen.« »Wir werden den Zufall in Schicksal verwandeln«. »Wir werden alles verändern.« »Wir sind erwachsen.« »Es ist vorbei mit der Turbulenz.« – Wo bleiben Fidel Castro und Rosa Luxemburg? Léaud erklärt's: Namen sind das – »fürs Kinderzimmer«.

»Kinder kann ich nicht mehr machen«, wird jetzt Brando-Paul explizit, »ich habe mir in Cuba die Syphilis geholt – damals, 1948.« Die Ballsaalszene, in der er sich verbal mit Schneider-Jeanne zu arrangieren versucht, wirkt wie ein Schock. »Ich bin 48, Witwer, Besitzer eines Hotels. Meine Frau hat Selbstmord begangen.« Tangomusik erklingt dazu. Meisterschaftswettbewerb im Tangotanz. Sieger sind die Paare 3, 7, 8, 9, 11, 12, 13, 14, 15 und 19. Die Glaskugel an der Decke dreht sich und verteilt Licht auf die Tänzer. Jeanne und Paul wechseln abrupt die Tangoperspektiven. Paul, gepflegt, mit Schlips und Hemd, elegant: »Darf ich Sie zum Champagner einladen?« – und überlegen männlich: »Sei brav: ein kleiner Schluck – für Daddy.«

Der schmierige Schick der Tangomeisterschaften stoppt die Kommunikation zwischen den beiden; sagen wir jetzt endgültig: Jeanne und Paul. Und zwar umsomehr Paul die Partnerin mit exakten Informationen aus seinem Leben versorgt. Da langt es denn nur noch dazu, daß sie ihm in der schummrigen Saalecke einen runterholt.

Jeanne, im Brautkleid, läuft dem Cinéasten-Bräutigam davon. Die verbalen Kontakte zu Paul bedürfen dringend der Ver-

L'ultimo tango a Parigi

mittlung. Diese Aufgabe übernimmt das Mattglas in den Fahr-
stuhlwänden. Die Erklärungen dringen durchs lichtdurchläs-
sige Medium: »Ich wollte dich verlassen, kann aber nicht.« In
der Wohnung der rue Jules Verne geht es dann aber direkt zu:
ohne Worte und das heißt ohne vermittelnde Spiegel und Glä-
ser. Der nächste Koitus wird im horizontalen Tageslicht vollzogen. Die lichte Helligkeit bricht elementar in die Sexual-
höhle. Fensterkreuz und Regenschlieren werden als Schatten
an die Zimmerwand geworfen. Die Szene wird immer weniger
intim. Die Öffentlichkeit ist hergestellt. Geil und grob läuft
der Verkehr. Gewaltige Steigerungen werden wollüstig entworfen: ein Schwein besorgen, und das ficken. Und die Schere
holen, die Nägel schneiden und dann mit den Fingern in den
Darm – »Wirst du das tun?« – »Ja, und mehr als das.«
Anale Sexualregressionen. Doch solcherart erledigende Fest-
stellung würde den quasi Tangoschritten, mit denen die Szenen wechseln, die Dimension nehmen. So voller Fantasien ist
Liebe, daß nur sie fantastisch ist: der Satz des Herzogs in der
ersten Szene des ersten Aktes in *Was ihr wollt* würde eher auf

167

L'ultimo tango a Parigi

Paul zutreffen, den »die Begierden wie ergrimmte Hunde verfolgten«. – Der Verweis auf die Shakespearekomödie ist von Bertolucci an dieser Stelle – im Ballhaus zur Tangokür – eingebaut: »Wenn die Musik der Liebe Nahrung ist, spielt weiter.« Unvermittelt endet der Film. Wie im alten Märchen, in dem es verboten war, nach *dem* Wort zu fragen, wird Paul erschossen, als er begehrt: »Ich möchte wissen, wie du heißt.« – »Jeanne«, sagt sie und schießt. Und fraglich bleibt, ob sie damit ihren Vater hinrichtete. Hatte Paul sich doch des Obristen Käppi aufgesetzt.

Offengehalten sind viele Möglichkeiten. Bertolucci hat Brando/Paul und Schneider/Jeanne als Nebeneinander von Gestalten seiner Lebensgeschichte erklärt: Bertolucci als Jugendlicher (Jeanne) und als Mann (Paul). Aber: Machobrando endet als Charmeur, dem man allenfalls einen runterholt und als Foetus sterben läßt. Der Tango wendet Verfolger und Ver-

Italienische Fumetti-Parodie von Maurizio Borarini auf L'ultimo tango a Parigi

169

folgte. Tango: das ironische Symbol für Paarung (Borges) und Entpaarung: der Wechselweg durchs Leben und in die Wechseljahre.

Was die relative bürgerliche Ordnung der Jeanne umstürzt – relativ umstürzt –, ist die Leidenschaft, mit der Paul sich ihr nähert. Was Bertolucci mit dem LETZTEN TANGO versucht, das ist die obsessive Annäherung an ein Publikum, das Hollywoodfilme zu sehen gewöhnt ist und auch einen Hollywoodstar zu sehen kriegt – aber einen Film, in dem die bürgerlichen Sehgewohnheiten auf den Kopf gestellt werden. Statt auf das Ende hin (den Handlungsablauf), war hier ein Film danach zu sehen, *wie* er etwas zeigt. Die Kraft und Schrankenlosigkeit der Sexualkommunikation brachte dem Film übergroßes Publikumsinteresse (und ein Einspielergebnis von fünfzig Millionen Dollar) ein. In den USA wurde er als Pornofilm in einschlägigen Abspielstellen vermarktet. Bertolucci hat mit seiner Hollywoodpaarung eine Sprache gefunden, deren Unmittelbarkeit offensichtlich radikal die gewohnten Kommunikationsschranken niedergerissen hat. Der Film ist so direkt wie die Adresse der Bilder von Francis Bacon.

Novecento. 1974–76

Die Emilia, der Po, Landwirtschaft. Im Todesjahr Verdis werden Olmo und Alfredo geboren. Der eine wird Landarbeiter, der andere Gutsherr. Die Region bringt ihre Lebenswege immer wieder zusammen – dem Klassenkampf zutrotz. Der Film verfolgt ihr Schicksal vom Großen Landarbeiterstreik 1908 bis zur Befreiung vom Faschismus am 25. April 1945 und darüber hinaus. Olmo begründet die Absage an den Stalinismus und die Öffnung der Kommunistischen Partei Italiens für die Zukunft: den historischen Kompromiß.

Novecento: 20. Jahrhundert. Das ist, wie ein Blick ins Wörterbuch lehrt, die Übersetzung ins Deutsche. Der Titel »1900« unterschlägt die Dimension der Bewegung: des Zeitablaufs, und schon wird es nicht mehr plausibel, warum der Film die festen Einstellungen, die ruhigen Bilder eliminiert und der Emilia die Nostalgie ausgetrieben hat. Vor allem verstellt der vorgebliche Blick auf das fixe Jahr 1900 die programmatische

Novecento

Perspektive des Films. Das zwanzigste Jahrhundert ist nicht zu Ende, und mit NOVECENTO hat Bertolucci Bewegung auch in die beiden letzten Jahrzehnte bringen wollen. Er hat es in und mit seinem Film vorgemacht, wie er funktioniert, der historische Kompromiß zwischen dem Partito Comunista Italiano und der Democrazia Cristiana, zwischen (Euro-)Kommunisten und (Neo-)Kapitalisten (und zwischen der Emilia Romagna und Hollywood, zwischen Inhalt und Form, zwischen Prosa und Poesie): zum Schluß des Films ist es Olmo, der Arbeiterheld, der die Genossen anhält, die Waffen den Christdemokraten abzuliefern. Das hat nichts mit dem Jahr 1900, aber alles mit den Entstehungsjahren des Films zu tun, denn die strategischen Weisungen des Genossen Olmo haben eine utopieerfüllte Perspektive, und diese ist emotional stark und schier, erfüllt von revolutionärem Optimismus.

Die Rezeption des 20.-Jahrhundert-Films in Italien hat sich denn auch sogleich der programmatischen Perspektive angenommen und, soweit sie links von der KPI stand, den (historischen) Kompromiß und damit auch den Film verworfen. Außerhalb Italiens unterschlägt der Titel (1900) die aktuelle politische Dimension des Films, aber auch den formalen An-

171

Novecento

spruch, den er als Jahrhundertwerk erhebt. Bertolucci nähert
sich mit NOVECENTO dem – internationalen – Zuschauer direkt
und emotional, um ihm seine – regionalen – (persönlichen und
kommunistischen) Absichten einschmeichelnd und vertraulich
zu verkaufen – mit Lust an der Sache. Von Straub und Godard
ist nicht mehr die Rede.

Die Handlung ist direkt und eindeutig. Ihre Dimension gewinnt sie erst in der Beziehung, die sie zu den Dingen aufnimmt, die sie umgeben: die Landschaft, die Jahreszeit, das
Interieur, das Detail. Die Gestik, mit der sich die Hand einer
Kerze, das Messer einer Melone nähert und mit der die Kamera das Beichtgitter umfährt, nämlich von der Perspektive
der Beichtenden, die Grenze übertretend, in die Perspektive
des Pfarrers gerät: diese Sensationen verstärken, überlagern
und dementieren die lineare Geschichte. Kräftig strömt NOVE-
CENTO dahin, und vielsagend bleibt die Bewegung. Zweideutig
sind Anfang und Ende.

NOVECENTO beginnt mit dem 25. April 1945, dem Tag der Befreiung. Die Kamera setzt sich sogleich in Bewegung und beteiligt sich an der Verfolgung auf Anhieb unsympathischer

172

Novecento

Radfahrer. Dem einen rammen die Bäuerinnen die Forke in den Leib (Donald Sutherland): »Stecht ihn ab, das Schwein!«, und das ist recht so, denn schon hat der Film dafür gesorgt, daß die Bäuerinnen den vierten Stand repräsentieren *und* die Geschichte der Landarbeiteraufstände fortführen. Das sozialistische Überich ist in die Pflicht genommen, da das pathetische Gemälde von Pellizza da Volpedo im Film erschien; *Il quatro Stato* hängt, wie man regional weiß, in Mailand, und die Okarinen klingen dazu, wie man sie regional hört, in der Po-Ebene. Kein Zweifel ist möglich: befreit haben die Richtigen, denn dies teilt das Kommando der Brigade Giacomo Mateotti im Radio mit. »Es lebe Stalin!« ruft Leonidad, der aber lieber nach seinem Partisanennamen – Olmo – genannt werden möchte. Die Schwalben sind wieder da, Frühling ist's, und im allgemeinen Aufbruch bleibt es im Allgemeinen, wer die Forke in den Bauch bekommen hat, denn zunächst kommt das Insert »Viele Jahre vorher«.

Eine Rückblende schließt sich an, aber sie überdauert nicht nur den I. Teil des Films, sondern auch nahezu den ganzen II. Teil. Die Sequenz vom 25. April 1945 ist der Sache nach

Novecento

Prolog, Musik vorm Vorhang, Einstimmung, Verteilung von
Sympathie und Antipathie, Neugierkitzler und Lustmacher.
Und dann macht es solch ein Anreißer möglich, der Geschichte, wie man zum Schluß des Films sehen wird, eine Burleske hinterherzuschicken, um die allzu dampfenden Emotionen wegzupusten.

174

Novecento

Man mag sich von vornherein darauf einrichten, daß die Form in NOVECENTO eine Servicefunktion hat. Der Gefühlsstrom, der in der Jahrhundertgeschichte vor der Form da war, wird von ihr gedämmt, gedeicht, kanalisiert, vielleicht umgeleitet. Der Po wird noch ein Weilchen weiterfließen.

Viele Jahre vorher: »Giuseppe Verdi ist tot!« klagt's im Rigo-

175

lettokostüm in der sommerlichen Flur. Die kurze Szene bringt mancherlei über die Bühne: sie datiert die Handlung (Verdi starb 1901 in Mailand); sie reklamiert Verdi für die regionale Kultur (Verdis Geburtsort – Le Roncole bei Busseto – liegt in der Nähe von Parma), und sie zieht die Historie in die Gegenwart (in Sant'Agata ist, auch heute, die Villa Verdi zu besichtigen). – Die Szene führt mit dem Rigolettokostüm die Dimension der Oper ein (das sozialistische Pathos, das der Prolog weckte, beruft sich auf das kulturelle Erbe); die Szene verweist auf Bertoluccis kühnes Vorhaben, sich das verdische Gesamtkunstwerk zum Vorbild zu nehmen und gleichzeitig auf volkstümliche Rezeption zu setzen. Bertolucci-Verdi sagt mit der Rigolettoszene aber auch: tot ist er, der Alte, und tot ist der Padrone, Herr von Sant'Agata, und mit ihm das 19. Jahrhundert. Das zwanzigste beginnt und mit ihm wieder das gleiche Spiel, das zum Begriff führt:

Der Nachricht vom Tod schließt sich eine Geburt an – im Spiel der Kinder. Im halbdunklen Raum, spärlich fällt Licht durchs Fenster, schreien sie: »Drücken, drücken!« Im Simulieren stimmt man sich in den Akt des Gebärens ein – notgedrungen emotional, denn wer von wem mit welchem Ausgang geboren wird, bleibt fremd. Bedeutung stellt sich erst später ein. Dann wissen wir es: Olmo Dalcò ist geboren, Enkel des alten Leo (Sterling Hayden), und Alfredo, Enkel des Padrone Alfredo Berlinghieri (Burt Lancaster). Das Paar (die Partner?) Olmo (Gérard Dépardieu) und Alfredo (Robert de Niro) wird fortan die Geschichte des Novecento weitertreiben.

Olmo, Bauernbastard, wird in der Telefonstange, im tiefen Brunnen, im hohlen Kürbis, in der Flasche die Stimme seines unbekannten Vaters *suchen.* Alfredo wird Jura studieren (Bertolucci studierte sie) und den verhaßten Vater Giovanni (Romolo Valli) nach Kräften *meiden.*

Olmo Dalcò wird auf der Suche nach dem Unbekannten den Kommunismus finden (Bertolucci ist Mitglied der KPI). Alfredo wird Padrone werden, aber er wird zeitlebens hinter dem Bauernbastard her sein, hinter dessen Kraft, Schönheit, Würde: er wird Olmo lieben, und diesem wird das stolze Gefühl schmecken: umworben zu sein vom Klassenfeind, begehrt zu werden von dem, der alles hat.

Eine Liebesgeschichte ergibt das noch nicht, allenfalls deren Vortäuschung. Die beiden Großväter führen das Spiel vor:

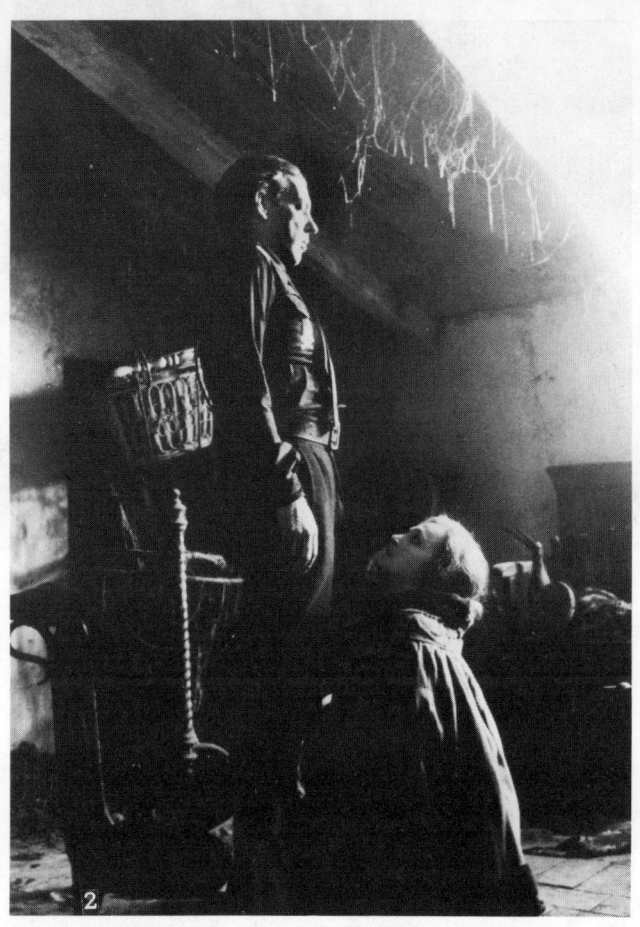

Novecento

Padrone Alfredo nötigt dem Landarbeiter Leo das Glas Wein auf, um den Schluck auf die Enkel zu trinken. Doch Leos Interessen sind nicht die des Herrn: er hat mit dem Neugeborenen einen unnützen Fresser mehr am Hals. Die Bauern dengeln die Sensen, und Alfredo gibt seine Würde ab: er setzt die Champagnerflasche an den Hals. »Der meine wird Jura stu-

dieren.« – »Der meine wird stehlen.« – Rigoletto: »Der meine
wird Priester.«

Olmo, der Zehnjährige (Roberto Maccanti), macht's dem
Knaben Alfredo (Paolo Pavesi) vor, wie man Lust gewinnt,
auf Mark und Flur: er gräbt ein Loch und fickt die Erde. Den
zwanzigsten Zappelfrosch schiebt er auf den Draht und gar-
niert sich den Hut: ein starkes Bild / das Bild eines Arbeiter-
kindes. Alfredo gibt es auf, ihn nachzuahmen. Ihm reicht die
Faszination: er muß die Frösche nicht verkaufen. Er muß sie
essen. Und erst als Vater Giovanni dem Sohn den Bratfrosch
in den Mund stopft, kommt ihm das große Kotzen.

Die Bewegung der Kamera ist es, die die Dimension in das
Froschbild bringt: wer stark und wer schwach ist, wer gibt und
wer nimmt, wer Lust an den Dingen hat und wer Angst davor.
Mit den vierzig Zappelbeinen ums Gesicht ist Olmo aus der
Kinderperspektive fotografiert, im schattenlosen Mittagslicht
ein Bild wie ... Aber Bertolucci zitiert nicht mehr. Im Frosch-
Bild ist Fremdes nicht zu erkennen. Die Fahrt, die die Kamera, bald danach, in die Höhe gemacht hat (in die Erwachsenenperspektive), reizt den Sinn und macht einen solchen:

Novecento

dem Padrone geht es um die Herrschaft dem Kind gegenüber. Der Frosch, den er ihm reinstopft, dient nicht dem Konsum, sondern dem Gewaltverhältnis. Erwachsenenperspektive und Erwachsenenlektion.

Wenig später kraucht die Kamera in Euterhöhe im Kuhstall herum – in der Perspektive der kleinen Regina, die mit den Händen an den Zitzen ist und dem alten Padrone Alfredo an den Schwanz soll; der haut sich die Beine in den Mist, »strip-strap«, und dann knöpft er sich den Schlitz auf. Eine Nahaufnahme schneidet in die Perspektive: zack platsch haut die Faust in die Melone. Überreif zerplatzt sie. Und dann fährt die Kamera hoch, und in der Übersicht schaut man auf das Bild, in dem der Erhängte baumelt: Großvater Alfredos Kapitulation. Überreif war die Zeit.

Und wenn zwischendurch die Kamera eine lange stetige horizontale Bewegung macht, zusammen mit den Okarinenbläsern, die durch den festlichen Pappelwald gehen, dann geht es gar nicht anders: man marschiert mit und freut sich auf das Ziel – auf die Bauern. Das wird ein Fest.

Der emotionale Aufbau der Szenen deckt sich hier im ersten

Novecento

Teil von NOVECENTO mit der Entwicklung des kindlichen Bewußtseins. Das funktioniert auch inhaltlich (und sicherlich au-
tobiografisch). Wer die Lust entdeckt, sich die Vorhaut run-
terzuschieben, der findet auch zum Sozialismus. Alfredo, dem
die Erektion mißlingt und dem es nur wehtut, wird folgender-
maßen vom Olmo animiert: »Wenn du keinen Mut hast, wirst

Novecento

du auch kein Sozialist.« Und zum Stichwort weist er hinaus in
die Ferne: »Die Stadt, sieh, die Türme, eine Fabrik«, – eine
Fiktion, das Bild zeigt Mark und Flur, dementiert das ferne
Unbekannte, aus dem sich ableitet und von dem herkommt,
was dem einen Lust und dem anderen Angst macht.
Was es mit dem Sozialismus auf sich hat, nimmt dann schnell
Gestalt an. Jung-Alfredos Vater, Giovanni, Padrone, kürzt
den Landarbeitern nach einer Mißernte den Lohn; im Unwet-
ter findet die schnöde Kapitalistenuntat Grund und Gestalt
(Ausdruck), und dann gellt schon durch die dunkle schwarze
Nacht der Ruf: »Die Liga ruft den Streik aus.« Die Landarbeiter darben, die Großgrundbesitzer sperren aus. Ein Fest machen sie sich daraus; der Schallplattenspieler steht auf dem
Deich, und dann ernten die Herren. Daß dieses Bild so schön
und heiter nicht ist, bedarf keines Kommentars.
Wieder die Kinderperspektive. Kasperpuppen machen es vor:
»Es lebe der Generalstreik!« Aus dem Spiel wird Ernst. Hinter den Puppengendarmen tauchen richtige Polizisten auf und
zerhauen die Puppen. Auf der Streikversammlung erfahren
wir, daß die Rote Hilfe einen Kinderzug nach Genua organisiert hat. Vor der schwarzen Lokomotive hängt das rote Band:

181

»Viva il grande sciopero agrario 1908« (Es lebe der große Landarbeiterstreik 1908). Olmo steigt ein.

Mit der Datierung des Streiks endet die Szenenfolge, die darauf zuläuft. Von Ablauf, Durchführung, Organisation und vor allem vom Erfolg des Streiks (und der Aussperrung) erfahren wir nichts. Die Vorgeschichte ist die Geschichte. (Das regionale Gedächtnis mag etwas dazuproduzieren; die Bauernligen gewannen im Streik ihre organisatorische Struktur; von 1919 bis 1921 wurde die Padana von den Ligen regiert; sie bestimmten die Abgaben; sie zwangen die Padroni zur Aufteilung der Ernte; sie kontrollierten die Straßen; sie hatten Funktionäre, und derer wird im Film nicht gedacht, wie Renzo del Carria in »Lotta continua« übel vermerkte). Schon richtig: der Film vernachlässigt seine repräsentativen Verpflichtungen und behält seine respektlose Jugendperspektive bei.

Was aus den Jung-Sozialisten wurde, zeigt der Film während der Eisenbahnfahrt. Olmo fährt schlafend in den Tunnel. Zum fortdauernden Geräusch sieht man ihn jetzt aber unter den Soldaten, die der Staat an die Front schickt. Und wieder setzt sich das Geräusch fort, aber jetzt ist es die große Dreschmaschine. Sie pfeift wie der Zug. Am Förderband längs läuft die Mutter, Rosina Dalcò (Maria Monti), auf Olmo zu. Der nimmt einen Sack und schleppt ihn auf den Speicher. Dort, in der Kinderheimlichkeit, fällt er auf Alfredo, den schmucken Leutnant, der den Krieg zur Installierung eines Maschinenparks auf dem väterlichen Anwesen zu benutzen verstand. Die lange Fahrt, die große Bewegung, findet zwischen den Beinen des Jung-Padrone ein Ende. Alfredo liegt auf dem Rücken, die Knie hochgeschoben. Erhitzt, lachend, degradiert ihn Olmo, der ihm auf dem Bauch liegt, und rupft ihm die Achselstücke weg: »Küsse mich, du kleiner Held.« – Die sexuelle Position berechtigt zu der Frage, wer hier Herr ist und wer nicht. Und ob die soziale Position zählt, die einer hat, wenn der andere die Lust, den Mut und die Stärke hat, sie ihm zu nehmen. (Und deutlich ist es längst geworden, warum und wieso die Emilia und das Leben in der Emilia den einen jungen Mann emotional bedachte und den anderen nicht).

Blut & Boden. Sex & Sozialismus. Aber so schnell erledigt sich der Film nicht. Der bleibt im Vor-Begrifflichen, in den Latenzen. Es hilft nichts: man muß hinsehen und sich einfühlen. Bertolucci entfremdet uns die liebgewordenen Begriffe und

Novecento

frustriert die dogmatischen Pädagogen, die am Rand gern ab-
haken möchten, ob der Klassenaufsatz richtig geschrieben ist.
Ob's richtig oder falsch wird (ist), tritt vor dem Moment der
Handlung zurück. Nur das sehen wir: Anita Foschi (Stefania
Sandrelli), sozialistische Lehrerin aus Verona, agitiert zusammen mit Olmo auf dem Berlinghieri-Gut gegen den Hofver-
walter (das ist der, der im Prolog die Forke in den Bauch
bekam) und gegen die ungerechte Getreideverteilung: »Landarbeiter, bedient euch!« Anita ist es auch, die – es ist das Jahr
1921 – die Landarbeiterinnen aufwiegelt, sich am St. Martinstag der Exmittierung des Bauern Oreste zu widersetzen: die
Carabinieri geben auf. – Daraus könnte man die Sätze machen: 1. An diesem Tage (dem St. Martinstag) laufen normalerweise die Halbpachtverträge aus. 2. Bei der Halbpacht handelt es sich um ein typisch italienisches Rechtsinstitut, welches
blablabla. 3. Landarbeiter und Halbpächter (»Bauern«) haben
sich mit Hilfe der auswärtigen sozialistischen Intelligenz (»Re-
volutionäre«) organisiert und widerstehen erfolgreich dem
Klassenfeind.
Solche Sätze aber – plattschlagen würden sie die Stärke, Kraft

und Zuversicht der großen Szene, da die Frauen (»Frauen sind wir, doch wir haben keine Angst«) mit dem Mutmacherlied auf den Lippen sich vor die Hufe der Polizeipferde legen. Vor der heranfahrenden, sich verlangsamenden Kamera organisiert sich ein Leiberteppich: die Struktur eines Balletts (der chinesischen Oper: so gewahrte es die Rezeption von 1975; aber das ist fünf Jahre später schon überholt. Die große NOVECENTO-Szene der Frauenaktion gegen die Räumung des Oreste-Hauses hat dagegen die Zeit unbeschädigt überstanden).

Der Anteil des Dialogs bleibt bescheiden. »Im Namen des Gesetzes! Räumt das Haus!« – Antwort: »Scheiß Gesetz! Das hilft nur den Besitzenden!« – Darauf kann nur erfolgen ein allgemeines Nicken des Kopfes: »Wie wahr!« Aber gerade in dieser Szene reißt es einem vom Sitz, wenn Bertolucci dergleichen Sachverhalt mit *formalen* Mitteln bewältigt. Die Szenenmontage führt planvoll auf Irrwege und in Sackgassen, wobei die Anteilnahme des Zuschauers dadurch gesichert ist, daß er einer Simulation gewahr wird. Die Carabinieri sind im Bild, mit ihren Waffen. Schüsse peitschen ins Wasser: eine Nahaufnahme. Eine tote Ente kommt ins Bild. Die Totale zeigt die herrschaftliche Gesellschaft, die Wasservögel jagt. Aufrecht stehen im Hintergrund die Gesetzeshüter, dann der Padrone, zum Schluß der Sequenz der Kirchturm.

Und das bewegt und bewirkt die formale Technik: der Zuschauer bemerkt die Täuschung (die Schüsse-ins-Wasser bezogen sich nicht auf die vorhergehende Szene, die die Exmittierungs-Carabinieri zeigten, sondern auf die nachfolgende: die Jäger), mehr: er ist der Selbsttäuschung überführt und muß mit seinen Vorurteilen fertig werden. Eben noch ist er beim Sieh-da-die-Bullen-da-schießen-sie-schon und schon wird ihm eins übergebraten: um Enten gings, um den Jagdschmaus. – Die NOVECENTO-Ambivalenzen ziehen dem bequemen Zuschauer den Teppich unter dem Boden weg. Mit derselben Bewegung, mit der Kamera und Montage die Perspektiven wechseln, wird er genötigt, sich aufzurappeln und sich selbst um Orientierung zu bemühen.

Um Einfälle ist Bertolucci nicht verlegen. Schon in der folgenden Sequenz *inszeniert* er die Verbindung des Getrennten. Die Rolle der Kamerafahrt (oder der Szenenmontage) übernimmt die junge Wäscherin, Neve, die Nutte aus Not. Sie liegt in der

184

Novecento

Mitte, im Bett, in der Rechten den Schwanz Olmos und in der Linken den Alfredos. »Es rührt sich was«, sagt sie. Und was bringt sie da zusammen? Doch wer sich jetzt einstimmt, sei es, indem er die Szene ärgerlich findet (was also verbindet die Klassenfeinde?) oder komisch (»Hast du denn keine Kraft mehr in der Hand?«), hat seine Gefühle fehlinvestiert. Im nächsten Augenblick schon kriegt die Arbeiterin ihren epileptischen Anfall, und Schaum tritt vor den Mund.

Dann wieder verbindet das *Wort* die ungleichen Szenen. Hinter dem Lastwagen mit den grölenden, mit Stöcken bewaffneten Schwarzhemden (Attila, der Gutsverwalter, ist dabei) – »Wir sind das freie Italien, die Retter der Nation« – fährt Ada (Dominique Sanda), die attraktive Geliebte Onkel Ottavios (Werner Bruhns): »Ich will überhaupt nichts mehr sehen. Ich bin blind.« – Wer meint, diese Sätze kapiert zu haben – die feige Reaktion des dekadenten Bürgertums auf die faschistische Provokation –, wird gröblich verunsichert. Denn im Ungewissen bleibt es, ob Ada die Blindheit spielt, ob ihr von der Sozialistin Anita die Augen geöffnet werden oder ob ihr der angeblich fehlende Blick nur den Weg an die Brust des Landarbeiters Olmo öffnen soll. (Und Bertolucci selbst wird nicht müde, von den psychosomatischen Störungen zu erzählen, die ihn während der Dreharbeiten befielen: Blindheit inklusive.) Als Täuschung wird sich herausstellen, daß Ada die Geliebte des dekadenten Onkels ist. Schwerer wiegen die Selbsttäuschungen. In der Casa del populo wird an vier alten Männern Erwachsenenbildung betrieben, denn »der Kommunismus ist die Jugend der Welt«. Der greise Jungschüler nennt die Motivation: »Ich bin 71, und weil ich Kommunist bin, tue ich meine Pflicht.« – Wer da ein brav-brav murmeln möchte, wird von Bertolucci ertappt. Kaum will Olmo den Raum verlassen, wird ihm erklärt: »Wir bleiben im Haus des Volkes und studieren – die Flasche.« – Nimmt der Zuschauer dies nun notgedrungen komisch, muß er sich schämen. Wenig später steht die Casa del populo in Flammen, und der pathetische Zug wälzt sich heran: »Wacht auf, Leute; die Landarbeiter: verkohlt / ausgebeutet von den Feudalherren / ermordet von den Faschisten«, und die Musik Ennio Morricones, eigens komponiert für NOVECENTO, macht den Ambivalenzen ein Ende.

Ein kunstvoll hinausgezögertes, unausgespartes, opernhaftüberhöhtes Ende, das man denn auch, gewarnt, nicht nehmen möchte, wie es ist. Leer ist der große Platz in Parma, die Internationale ist zu hören, dann erfolgt der erste Auftritt: die Kapelle zieht auf, zieht vorbei. Wer jetzt den Arbeiterzug erwartet, wird schmählich getäuscht: der Kapelle folgt niemand. Aber dann, die Zeit scheint endlos, wird die Enttäuschung enttäuscht: sie kommen: mit der roten Nelke im Knopfloch, den roten Schal um den Hals, und da, endlich, Höhepunkt der Höhepunkte, nimmt die Kamera Fahrt auf und kommt dem Zug entgegen, sie fährt hoch und zeigt – wieder schlägt die Emotion um – die Carabinieri, ihre stumme Präsenz.

Das groß angelegte Finale, es war dann doch keins. Und Attila hat – vorerst – das letzte Wort. In der Faschistenversammlung schnallt er das Koppel ab und führt vor, was Gewalt ist. Die Katze greift er sich, schnallt sie an die Wand, und dann, mit dem Kopf voraus, zerquetscht er die sich miauend Windende, verzweifelt Wehrende. Katzenblut läuft ihm übers Gesicht, in den Mund: »Wir sind die Faschisten und vernichten die Kommunisten.« Beifall, Vorhang, Schluß des ersten Teils, Fortsetzung folgt.

186

Novecento

Der zweite Teil des Films beginnt mit der Nahaufnahme: Wasser. Und fügt die Details hinzu – auf dem Weg zur Totalen. Ein Kopf (Alfredo). Ein Fuß, der ihn zurückstößt. Ein Boot, darin Ada. Eine Küste, darauf Onkel Ottavio, und schließlich die Enttarnung seiner geheimen Vorliebe – zur Fotografie (er fotografiert drei bekränzte Knaben). Eine Sequenz, deren heitere Auflösung nur allzu schnell umschlägt. Wieder baut sich aus dem Detail die Szene auf, aber jetzt beginnt es im Finstern. Eine Kerzenflamme ist nah. Eine Handfläche darüber. »Wer bist du?« fragt eine Stimme. Die Kamera kommt in Bewegung. Ein Wolfshundknurren: Attila läßt sich von Regina (Laura Betti), der Nichte seines Herrn, 1. die Schuhe ausziehen und 2. einen blasen. Aber dann schnappt er sich den heimlichen Zuschauer, den kleinen Jungen, und baut ihn in die Sexszene ein. Die Lust steigert sich zum Mord. Er packt den Knaben an den Füßen und haut ihm den Kopf an den Wänden ab. Das Blut spritzt, und der Mörder keucht.
Das Schockbild hat in der Rezeption zu größter Irritation geführt, denn so was »ist doch nicht durchgängiges Kennzeichen für die Sexualität des Faschismus«. [35] Das ist freilich als Totale gedacht, weit weg von Attila und dem kleinen Jungen, und

dann braucht man auch keine Gefühle zu investieren. Wer sich's nicht so bequem macht und sich emotional auf die Mordszene einläßt, wird von Bertolucci erst recht nicht geschont, sondern in die nächste Ambivalenz getrieben.

Kinderperspektive: die Kleinen stehen herum, ums Schwein, an den Beinen wird es am Streckholz hochgezerrt, es kreischt in Todesangst, Olmo sticht es ab, schlitzt ihm den Bauch auf, dampfende Eingeweide stürzen heraus, im hellen Tageslicht: viel rotes Blut und Schwarzsauer. – Und nun, was stiftet *das Blut* für einen Zusammenhang? Tier und Mensch? Nutzen und Schaden? Profession und Perversion? Schlachter und Schlächter? Kommunist und Faschist? Olmo und Attila? Kinder als Zuschauer und als Opfer? – Die lange Schlachtsequenz hat auch die – narrative – Funktion, die Handlung um ein paar Jahre weiterzutreiben. Olmo ist aus dem Gefängnis entlassen. Attilas Intrige, ihm den Mord an dem kleinen Fabrizio anzuhängen, ist gescheitert. Attila bleibt unentdeckt, Olmo ist Schlachter geworden, und die vierjährigen Kinder sind stolz: »Es gibt keinen, der so gut schlachten kann wie dein Vater.« Olmo agitiert beim Schlachten. Sängerisch bekriegen sich die Bandiera Rossa und die Giovanezza. Alfredo aber verfällt dem Spiel. Schampus spritzt: Ada, die Gattin, ist dem Alkohol verfallen. Das böse Paar Attila/Regina herrscht auf dem Gut. Der Winter kommt. Die schlimme Jahreszeit rechtfertigt die eingefrorenen Beziehungen. Und: der Faschismus herrscht.

Im Dunkeln steht Alfredo vor dem Gesindehaus, seine Gattin beim Schlachter Olmo vermutend. Seine Eifersucht bleibt unklar. Wem gilt sie? Ada? Olmo? Klar aber macht die feierabendliche Arbeiteridylle, wie das novecento die emotionalen Güter verteilt hat. Neben der Feuerstelle ist Mutter Rosina eingenickt. Die Minestra steht auf dem Tisch. Frau und Kind strahlen es aus, das Familienglück. Draußen bleibt der Padrone, unglücklich, in kalter Winternacht.

Die Kälte schlägt auf den Film zurück. Was vier Jahre zuvor, im Sommer, gelang, wird falsch und trist. Der Fluß teilt zentral die Handlung. Martino und Celindo werden abgeführt, auf dem anderen Ufer, fern in der Totalen. Diesseits ruft Olmo zum Widerstand: »Kommt alle. Mut! Die Partei wird euch nicht im Stich lassen!« Das Frustbild ist leider nicht simuliert: Olmo bleibt allein im Bild. Es ist Sonnenuntergang. Dem Film ist es Ernst geworden.

Novecento

Die Trennwand im Beichtstuhl läuft zentral auf die Kamera zu (Mittelachseneinstellung). Der Kamerawagen fährt langsam daran vorbei. Links sitzt die Mutter Fabrizios, des ermordeten Knaben: Signora Pioppi (Alida Valli). Sie vertraut dem Pfarrer (Pippo Campanini) ihre Angstgefühle an. Die Kamera ist schon ganz rechts, bei ihm: »Ich will davon nichts hören«, und dann stimmt er an: »Venite venite in Bethlehem.« Das bös gemeinte Lied führt jedoch in eine Arbeiterkneipe. Dort, unter dem naiv gemalten Othellobild, haut der ambivalent eifersüchtige Padrone das Glas vom Tisch und versöhnt sich mit seiner Frau. Wieder kippt das Gefühl um, denn die Sequenz führt zum Haus der ausgebeuteten Pächter Pioppi. Geschändet, aufgespießt hängt Signora Pioppi im schmiedeeisernen Gitter. Warm und rot tropft das Blut in den Schnee. In ihr kultiviertes Haus ist der Faschist und Sexualmörder schon eingezogen: Attila, der Signor Federale.

Die Beziehungen werden dürftiger und hektischer. Olmo wird von Attila verkauft. Eine Moritat hebt an. Das ist der Fluch der Maschinen, daß der Faschist (?) die Pferde nicht mehr braucht. Sie werden, mit Pferdeknecht Olmo als Draufgabe, dem Padrone Baroni übereignet. Da packt die Landarbeiter

die wilde Wut. Nah vor der Kamera reibt der Arbeiter dem
Gaul die Kimme: Scheißgaul (»Hier kommt sie schon, die
Kacke«), und dann wird damit dem widerlichen Attila das
Maul gestopft, in der Totalen auf dem Gutshof.
Der Film gerät in Gefahr. Mit der Kinderperspektive weichen
jetzt, im langen Winter des Faschismus, die Ambivalenzen.
Und wenn sich jemand täuscht, dann ist es nicht mehr der
Zuschauer. Wir wissen es längst, Ada hat den schwankenden
Padrone verlassen. Alfredo also redet von links über den
Raumteiler (die Mittelachse) der Falschen zu. Die Stiefel, de-
ren Spitze man sieht, gehören der kleinen Teresita. Und der
Zuschauer hat das alles kommen sehen: wie Alfredo zu spät
Attila davonjagt, nämlich wie der Kapitalist – zu spät – sich
vom Faschismus zu lösen versucht. Die Bilder verflachen jetzt
zur Illustration von Aussagen zu Jahrhundertproblemen: die
Maschine und der Automat als Gefahr für den Arbeitsplatz;
die Behandlung der Arbeitskraft als Ware; Kapitalismus und
Faschismus als Verbund; Drogensucht; die Emanzipation der
Frau; die Folter als Machtinstrument des Faschismus (?). Der
Gutshof wird umzäunt und in ein KZ verwandelt. Schon wieder möchte der Verstand, auf den die Inszenierung jetzt zielt,
ein neues Fragezeichen setzen, da aber wölbt sich ein Regen-
bogen über die Schreckenspfützen und – Insert: 25. April
1945 – Landarbeiter laufen übers Feld, rachedürstig: »Reißt
ihnen die Eier aus dem Sack, diesen Schweinen!«
Der Winter hat ein Ende. Frühling, das erste Heu liegt auf den
Wiesen. Die Kamera fährt in die Vertikale hoch. Was ist zu
sehen? Was ändert sich? Die Frage wird unablässig gestellt,
glaubt man den Kranfahrten. Ausschnitte aus der Prologsequenz tauchen wieder auf, aber dann illustriert der Film in
aller Eile: die Verbrüderung der Arbeiterklasse, die Landre-
form, die Güterverteilung im Sozialismus, die Abrechnung mit
Faschisten und Feudalherren. Angeklagt ist Alfredo, Ankläger Olmo. Auf dem Gutshof, eben noch KZ, eröffnet Alfredo
dem Ankläger: »Ada ist weg. Wenigstens du bist wieder da.«
Über den Dialog, recht unvermittelt, läuft der Film dann dem
Finale zu. Das vielzitierte Plädoyer: »Berlinghieri muß leben,
weil er der lebende Beweis dafür ist, daß der Padrone tot ist.«
Drum ordnet es Olmo an, daß die Waffen auf den Wagen der
Christdemokraten vom Nationalen Befreiungskomitee ge-
schmissen werden. Waffen? »Wir brauchen sie nicht mehr.«

Novecento

Das Wort bringt den Film jetzt weiter. Es lebe der sozialistische Realismus! Tod der Metalinguistik! Schlimm hätte NOVE-
CENTO geendet, wenn nicht, zuguterletzt, im harten Frühlings-
licht, Bertolucci zum ungewissen Dementi ansetzte. Olmo hat
nicht das letzte Wort. »Der Padrone lebt«, versichert Alfredo
dem jungen Widerstandskämpfer Leonidad, und wer ans opti-
mistische Ende glaubte, sieht im burlesken Finale zwei komische Tattergreise sich stützend, sich schubsend durch die Flur
wanken. Die Kamera kommt aus der Totalen zurück. Olmo
legt den Kopf an den Telegrafenpfahl. Alt-Alfredo legt sich
wie einst auf die Gleise, aber nicht zur Mutprobe, sondern
quer. Ein Maulwurf kriecht hervor. Dann ist die Lok der Roten Brigaden heran, aber jetzt ist es das Kind, das unter dem
Zug liegt, und es liegt längs zwischen den Schienen, wie damals. Unverbindlich zweideutig endet der Film und wie sollte
dies anders sein, wenn ein ganzes Jahrhundert in die individuelle Projektion des Filmmachers Bertolucci eingehen soll, der
sich überdies in zwei Gestalten gespalten hat: in Olmo und
Alfredo? Ein Dialog, ein Bilderdialog ist die Folge, und recht
behält keine der Gestalten.

191

Novecento

Recht bekommen auch nicht »Lotta continua« und »Potere operaio«. Bertolucci hat seinen Film erklärtermaßen gegen deren »infantile Aktivität« gemünzt. NOVECENTO ist der Film vom historischen Kompromiß, aber er ist dies nicht nur politisch (und noch immer strebt er in die Regierungsverantwortung, der Partito Comunista Italiano). Bertolucci hat die stilistische Reinheit des Films aufgegeben zugunsten eines Arsenals handwerklicher Mittel, die den Kraft- und Wärmestrom weiterleiten, der ihn bewegt. Der Stil, zusammenzufassen, *ständig zu bewegen,* was Nahaufnahme, Wagen, Kran, Dolly, Licht und Ton zur Totalen bringt – die Plansequenz hat die Qualität der musikalischen Szene, wie Verdi sie prägnant zuerst im *Rigoletto* entwickelte, um Rezitativ, ariose Stellen, geschlossene Formen (Arien, Ensembles) in eine höhere Einheit einzubringen. Eingebracht hat Bertolucci dementsprechend $6^1/_2$ Millionen US-Dollars in die Emilia – in *sein* Land, und mit den disparaten Mitteln drehte er alle vier Jahreszeiten der Reihenfolge nach. Der Rhythmus des Landes wurde der des Films. Die Hollywoodgrößen gingen im Ambiente auf. Gianni Amelio[36] berichtete dies von den Dreharbeiten am 26. April 1975 über die Sequenz des 25. April 1945: »[...] verirrte ich mich in einem Gewirr von Wegen. [...] Schließlich bemerkte ich jemanden in der Ferne: einen alten Bauern, der am Rand eines Weges dahinging und von Zeit zu Zeit das Gras abmähte, um sich Platz zu schaffen. [...] Der Alte blickte mich an, ohne zu antworten. Da erkannte ich ihn – nicht an seinem Gesicht, sondern an der Grimasse, bevor er zu sprechen begann: ›Sorry, I don't understand‹. [...] Es war Sterling Hayden. [...] Johnny Guitar war ein für allemal von seinem Pferd herabgestiegen; er war wahrhaftiger als ein echter Bauer aus der Poebene.«[37]

$1^1/_2$ Jahre für das Drehbuch, fast 1 Jahr Drehzeit, 1 Jahr Montage, 5 Stunden 20 Minuten Spieldauer[38], die Länge des Films – in den Jahreszeiten teilt sich die *Dauer* der Bewegung mit: der Zustand des Strömens, der Po und die Plansequenz. NOVECENTO läßt sich erfahren: die Fortdauer der bäuerlichen Emilia-Kultur im »Inferno des Neokapitalismus« (Bertolucci), die Zweitexistenz der Kultur innerhalb der Erst-Zivilisation.

La luna. 1978/79

Opernstar Caterina verläßt mit Sohn Joe New York und gastiert in Italien. Sie finden dort Zeit und Gelegenheit, die Beziehung zueinander auszuprobieren. Dabei erleben sie eine Reihe von Abenteuern auch sexueller Art.

Ja, die Handlung. Natürlich. Aber mit dem Raster würde es falsch werden. Als ob man über Verdis *Troubadour* schriebe und als erstes mitzuteilen hätte, daß es dieselbe Stunde war, da Ferrando vom alten Grafen Luna erzählte und da der junge Graf Luna im Garten des Palastes Sargasto hinter der heiß geliebten Gräfin Leonore her ist. – Ich möchte es also gleich gesagt haben, daß der plot von LA LUNA nicht zählt, sondern die Gebärde, mit der sich Bertolucci an den Zuschauer wendet, – die lustvolle Gebärde. Genauer: es gibt keinen Unterschied zwischen dem, wovon der Film handelt, und der Art, wie er gemacht ist. Das Wie: Bertolucci nähert sich dem Zuschauer in LA LUNA mit der Sicherheit des Liebenden, und großer Gefühle wird man gewiß sein.

Der, dem sich so genähert wird, darf emotional aus dem Häuschen geraten. Es nimmt nicht wunder, daß die Antworten auf die bertoluccische Werbung extrem ausfallen: zwischen Begei-

La luna

sterung und Ablehnung findet sich kaum die Mitte.[59] Und wer über LA LUNA schreibt, wählt die Ichform.

Bertolucci hat keine Angst vor der Zurückweisung. Er zeigt, was ihm Spaß macht. Er sagt es dem Zuschauer direkt: »Ich mag dich, ich will dich« und fängt von sich aus das Verhältnis an. Vom Kino der Poesie (Pasolini) ist nicht mehr die Rede, wohl aber von Roland Barthes und seinem 1973 geschriebenen Essay *Le plaisir du texte* (Die Lust am Text).[40]

Der Mond also ist Thema, aber sicherlich nicht das Problem des Films. Er ist Bild und Zeichen zugleich, sich einzustimmen und gleichzustimmen mit Bernardo Bertolucci. In Ostia, so beginnt der Film, schaut das zweijährige Kind vom Kindersitz am Lenker auf das Gesicht der radfahrenden Mutter (Jill Clayburgh) und auf den vollen Mond über ihr am lilarosa Abendhimmel. *La* luna, *die* Mutter. Es ist, als ob sie sich dem Kind entrückt, Mond und Gesicht zum Mondgesicht wird. Auf der Terrasse träufelt sie ihm Honig ins Maul. Der Finger fährt wollüstig in die Lippen. Greinend sucht sich das Kind der mütterlichen Süße zu erwehren. Die Mutter achtet nicht darauf. Es ist die Zeit des Twists. Ein junger Mann, der beim Fischausnehmen war, twistet ihr zu, den blutigen Fisch in der

194

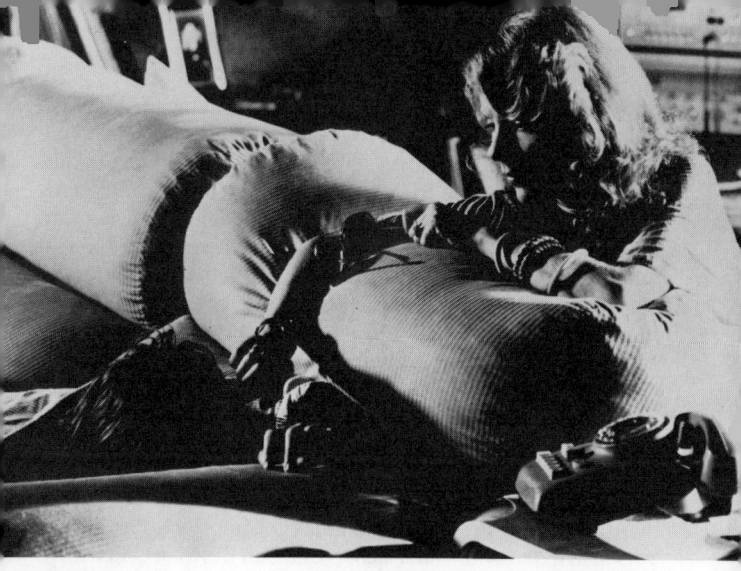

La luna

Linken, das Messer in der Rechten. Sein Gesicht bleibt seltsam undeutlich, tritt hinter der stoßenden, unappetitlichen Geste zurück. Erst nach mehr als zwei Stunden Vorführdauer ist es geklärt; Giuseppe (Tomas Milan) ist der wahre Vater des jetzt noch Zweijährigen. Dieser wendet das honigbeschmierte Gesicht ins Innere des Hauses. Dort sitzt die gütig-rätselhaft schweigende Frau, die, wenn sie etwas zu sagen hat, sich ans Klavier setzt: »Au clair de la lune«. Später werden wir erfahren, daß es Giuseppes Mutter, die Großmutter des Kleinen, ist (Alida Valli), die mit klassischen Tönen die Stimme aus dem Transistor zudeckt und Peppino di Capri mitsamt dem St. Tropez-Twist zumindest akustisch vom unglücklichen Kleinkind entfernt.

Ausdruck und Steigerung der Gefühle und der Stimmung durch die Musik, und: Zuversicht & Trost wenigstens im Augenblick, auch wenn sich auf die Dauer nichts verändert. Kein Wort ist bislang gefallen, im Prolog. Der Kleine hat sich der süßen Töne ungeachtet in den Fäden des Strickzeugs verheddert, das die verliebte Mutter aus den Händen gelegt hatte. Zur Oma kommt er nicht hin, von der Mamma kommt er nicht los. Die Befreiung scheitert. Er ist noch an der Nabelschnur.

Soweit der Prolog. Erst jetzt kommen die Vorspannangaben. Alles, was folgt – das ist fast die volle Länge des Films –, ist ein Ausschmücken, Ausmalen, Überdecken des Prolog-Bildes. Auch die umgekehrte Richtung ist denkbar: alles, was folgt, ist ein Restaurierungsversuch: das Wiederfinden, Freilegen und Sichtbarmachen des ersten Bildes. Zwischen Mond-Gesicht und Kleinkind-Bewußtsein wechselt, wie man sehen wird, der Verkehr, und, wie es überdeutlich wird, der ständige Richtungs-Wechsel geht nicht ohne gehörige Katastrophen ab. Gefühlskatastrophen, die in immer neuen Varianten die Honigkatastrophe des Erst-Bildes wiederholen. La luna: Launen haben. Rhythmischer Richtungswechsel: Tango.

Honig; it. miele, frz. miel. Ein mieledramma nennt Bertolucci seinen Film. Das Melodram entbehrt einer linearen Handlung. Und wenn später davon die Rede ist, daß der fünfzehnjährige Joe (Matthew Barry) fixt und ihm die Mutter gar das Heroin verschafft, dann darf man sicher sein, daß Bertolucci sich nicht mit einem aktuellen Problem beschäftigt, sondern mit dem Honigzeug, das man kriegt/nimmt, wenn es mit Zuneigung, Liebe und alldem nicht klappt.

Weitere unerläßliche Vorbemerkung: da es um Bild-Wechsel und Gefühls-Kollisionen geht, reduziert sich der Handlungsverlauf aufs Libretto und der Dialog eher aufs Gestisch-Mimetische: auf die Art und Weise, *wie* gesprochen wird. Logisch, daß lange Passagen italienisch gesprochen werden (können), ohne daß man auf das Verständnis des Textes angewiesen wäre. Eine Untertitelung der fremdländisch gesprochenen Passagen hätte mit Sicherheit die Weiche falsch gestellt und das Zuschauerverständnis aufs falsche Gleis geführt. Ein Prellbock hätte da gestanden, und dann wären die Unfallfragen gekommen, ob denn LA LUNA sich hinreichend mit dem Drogenproblem auseinandergesetzt habe und dergleichen. Auch könnte man einwenden, daß Verdi im *Troubadour* die Probleme von Hexenprozessen und Justizirrtum nicht deutlich geschieden und auch insgesamt nicht hinreichend bewältigt habe. Der Ausdruck, den die Stimme herzugeben vermag, bannt jedoch die Sinne. Caterina, Joes Mutter, soprano verdiano, und damit bin ich wieder beim LA LUNA-Libretto, singt im Teatro dell' Opera di Roma die *Troubadour*-Leonore (zu hören ist die Stimme von Gabriella Tucci). In der Garderobe nimmt sie selig die Komplimente entgegen. Überirdisch hat sie

La luna

das dreigestrichene Des gehalten, neun Takte lang. Die Dramatische Koloratursopranistin ist die Größte der Großen. Mit dem Des geht sie über alle anderen Sopranstimmen hinaus, die schon beim dreigestrichenen C Schluß machen. Caterina ist ganz sie selbst, ganz Operndiva. Nichts hält sich neben ihr, es sei denn der Kavalierbariton (und das ist Mario Tocci mit der Stimme Robert Merrills als Graf Luna) und der Jugendliche Heldentenor (Nicola Nicoloso mit der Stimme Franco Corellis als Manrico). Der Film zeigt die Szene im Garten des Palastes Sargasto, da Caterina-Leonore die Männer (ver-)tauscht. Unter einem großen gelben Kulissenmond eilt sie in der Dunkelheit erst in die Arme Lunas, wirft sich aber nach Erkennen ihres Irrtums sogleich an des wahren Troubadours Brust, als dieser den Garten betritt. Da kreuzen die Männer die Klingen. – Im Zuschauerraum sitzt Sohn Joe und schaut dem Treiben zu.

Eine Schlüsselszene. Denn Joe hat es mit zwei Vätern zu tun. Einen, den er für einen solchen hält: Douglas Winter (Fred

Gwynne), und einen, der ihm zum Schluß als ein solcher bezeichnet wird: eben Giuseppe vom Prolog. Die Identität des Wahren klärt sich erst im letzten Moment. Jetzt, im Augenblick, da Joe seine Mutter auf der Bühne sieht, wähnt er sich vaterlos. Der Film zeigt zuvor in einer kurzen New York-Sequenz (was ich unterschlagen hatte) den Tod Douglas Winters in Brooklyn Heights. Eine Woche Drehzeit in New York mit wenig Licht und kalten Farben, und dann ab nach Italien: Helligkeit und Orange, und fortan bricht das Licht gleich Scheinwerfern in die Interieurs ein: orientalisches Ambiente. Der Okzident/New York trieb zum Aufbruch. Heimat ade. Vom Baseball wird Joe noch lange in Italien sprechen. Die Palmen in Rom sind ihm die gleichen wie in Los Angeles: beide hatte er vorher nicht gesehen. Wie kommt er in Italien zurecht, dem Land der Sehnsucht seiner Mutter? Abenteuer hat er zu bestehen, in einer Serie von Nummern werden sie vorgeführt. Aber eine Abart von Bildungsroman wird daraus nicht: Joe's Charakter liegt wie der der anderen LA LUNA-Figuren fest. An den Schlingen des Wollknäuels ändert sich nichts. Der Tod der ersten Vater-Figur hat Joe und Caterina ein- und abgeschlossen. Bertolucci hat dafür in der New York-Sequenz ein *Bild* gefunden. Douglas Winter, vom Tod am Lenkrad ereilt, liegt im verschlossenen Wagen. Draußen pressen sich Mutter und Sohn an die Scheiben – versuchen, ins Innere zu kommen. Nach der Beerdigung, auf dem Friedhof, sitzen *sie* im Innern des Wagens. Jetzt sind es Pfarrer und Trauergemeinde, die ihre Nase an den Wagenscheiben reiben und mit seltsam verformten Gesichtern und Gesten die Kapsel aufzubrechen versuchen. (Der Konformist sitzt immer noch im Wald von Savoyen: IL CONFORMISTA, und Bertoluccis Ur-Bild dauert ein Jahrzehnt schon. Er befreit sich nicht davon. Warum und wieso nicht, das, eben, soll LA LUNA erforschen.) Caterina und Joe, die Eingekapselten, setzen sich nach Europa ab.

Joe, auf seine Mutter verwiesen, applaudiert ihr im Teatro dell' Opera di Roma. Aber er spürt, daß er sie nicht besitzt. Die Leonore scheint ihre wahre Identität zu sein, der Prospekt-Mond, der wahre Mond. Joe beschließt, (wieder) Schritte auf das Geheimnisvoll-Rätselhafte hin zu machen, quasi die andere Seite des Mondes zu erkunden. Die erdabgewandte Seite läßt sich so leicht nicht besehen, ein Gang in die

La luna

Kulissen ist Joe möglich. Er klemmt sein Skateboard unter den Arm und wandert während der Garten-Szene hinter der Bühne herum. Die Bühnenarbeiter drehen die sechs Walzen, deren Flitter den prächtigen Wasserfall simuliert. Das ist superrealistisch: echte Arbeiter, die echt arbeiten und nichts vom falschen Schein und Entlarvung des vorgetäuschten Fremden. Joe findet das Fremde im Fremden seiner Mutter bestätigt.

Fremde drängen sich in die Garderobe, und Joe ahnt, daß es eine Rolle ist, die Caterina für sie spielt. Edward (Peter Eyre) reist ihr nach, mit der Partitur in der Hand (die womöglich von Maria Callas signiert ist), und wenn Caterina singt – in der Maskenballszene am Schluß des Films –, sieht er nicht sie, sondern hört und guckt in die Partitur und wiegt selig den Kopf. »Schwule mögen mich«, sagt sie halb-eitel. Und Marina (Veronica Lazar) ist ihre Freundin. Caterina, in roten Strumpfhosen mit dem weißen Slip darüber, spreizt mit ihr gymnastisch die Beine; in der halb-lesbischen Duschszene läßt sie sich von ihr Trost zusprechen. Unterm fließenden Wasser: sie nackt, Marina bekleidet. Marina, den ungehemmten Tränenfluß zu hemmen, hält mit der Hand den Duschknopf zu: einer der vielen grotesken Einfälle, mit denen Bertolucci seinen Film durch-/zersetzt.

Mielodram – die groteske Wortbildung macht auch formalen Sinn. Ich fürchte, ich habe es bisher noch nicht plausibel gemacht, daß das LA LUNA-Melodram *Pläsier* macht, daß es bei allen Tränenstürzen und allem Herzeleide heiterer Stimmung ist und schicksalhaften Wiederholungszwängen zutrotz gedämpften Optimismus verbreitet. Das *Spiel* vergißt sich nicht und der Verdi nicht: die Musik, die immer wieder *hoffen* läßt. – Das Spiel: Bertolucci selbst mischt sich hinein – im Messer, das der Twistende auf den Schoß der Geliebten zückt; in der plattgedrückten Nase des Friedhofspfarrers am Prominentenwagen; in der angstvoll:erwartungsfrohen Hast, mit der der Teenager vorm ersten Kuß die Spange aus dem Mund nimmt; in der Kläglichkeit der Geste, mit der dem Opernhelden die Requisitenklampfe in die Wasserfall-Rollen gleitet; in der Fahrigkeit des ungeschickten Dekorateurs, der mit seiner Vorhangnummer die große Szene zwischen Mutter und Sohn schmeißt; im Flügel-Transport der stämmigen Möbelpacker, die die Diva zu Sottisen verleiten (»Nein, was ist der nur schön

La luna

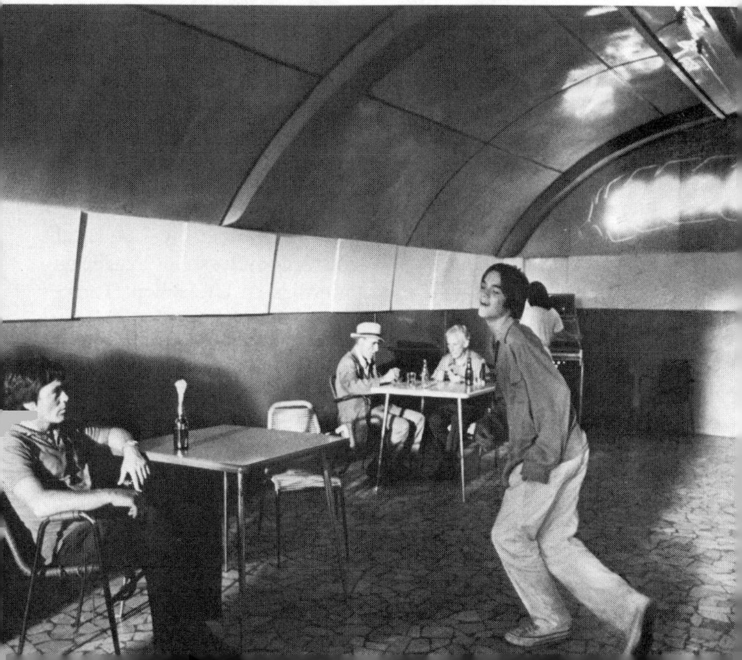

La luna

schwarz!«); im Schlagzeugsolo, das Joe im Gasthaus mit dem
Gedeck veranstaltet, um die Aufmerksamkeit der geliebten
Mutter zu erregen.

Und wieso ist das Bertolucci? Zunächst formal: weil er als
Regisseur die grotesken Entgleisungen zuläßt, ja sie provo-
ziert. Er behauptet, daß das Spiel seiner Akteure halb Fiktion,
halb Improvisation sei (»halb cinéma vérité«). Folgenderma-
ßen: Renato Salvatori, Mercedesfahrer und Kommunist,
nimmt in der Emilia Romagna Caterina mit, die ihren Wagen
losgeworden ist und wütend und schmutzig die Landstraße
bereits vom Kilometerstein 6 zum Kilometerstein 9 zurückge-
legt hat. Er versorgt sie mit den nötigsten Utensilien: Tempo-
taschentüchern, dem kleinen Alkoholfläschchen, der Zigarette
und – im selben Rhythmus – mit einem Foto, das ihn mit Fidel
Castro zusammen zeigt. »Sie sind Amerikanerin, ich bin Kommunist.« Salvatori erzählt, wie er zusammen mit Fidel geangelt
und den größeren Fisch gefangen hat: »Fidel war sehr eifer-

süchtig.« Und Caterina hat den Einfall, das Foto beguckend: »Solche Stiefel möcht' ich haben.«

Die Irritation ist groß. So, wie Renato Salvatori die Fidel-Geschichte erzählt, weiß man nicht, ob man sich über die small-talk-Erfindung erbosen oder beim Lachen bleiben soll. – Bertolucci offenbarte die Ambivalenz: die Erfindung ist eine vorgetäuschte fürs cinéma, in Wirklichkeit hat Renato Salvatori mit dem veritablen Fidel Castro im Boot gesessen, das Foto ist authentisch, und die ganze Geschichte ist von ihm eingebracht und improvisiert worden.

Pläsier, Spiel und Hoffnung: nicht nur Verdis große Musik schafft dafür den Freiraum; die kleinen Stücke Existenz, die Bertoluccis Akteure (und das sind und wurden alle seine Freunde, von ihm Geliebte, sagt er) einbringen, machen Platz für den Zuschauer, sich am LA LUNA-Melodram zu beteiligen, und das heißt: den Freiraum zu besetzen (was noch der Begründung bedarf). Aber zunächst, wieso Bertolucci sich im Grotesken inhaltlich einbringt:

Er stupst mit dem Zeigefinger ins Getriebe seiner Handlung. Sie wird verzögert, gestört, zu neuem Anlauf gebracht und dadurch erst richtig in Schwung versetzt. Die groteske Mercedes-Kommunisten-Frustration und das groteske Schlagzeug aus Tellern, leeren Flaschen, Schepperndem, Kullerndem, Fallendem zieht Mutter und Sohn ins Gästebett, Inzest zu treiben.

– Ich kehre zurück in die Theatergarderobe und zu den fremdartigen Besuchern, für die die liebe Mutter verschiedene sonderbare Rollen spielt. Joe, der dabei ist, eine Identität zu finden (Bertolucci war 13, als er Parma verließ und mit wenig Erfolg versuchte, in Rom heimisch zu werden), – Joe also wiederholt – keineswegs bewußt – der Mutter Rollenspiel, in der (vergeblichen) Hoffnung, eine Rolle für die Mutter zu spielen.

Joe probiert es aus: das Skateboard; den ersten Sexualakt mit Arianna (Elisabetta Campeti), dem Teenager-mit-der-Klammer-um-die-Zähne – im Dunkel des Kinos an der Piazza Cavour. Marilyn Monroe animiert das erste Unternehmen mit der »Want you kiss me«-Szene aus *Niagara Falls* (Henry Hathaway) auf der Leinwand. Die Fälle fallen, und dann, majestätisch-automatisch, öffnet sich das Kino-Schiebedach zur Nacht, und hereinkommt das erlöste Licht der *La luna*-Mon-

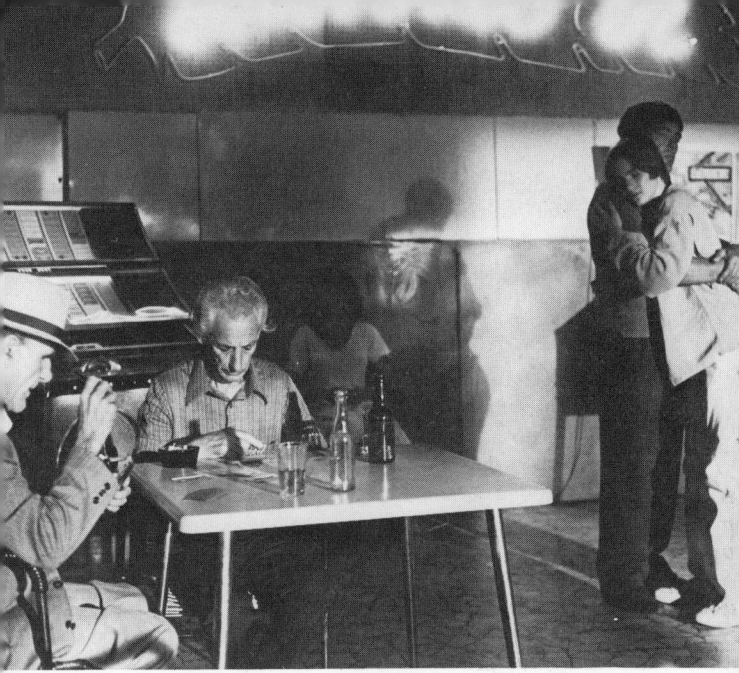

La luna

din. Die eigne Mutter folgt als drittes – zunächst in der Leono-
rengestalt unterm Prospektmond, und Joe probiert im Büh-
nenlicht die Welt aus, in der so viel geprobt wird.
Ja, und dann *folgt* die Geburtstags-*Nummer,* in der es zum
erstenmal deutlich wird, welch Gegensinn das Rollenspiel
macht. Mutter Caterina hat sich für Joes Geburtstagsparty
eine neue Rolle ausgedacht. Um endlich von den Opern-Fä-
chern und Soprano-Verdiano-Rollen wegzukommen und um
endlich-endlich ganz für ihren Sohn dazusein, versucht sie,
sich in einer Popperrolle den fünfzehnjährigen Identitäten an-
zunähern. Fremde Muster auf ihrem Gesicht: Schatten von
Pergolabalken und Weinlaub. Mit Sinneslust vortäuschender
Discorockgestik spielt sie einen imaginären Teenie und signa-
lisiert mit der überjungen Modewelle im Haar falsche Kumpa-
nei. Die jungen Männer, an denen sie herummacht, hätten
lieber slow mit ihr getanzt und am liebsten die Traviata von ihr
gehört. Sie aber giert hinter ihrem Sohn Joe her. Wer küßt ihn

205

so lang und süß? Doch ach, die Täuschung ist schlimm. Joe ist beim Fixen. Er läßt sich helfen beim Schuß. Der Simulationen ist kein Ende. Die Fixassistentin schaut auf – direkt in die Kamera, scheint es. Caterina aber ist es, die den Blick aufnimmt. Die Rolle ohnmächtiger Wut spielend, hebt sie die Hand, und dann: einmal, zweimal, dreimal mit voller Kraft haut sie zu, und Joe zuckt, als ob er die Schläge bekam. Aber die Hiebe galten nicht ihm, sondern der Spritze. Caterina zerschmettert sie an der Mauer.

Der Film hält es dann in der Nummernfolge genauer noch auseinander. Caterina probiert mit den wechselnden Rollen fremde Identitäten aus. Die Strafe folgt stets auf dem Fuß. Verläßt sie ihr zuhaus, die Opern-Rolle, so enden die Rollen des Teenagers, der liebenden Mutter, der liebenden Freundin, der Geliebten in diesem und jenem Sinne in der Katastrophe.

Anders Joe. Er probiert die Dinge ohne Anspruch aus, ohne Theorie, ohne Bewußtsein. Er bleibt bei sich und dies umso mehr, als Skateboard, Sexualverkehr, Droge und was dann noch kommt, einerlei werden: Dinge, die man in Beziehung untereinander und in Beziehung zu sich setzen kann. Joe stellt Querverbindungen her – vom Troubadourterzett zu Barry Gibb, Robin Gibb und Maurice Gibb, und ob er der Verdimusik applaudiert oder das Night Fever der Bee Gees tanzt: auch als Minitravolta noch ist er Joe und wird dies immer mehr. Joes Lust an den Dingen führt ihn zu seiner Identität zurück: zu der des Zweijährigen auf der Terrasse in Ostia. »Ein Film der Regression«, sagt Bertolucci. Stimmt. Aber eine Wahnsinnsregression, die die Welt (übertreiben wir nicht: Joes römische Welt) aufgesogen hat. Man muß sich das einfach vorstellen, locker und selbstverständlich gesagt/gezeigt: die Kamera guckt in Joes Mund. Ein Überzahn wächst irr und fremd im Gaumen hinter den Schneidezähnen raus. Joe: »Ich bin damit geboren. Ich will damit sterben.« Fertig. Man muß nur wissen, womit man geboren ist. Wenn überhaupt, dann stellen die Traversen, die der Film zwischen den Dingen (den Film-Nummern) nimmt, die Analyse dar. Womit ich, bittschön, plausibel machen möchte, warum mein Text vor der Nummernabfolge scheut und, dem Wiederholungszwang gehorchend, Richtwegen und Schleichpfaden folgt.

Die Querverbindungen: das sind Joes Selbstverständlichkeiten. Seine Mutter gerät dabei auf Umleitungen. Am ehesten

noch in der eigenen Wohnung. Das ist ein römischer Cinque-
centopalast mit Räumen rings um einen Hof. Die Kamera
(Storaro) nimmt darin sorgfältig verschlungene Wege, läßt
sich von Zeichen narren und gibt dann, in einer langen, ver-
zagten Einstellung das Verwirrspiel auf. Das Tageslicht bricht
in die Zimmerhöhlen: Caterina steht (auch hier) im Rampen-
licht. Doch verderben ihr Schatten den Effekt: Fensterkreuze,
Gardinenmuster, Ventilatorblätter. Ein weiter Horizont, Tin-
torettowolken tun sich auf, die Kamera aber ist zur Umleitung
genötigt: das Objektiv steht vor einer atmosphärisch bemalten
Zimmerwand. Dann wieder gerät das mißtrauisch gewordene
Auge an der dunklen Wand vor die lichterfüllte Ansicht eines
der typischen Innenhöfe, wie sie in den feineren Gegenden
Roms zu finden sind. Jetzt könnte die Kamera wahrhaftig in
die Ansicht hineinfahren, nämlich in den Mauerdurchbruch
neben dem Kamin. Wie zum Trotz beläßt sie es beim Zeigen;
als ob sie selbst das Zeichen vom Bezeichneten nicht mehr zu
unterscheiden wüßte.

In Caterinas Rund-um-den-Hof-Wohnung ist *Rigoletto* zu hö-
ren. Caterina gerät von der Mutter-Rolle in die der Gilda
(Maria Callas: tutte le feste al tempio). Die Stimmung ist je-
doch jäh dahin, wenn, spät, der Plattenspieler ins Bild kommt
und dann, schlimmer, in Nahaufnahme, die kleine geöffnete
Folie, die sich mitdreht und aus der das Restheroin rieselt.
Verdis Porträt ziert das Schlafgemach. Doch ist er es nicht, der
Caterinas Mutter-Rolle im Weg steht? Der Joe zum Drogen-
experiment Tür & Tor öffnet? – Caterina zieht den wahren
Vater in Betracht.

Joe hat inzwischen, in der Nähe des alten römischen Schlacht-
hofes, den Weg zu Hauswänden mit für ihn so exotischen In-
schriften wie »Autonomia operaria« gefunden. Er bleibt – wie
immer – bei sich und erzählt dem kleinen römischen Arbeiter-
kind von der Yankee-Baseball-Mannschaft und der Kündi-
gung des Managers Billy Martin. Eine Katastrophe! Und Joe
weint, das heißt Joe-Darsteller Matthew Barry weint. Dessen
Tränen waren echt (Bertolucci[41]). Im nächsten Moment schon
hält im »Sansibar«-Café Mario (Franco Citti) dem appetitli-
chen Joe das Eis: Joe ist in der Eisdiele von Rigoletto zu den
Bee Gees gekommen. Selbstverloren stellt er sich dar. Mario
verzehrt den Jungen mit schwulem Blick. Nicht nur die disparaten Musiken kamen zusammen: auch der Yankee mit dem

Römer; und *Accattone* (Hauptrolle: Franco Citti) mit *Saturday Night Fever* (Hauptrolle: John Travolta); und Pasolini (Regieassistenz in *Accattone*: Bernardo Bertolucci) mit Bernardo Bertolucci.[42]

Eng umschlungen, Wange an Wange, tanzen Mario und Joe zwischen den Tischen des »Sansibar«. Sentimental? Und ob! Aber eine Sentimentalität, die sich in allen Beziehungen äußert, die Joe (La luna, der Film, Bertolucci) zu den Dingen aufnimmt. Und das ist nur ein anderer Ausdruck für die Lust, mit der der Film sich allem annimmt, was in Joes Augen neu & fremd und gleich schon lockend & vertraut ist. Schön hat Bertolucci seinen LA LUNA-Film eingerichtet: da steht die Welt bereit, erfahren zu werden. Man braucht sich nur zu bedienen. Eine Rangordnung, eine Theorie ist weit und breit nicht in Sicht. Himmel und Hölle sind gleich nah. Joe ist überall, und er ist zwischen allen Stühlen. (Und der Film selbst steht irgendwo zwischen Erzählung und Erfahrung, zwischen Drama und melodramatischer Beschreibung.) Das Zwischen-den-Dingen-sein, damit nur kein Irrtum aufkommt – das ist der zersetzende anarchische Zustand (da haben wir das großartige Adjektiv; es kommt von Herzen). Denn: langweilig ist es, auf den Stühlen zu sitzen. Joe bleibt nicht im »Sansibar«, er wird auch nicht schwul, er wird überhaupt nichts, sondern befreundet sich mit Mustafa (Stephane Barat), der seinerseits jeglicher Moral enträt und drum alles zugleich ist, mehr als Engel und Teufel zusammen: seid nicht eins oder viele, seid Vielheiten!

Auf der Piazza Farnese fährt der schöne junge Mustafa übermütige Kreise mit der Vespa. Strahlend begrüßt er Joe. Caterina, die ihrem Sohn nachsteigt, notiert ein Bild unbeschwerter Jugend. Eine Täuschung, wie sich herausstellt, denn Mustafa ist (nicht nur Freund, sondern auch) Dealer ihres Sohnes. Und Joe ist süchtig. Drastisch führt der Film vor, wie ihm der Entzug erscheint.

In einer späteren ambivalenten Szene stößt Caterina wieder auf Mustafa – am Steuer ihres Mercedes. Ein Dieb? Der Freund des Sohnes? Der Dealer? Caterina folgt ihm in einen sinistren Vorort. Mustafa ist Herr der Lage. Caterina verteidigt sich, die Rolle der unglücklichen Mutter annehmend. Folkloreposter hängen an der Wand, dazwischen Fotos von onanierenden Weibern. Als Marokkaner tritt Mustafa auf, die

Dschellabah über den braunen Hintern ziehend. Den Pfeffer-minztee preist er in der Sprache der Werbespots an. Caterina treibt die Ambivalenzen auf die Spitze. Sie kauft Heroin für den süchtigen Sohn.

Schon vorher, in einer dämmrigen, schleierhaften Szene – so kurz, daß sie selbst Aufschrei, Notruf ist – umkreist Caterina das Haus am Meer in Ostia. »Giuseppe!« hallt ihr Schrei. Vom Mond beleuchtet, fern, tritt die Gestalt der Rätselfrau in die Tür: Giuseppes Mutter. Im Hintergrund der Monte Circeo. Im Aufruhr der diffusen, aber heftigen Gefühle schlüpft der Verdi-Sopran in den Mercedes und drückt die Hupe. Lang.

Dann wieder bricht das gleißende Tages-Rampenlicht fast ho-rizontal in die Wohnung, und die Kamera unternimmt Sturz-flüge ins Interieur. Überscharfe Schatten täuschen Flächiges, Falsches vor. Caterina mißdeutet die Schlaffheit des Sohnes. Animiert zieht sie ihm den sexy Slip vom Leib, und selbst, da sie die Drogensucht diagnostiziert, weiß sie die Rolle der lei-denden Mutter zu nutzen: sorgsam massiert sie ihm das Glied, während er, Baby, an ihren Brüsten saugt.

Ein Zwischenspiel unterbricht die Szene. Auf angemessene Weise: *La Traviata,* das Vorspiel zum dritten Akt, erhöht das Melodram. Concetta, die Hausgehilfin (Shara Di Nepi) redu-ziert es wieder aufs Burleske: mit komisch-irrer Akkuratesse wischt sie zum Orchester und Chor des Teatro alla Scala das inzestuöse Gemach auf.

Die nächste Tour zur unbekannten Seite des Mondes: Cate-rina, das Gefühl, *nie* mehr singen zu wollen, auskostend, fährt nach Parma zum Maestro, bei dem sie es lernte, *nur* noch singen zu wollen. Aber die Dinge, die sie beim Maestro Gian-carlo Calo (Rodolfo Lodi) antrifft, sind längst nicht mehr Dinge, sondern nur noch Täuschungen. Der greise Meister selbst, dem sie erzählt, nimmt sie – zumindest optisch – nicht wahr. Das Scheinwerferlicht, in das er sein Antlitz hebt, ist Sonnenlicht. Der Flügel, der sich unter der großen Decke ver-birgt, ist leeres Holzgerüst. Das *Così fan tutte* erklingt aus dem Tonbandgerät. Die hohe Greisenstimme fistelt er in die Nr. 10 der 6. Szene, ins Terzett. Und die Höhenlage macht es deut-lich, daß er selbst es ist, der simulierend Abschied nahm von seiner Welt und von der Schülerin Caterina. Denn der alte Lehrer und Philosoph erhebt im Tonbandterzett seine Stimme: den Charakterbaß des Don Alfonso. Zusammen mit dem dramatischen Koloratursopran der Fiordiligi und dem dramatischen Alt der Dorabella erteilt er den scheidenden Liebhabern Gugliemo und Ferrando den lyrischen Abschiedssegen:

Soave sia il vento	Weht sanft, ihr Winde,
Tranquilla sia l'onda	seid still, ihr Wellen,
ed ogni elemento	und alle Elemente
benigno risponda	zeigt euch ihnen
ai vostri desir.	immer wohlgesonnen.

Der Film verweilt jetzt in der Emilia Romagna, wird regional und heimatlich – für Caterina, die mit Joe übers Land fährt, auf den Spuren ihrer ersten Liebe. Beim Bahnhof von Mezzani di Rondini sind die Schranken unten. Grillen zirpen. »An dieser Stelle hat er mich zuerst geküßt: dein Vater.« – An dieser Stelle erst wird es für den Sohn (und den Zuschauer) explizit, daß der falsche Vater in New York starb und der richtige Italiener ist und daß Joes Existenz als American boy ein großer Irrtum ist.

Dramatischer Dreh- und Angelpunkt der Story? Die Autofahrt geht weiter. Sonst ändert sich nichts. Caterina versucht unermüdlich, aber mit eklatantem Mißerfolg, ihrem Sohn die Bedeutung aufzuschwatzen, die die Sachen für sie haben. »An dieser Schranke hat er mich.« »Hier haben wir immer frisches Brot gekauft.« »Von dieser Villa aus sah Verdi alles: den buckligen Bauer [*Rigoletto*], den Po [Nil, *Aida*].«

Ein zweites Bedeutungssystem offerieren die Bilder dem Bertolucci-Kenner. Der Bahnhof ähnelt dem aus der STRATEGIA DEL RAGNO (Tara ist nur wenige Kilometer entfernt). Caterinas Gang in den Palazzo Farnese wiederholt eine Einstellung aus PRIMA DELLA RIVOLUZIONE. – Die Villa Verdi verweist auf die Meldung in NOVECENTO vom Tode des Hausherrn. – Die frischen Brote werden auf dem ausführlich bekannten Gut des NOVECENTO gekauft. Und wer da den Parmaschinken ansticht und die köstliche Probe Joe unter die Nase hält, ist kein anderer als einer der Vatermörder, der in der STRATEGIA DEL RAGNO mit nämlicher Gestik den jungen Athos Magnani von Nachforschung und Aufklärung abzuhalten versucht und in NOVECENTO als Priester das gleiche retardierende Geschäft betreibt.

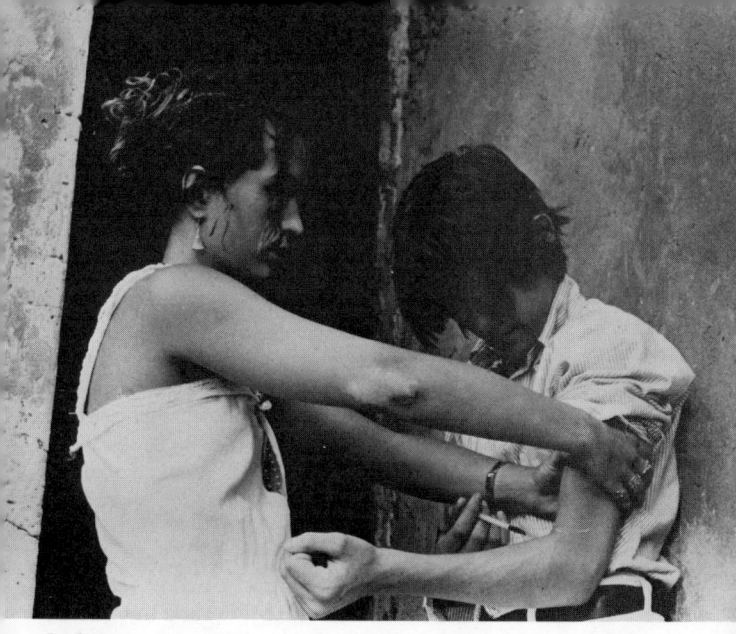

La luna

Joe sind dergleichen hermeneutische Künste schnuppe. Der Mutter sentimentales Verhältnis zu den Heimatobjekten bleibt ihm ebenso fremd wie das des Regisseurs Bertolucci zu den Drehorten. Schranken halten die Fahrt auf. Die Villa Verdi hat die Nr. 21. Aber Parmaschinken schmeckt, und verwöhnen läßt man sich gern.

Pure, unbegründete Lust auf etwas: das sagt sich am wenigsten gut in Worten. Das läßt sich aber äußern in Gefühlen, in Tönen – und in Bildern, wenn einer, wie Bertolucci, Lust am Film hat. Joe, am abgegessenen Tisch, hat seine große Schlagzeugszene. »Piccolo punk«, qualifiziert ihn seine Mutter halb entnervt, halb geil (ein fades »ein kleiner Verrückter« wird in der deutschen Synchronisation daraus). Dann auf den Wirtshausbetten läßt sie sich von ihm das Gesicht lecken, die Beine gespreizt, doch der blutschänderische Akt mißlingt. Nicht Lustobjekt war sie, sondern Schemen, ein etwas für ein anderes: die Rolle Phädras nimmt sie ein, Frau ist sie nicht mehr. Lug und Trug für Joe. In der himmlischen Heimat ist die Hölle los. Und das Geburtshaus, das eigene, hat sie eh nicht gefunden. Eine Heilige wird sie, dem Sohn den Inzest spielend, um ihm die Droge auszureden: der Wirt hat die Sequenz verdianisch eingeleitet. Er singt die Azucena vom Schluß des *Troubadour*: die Zigeunermutter berichtet Manrico-Joe, wie die Großmutter-Caterina zum Scheiterhaufen geführt wurde.

Rom, Ausfahrt Ostia. Joe mischt sich in eine Schulklasse. Letzter Tag vor den Ferien. Mit Kreide malt er einen Mond mit einem Auge zwischen den Augen. Man könnte auch sagen: zwei Mondgesichter kommen in einem Auge zur Deckung. Da ist es der Lehrer, der sein Vater Giuseppe ist. Joe arrangiert eine Täuschung. Seine Turnschuhe, die mit dem roten Streifen, zieht er aus, und in des Vaters Schuhe tritt er, die ihm passen. Sie führen nach Ostia, Haus 80 B. Jetzt ist es die geheimnisvoll-gütige Rätselfrau, die das Wollknäuel hinter sich herzerrt: auf dem Weg zum Klavier, um den großen Gefühlen angemessenen Ausdruck zu verleihen.

Dies ist die Macht des Schicksals, nämlich die Macht des Unbewußten, nach den Worten Bertoluccis[43], und er schmiedet es; mit seinen Plansequenzen und Motivverkettungen bekommt er es plan aufs Zelluloid. Darum ist LA LUNA auch kein psychoanalytischer Film. »Die Charaktere meines Films bedürfen keiner Interpretation, sie stehen fest umrissen da« (Bertolucci). Wir studieren daher den Film nicht, sondern erfahren mit Joe den Zwang der übermächt'gen Wiederholung: Joes Vater Giuseppe – er blieb verstrickt in inzestuösen Banden, Sohn und Liebhaber seiner Mutter, im Terrassenhaus von Ostia. Caterina zieht sich endgültig in ihr Rollenspiel zurück. In den Thermen von Caracalla verschwindet sie hinter der Maske. Hinter einem weißen Tuch verbirgt sich fortan ihr Gesicht, aber ihre (nun ja, tatsächlich ist es Martina Arroyos) Stimme hat sie wiedergefunden; sie transportiert obsessives Gefühl. In den Proben zum *Maskenball* findet LA LUNA das Finale. Neben Caterina-Amelia erhebt sich der Heldentenor Placido Domingos. Seine Rolle (die des Grafen Richard von Warwick zu Boston) zieht mühelos Joes amerikanische Heimat ins Spiel, aber das bleibt im Geografischen. In den gesichtslosen Maskenballstimmen gehen alle Gefühle und Existenzen ein, sie abstrahieren sich zu einem großen, weißen, runden, fernen Etwas, und schon fährt die Kamera hoch, zwischen die Caracalla-Türme, und holt am Firmament, zentral, symmetrisch, die größte aller Masken herbei.

La luna

Im soggetto di sentimento (dem »gefühlsbetonten Stoff« – so unsensibel wird die Übersetzung) wiederholt sich, was seit Phädras Zeiten einer Lösung sich entzog: sie selbst war's, die ein lasterhaftes Auge / auf ihren keuschen Sohn zu richten wagte (so übersetzte Schiller die Alexandriner Racines). Die großen Gefühle haben die Formen überdauert: Racine-Verdi-Bertolucci, doch »vergessen hab ich alles, was ich ihm sagen will, da ich ihn sehe«. Die Worte treten hinter den Ausdruck zurück: Bilder, Bildfolgen übernehmen die Regie. Bertolucci hat 3,5 bis 3,7 Millionen Hollywooddollar für LA LUNA bekommen, und er machte daraus einen Bilderfilm, der dem Muster der großen Oper folgt und mitnichten dem des Hollywoodfilms. Im Gegensatz zum NOVECENTO hat ihm die US-Produktion hier in den Film kaum dreingeredet. »Alan Ladd Jr. von der Fox hat eine einzige Änderung in die Schlußmontage des Films gebracht: er hat zwei kurze Sequenzen wieder reingenommen, die ich weggelassen hatte. Ich glaube, ich kann mich nicht beklagen« (Bertolucci[44]). Das ärgert freilich den, der an die narrativ-linearen plots gewöhnt ist und der sein eigenes emotionales Defizit nicht kennt und die Lust nicht, die man

213

La luna

haben kann am Kino und am Populären. Verdi-Aufführungen können in Italien noch Volksvergnügen sein. Die Verdi-Gefühle sind nicht Luxus: sie wecken Hoffnung noch in Tod & Verderben.

Das Muster der Verdi-Oper in LA LUNA: Ostia, die Prologsequenz, entspricht dem Vorspiel – programmatischer Art. Themen, Handlung, Erfahrungsbereiche und Gefühlsdimensionen des Films sind darin angelegt. Eine fließend ineinandergehende Nummernfolge schließt sich an. Die hochdramatisch ernsten Szenen werden durch spielerisch ablenkende Bilder kontrastiert. Gar der echte Verdi: Musik kommt hinein. Licht und Kamera kommentieren häufig mit selbständigen, charakterisierenden Gesten den dramatischen Ausdruck (was man in den Verdi-Opern vom Orchester sagen könnte). Und in diesen Kontrasten brechen Freiräume auf, in denen der Inszenator Bertolucci privat werden kann; in der Mitte *zwischen* Handlung und Erfahrung, Drama und Melodie kommt das Agens zur Geltung, das die vielfältigen Werte zersetzt: das anarchische Moment, das – man braucht Joe nur anzusehen – Lust macht und Mut. Sicher, der Film sitzt zwischen allen Stühlen; pures Melodram à la Sirk ist er nicht mehr, gepflegtes Epos bei weitem nicht, für die USA zu italienisch, für Italien zu amerikanisch, Problemfilm nicht, schieres Entertainment mitnichten, die Opernfans haben zu wenig Verdi, die Intellektuellen davon zu viel, Fortschritt bietet er nicht an, die Regression endet im Zersetzenden, Poesie nicht ganz und gar nicht Prosa. – Und doch ist er unbestreitbar vorhanden, praktische Werkzeugkiste (Foucault) – »Findet die Stellen [...], mit denen ihr etwas anfangen könnt«[45] – und zugleich ein Etwas zum Lieben: Bertolucci, nämlich weil er keinen *gewordenen* Film gemacht hat, sondern einen der *wird*. Keine weise Totalität repräsentiert den Film, sondern der geniale Tüftler, der's ausprobiert und also spricht: »Ich filme.«

La Tragedia di un uomo ridicolo. 1981

Ein neureicher Produzent von Parmesankäse und Parmaschinken wird Zeuge der Entführung seines Sohnes. Über zwei Betriebsangehörige bekommt er Kontakt zu den Entführern. Das Lösegeld, das nicht seins ist, möchte er allerdings lieber zur Sanierung des Betriebs verwenden. Überdies scheint es, als ob der Sohn mit den Erpressern gemeinsame Sache macht. – Die Geschichte entwickelt sich aus einem Schlaf und verläuft sich in einer Wunschvorstellung, die wahr und wirklich ist.

Neues passiert mit der »Tragödie eines lächerlichen Mannes«: Bertolucci macht einen Film über die Gegenwart und einen Film mit den Augen eines anderen: seines Hauptdarstellers Ugo Tognazzi. Dieser spielt die Rolle des sympathischen Neureichen Primo Spaggiari, welcher Arbeiter geblieben ist. Zum erstenmal also filmt Bertolucci nicht in der ersten, sondern in der dritten Person Einzahl. »Primo filmt« (Bertolucci). Das bringt Distanz zum Film und in den Film (den Stil, den Inhalt). Die emotionelle Temperatur ist gesunken (der Film ist weniger poetisch, weniger opernhaft); die Farben sind kälter, die Konturen klarer (neu: Carlo di Palma an der Kamera). Das Klima wechselt, das Wetter schwingt um: grad das, der Umbruch im Italien 1981 (und anderswo und bei uns), der noch

Die Tragödie
eines
lächerlichen Manne

keinen Namen hat und von dem man nur die *Bewegung* spürt –
das ist gleichzeitig der Gegenstand des Films.
Die Distanz, die Primo/Bertolucci zu den Dingen hält, macht
Bewegung möglich – zwischen Nacht- und Tagtraum, zwischen den Generationen, zwischen den Klassen, zwischen den
Liebenden. Dem Film ist eine Analyse des aktuellen Um-
bruchs möglich – eine realistische Analyse, nämlich eine emotionelle. Eine Erklärung, nämlich eine Bewältigung der Bewegung, erspart sich der Film. Er entgeht damit der Gefahr, daß
die – unbegriffene – Gegenwart sich ihm entzöge. Doch fehlt
es nicht an Wahrsprüchen. »Die Jugend um uns herum, das
sind Ungeheuer.« »Wir wissen nicht, ist ihre Stummheit eine
Bitte um Hilfe, oder wollen sie uns hinterrücks erschießen?«
Das sagt Primo gegen Ende des Films; Bertolucci verweist
darauf, daß das »natürlich nicht« seine eigene Ansicht über
die Jugend sei. Außerdem sind diese Sätze weder von Primo
noch von Bertolucci sondern von Pier Paolo Pasolini, der sie
im Corriere della Sera schrieb. – Die Differenzen bringen
Spiel in die Positionen; die werden dadurch nicht unverbind-

Die Tragödie
eines
lächerlichen Mannes

Ladd Company Film Durch Warner Bros. A Warner Communications Company im Verleih der Warner Columbia

lich. Im Gegenteil, sie gewinnen dadurch Gestalt. Für die Rezeption des Films in der Bundesrepublik fehlt es uns – leider –
an der Erfahrung, die der Leser des Corriere dèlla Sera machen konnte, wenn er – auf der ersten Seite, der »politischen«
– einen Text von Pasolini las, dem nicht nur eine Botschaft,
sondern vor allem eine *Gebärde* entnommen werden konnte.
Primo Spaggiari also »filmt« und beguckt sich die Provinz, die
Emilia, Italien, die Welt. Gleich in einer der Anfangssequen-
zen steht er auf dem Dach der Käsefabrik, ein Fernglas vor
den Augen, mit Kapitänsmütze und Signalrakete auf großer
Fahrt. »Ich segle, ich segle«: der Zustand der Trance. Der
Film guckt durchs Fernrohr, er sieht den Fluß, den Damm, das
Maisfeld, den tollen Hintern einer Landarbeiterin. Der Film
schaut seine Länge lang durch Fenster nach draußen. Primo
steht im Abort, durch den Fensterschlitz sieht er, weit hinten,
den blauen Apennin. Aus den Fenstern seines Hauses sieht
Primo Landschaft, schöne. Oben vom Turm guckt man hinunter in die Stadt, dann aber – rätselhaft – trifft der Blick nur
einsame Felder und Wiesen. Was man sieht, scheint gleichgül-

Die Tragödie
eines
lächerlichen Mannes

tig zu sein, Hauptsache man sieht und beugt den Nacken, wie
es geht, wenn man nicht nah genug am Fenster ist. Drum
kommen in diesem Film ungeheure Fensterstürze ins Bild,
mächtige Querbalken, die sich aufs Auge legen. Das Sehen ist
eine Tätigkeit, eine Anstrengung und ein Spaß dazu.
Die Ausschnitte und Horizontalen von oben – sie weisen dem
Blick die Richtung: vorzugsweise nach unten. So gucken Ver-
dächtige und so gucken die, die verdächtigen. Die Blicke wandern zwischen den Handelnden hin und her, sie schätzen ab
und versuchen zu erraten. Es wird wenig gesprochen in der
»Tragödie eines lächerlichen Mannes«. Sicherlich ist richtig,
daß Bertolucci keinen Film über den »Terrorismus in Italien«
gemacht hat. Aber der Terror steckt in den Sachen, die den
Blick einengen und freigeben, die Ausschnitte, deren Zufällig-
keit die Regie eines Unbekannten zu sein scheint. Der Terror
ist schon deswegen Alltägliches in Italien (und Frankreich und
England), weil die Sprache im *terrificato,* dem *terrifié* und dem
terrified den schlichtweg Erschrockenen meint; der alltägliche
Terror ist auch der des Alltags.

218

Die Tragödie
eines
lächerlichen Mannes

Die 6000 Schweine[46], die den Parmaschinken liefern, werden in Ställen gemästet, die in vielen Zeilen nebeneinanderliegen. Die Personen des Spiels, die so rätselhaft hintereinanderherirren wie in der STRATEGIA DEL RAGNO, sehen sich in den Ausschnitten, die die Luken in den Ställen freigeben, auf der anderen Seite des Stalles oder viele Zeilen dahinter. Ein Auftauchen und Verschwinden, eine Spielregel (ein Code), die unverständlich bleibt. Bertolucci hat ein Bild gefunden für die Vergeblichkeit, Ursache und Wirkung zusammenzubringen. Wem's gelänge, der hätte die anstehenden Probleme analysiert und gelöst; bloß würde die Arbeit denen nichts nützen, die einen Ausdruck dafür suchen, daß ihnen die Kausalketten keine Sicherheit mehr gewähren, keinen Nutzen mehr und keine Herrschaft.

Der Blick mit den Augen Primos hat etwas Tröstliches in einer Welt, die der Vernunft sich zu entziehen scheint. Wir teilen diesen Blick und sind nicht mehr allein – aber auch nicht mehr Alleinherrscher, wie in den früheren Filmen Bertoluccis. Wir sehen die Welt mit den Augen eines, der aufrichtig in seiner

Art ist, aber auch Verräter im Privaten und verdächtig in den Augen der Jugend. Wir senken die Augen wie er, der reich ist (und bankrott) und einen (gefälschten) Pisarro im Parmesan-Schloß hängen hat (und einen echten Ligabue) – der sich schuldig fühlt gegenüber dem Sohn, den Sympathisanten, gar Terroristen, und der gleichzeitig bereit ist, den Sohn zu verraten, wenn es um den Betrieb geht.

Die Moral ist den Augen dieses Films ausdrücklich abhandengekommen. »Die Aufrichtigkeit zählt, die Moral, wenn überhaupt, kommt später« (Primo im Film). Daher repräsentiert er nicht ein anderes, eine Einheit, eine Theorie. Primo, der neureiche Unternehmer, ist Partisan gewesen und Arbeiter, ein Enkel des Olmo aus NOVECENTO (Bertolucci). Der Arbeiter Adelfo (Victor Cavallo) ist kein klassischer: ein Theologiestudent, ein Priester, der nicht praktiziert, nicht einmal ein Arbeiterpriester. Die Arbeiterin Laura (Laura Morante) hat eine Ausbildung als kaufmännische Angestellte; sie hält die Klassenschranken nicht ein und sympathisiert zumindest erotisch mit dem Unternehmer Primo. Dessen Sohn Giovanni (Riki Tognazzi) ist zugleich Entführer, oder scheint es doch zu sein. Die Ehefrau des Primo, Barbara (Anouk Aimée) aus Cherbourg, ist die einzige, die zur Pistole greift und schießt – auf ihren Mann. Die Rätsel lösen sich nicht. Schon ist das Interesse erloschen, das man beim Thriller – und so scheint der Film anzufangen – an der Auflösung der story hat.

Dic Frage nach dem Täter entzieht sich ebenso der Beantwortung wie die Frage danach, wohin die Gesellschaft in Italien sich entwickelt – wie die Frage nach der Moral, der Theorie, dem Dogma oder sonst nach einem Zentrum, das heute gilt. Was der »Tragödie eines lächerlichen Mannes« zu entnehmen ist, das ist die vielleicht pessimistische, jedenfalls aber aufrichtige Beobachtung Primo/Bertoluccis, »daß die Logik sich in Luft aufgelöst hat. Die Beziehung Ursache-Wirkung gibt's nicht mehr«.[47] Das macht im Stil des Films die für Bertolucci neue Funktion des *Schnitts* deutlich. Immer wenn etwas sich entwickeln möchte, was Ursache sein könnte oder die Wirkung einer solchen, macht ein Schnitt dem Aha-Erlebnis des mitdenkenden Zuschauers vorzeitig den Garaus. Die Kamera ist nicht mehr, wie in den früheren Filmen, auf ihren komplizierten Umrundungs-, Einkreisungs- und Erforschungsfahrten. In der TRAGEDIA werden Bewegungen, die sich vor der

La Tragedia di un uomo ridicolo

Kamera, nämlich vor Primos Augen, inszenieren, geschnitten. Barbara, Primos Frau, geht noch einmal in den Kastanienkeller zurück und stellt den Geldkoffer – man sieht ihn angeschnitten im einfallenden Licht – ein weniges an die Wand zurück. Ich schätze: zehn Zentimeter. Was bedeutet diese Korrektur? Sie schießt (versehentlich?) auf ihren Mann, der Schuß durchlöchert den Koffer. Wie reagiert Primo, der doch grad erst mit dem Leben davonkam? Die Kamera registriert ein leichtes Stutzen, weiter nichts, dann – Schnitt – geht die Handlung, eine andere Handlung, weiter. Aber die Sequenz selbst bricht ab. Irgendwo auf dem Weg zur Bedeutung löst sie sich in Luft auf. »Ich habe immer im Augenblick des Orgasmus geschnitten. Ein Schnitt ist wie ein Interruptus« (Bertolucci).[48]

Wenn Vernunft und kausales Denken zu fruchtbarem Ergebnis nicht führt, dann hat Bertolucci schon früh zu Mitteln der Liebestechnik gegriffen. Explizit hat er dies zur STRATEGIA DEL RAGNO gesagt, das heißt zur Zeugungstechnik der männlichen Spinne, die der Methode der Tara-Exploration Vorbild war. In der TRAGEDIA DI UN UOMO RIDICOLO erweist sich diese – sagen wir allgemeiner: biologische – Methode als sehr geeig-

La Tragedia di un uomo ridicolo

net, bei allen punktuellen Frustrationen im einzelnen, die
Neugier an den Figuren und an den rätselhaften und sprachlo-
sen Motiven, die sie bewegen, wachzuhalten, ja zu verstärken,
so daß am Ende des Films die emotionelle Beteiligung und die
Lust, den Personen des Films nahezukommen, ihren Höhepunkt erreicht hat und durch den Schluß – vielleicht – die
höchste Frustration erfährt.
Damit beschreibt Bertolucci freilich nicht mehr als einen Zustand, der sich in der regionalen und nationalen Gegenwart
Italiens (und so fort) wiederfindet. Was er als das Rätselhafte,
Geheimnisvolle, Unstimmige und Unerklärbare seiner aktuellen italienischen Situation beschreibt – die Sprachlosigkeit einer Gegenwart, die nach unbekannten Codes funktioniert –,
das hat er in der TRAGEDIA wiederum auf eher biologische
Manier zum Ausdruck gebracht: im Abstand der Generationen. Auf den Gesichtern der jungen Laura und des Adelfo
spiegelt sich Sprachlosigkeit und Rätselhaftigkeit, Geheimnis
und Attraktion.

La Tragedia di un uomo ridicolo

Das Unbekannte in ihnen, an ihnen, auf ihren unergründlichen Gesichtern hat ihn »auf Anhieb fasziniert aber auch eingeschüchtert«.[49] Das hätte Primo im Film über Laura und Adelfo sagen können, tatsächlich hat Bertolucci diese Formulierung (»affascinato e anche un po' terrificato«) in einem Interview gebraucht.

Bertolucci nähert sich dem, was die ambivalenten Gefühle auslöst, werbend. Die Attraktion überwiegt. Was für ein Glück, wenn die Magd sich von ihrer Freundin die richtigen Rock'n'roll-Schritte beibringen läßt. Da kann Primo/Bertolucci eingreifen. Wenn »Rock'n'roll is good for the Soul« aus dem Transistor kommt, dann wartet er nicht mehr, bis ihm die Durchreiche den Blick in die Küche freigibt: er verläßt die Schau-Perspektive, und, unbelastet vom Fenstersturz, der sonst das obere Drittel des Bildes füllt, sieht man ihn selbst in Bewegung – zur Musik der Bobbers. Und die Brüste der jungen Laura, so verschlossen sie guckt, die kriegt er in die Hand; da schadet die Sprachlosigkeit nicht.

Die Werbung um die Schauspieler war in der TRAGEDIA DI UN UOMO RIDICOLO Inszenierungsmethode. Ugo Tognazzi, alter Profi: »Bertolucci liebt seine Schauspieler; er benutzt sie nicht wie Objekte wie viele andere seiner Kollegen. So viel Zusammenarbeit zwischen Regisseur und Schauspieler hätte ich nicht für möglich gehalten. Vor jeder Szene will er wissen, was man darüber denkt; wir alle reden miteinander und tauschen Ideen aus. [...] Das Drehbuch ist [daher] nicht sakrosankt; es ändert sich täglich. Es ist ein herrliches Arbeiten.« Anouk Aimée: »Ich mag Bertoluccis Art sehr. Er arbeitet unorthodox und realistisch. Er ist so an einem Schauspieler interessiert, daß er manchmal Szenen und Dialoge total ändert.«

Bertolucci, er ist 40, sieht sich, werbend, auch im Gegenstand seiner Werbung. Er meint, er stehe in der Mitte der Beziehung zwischen den Eltern (Primo, Barbara) und der Jugend (Giovanni, Laura, Adelfo). Identifizieren will er sich mit keinem. Das macht den Reiz und die Bewegung dieses Films aus, die Ambivalenzen und die Emotionen. Bertolucci identifiziert sich zum Beispiel nicht mit dem Titel des Films. Eine Tragödie bekommen wir nicht zu sehen und einen lächerlichen Mann auch nicht, allenfalls macht der Film wiederholte Schritte in die eine oder andere Richtung. Der Titel weckt die erste Emotion, die vom Film nicht eingelöst wird. Der Film selbst ist die unstimmige Antwort, der frustrierende *Schnitt,* der die Erwartung ins Leere laufen läßt. Der Titel betrifft genaugenommen nicht den Film, sondern ist Erzählfutter und narrative Zutat in einem (»fa parte del film come materiale narrativo«[50]); er beschreibt die Pole, zwischen denen sich die Generationen und mit ihnen die Kräfte der gegenwärtigen Gesellschaften bewegen, nach unbekannten Gesetzen.

Diese unbekannten Gesetze sind sicherlich nicht die Gesetze des Terrorismus, über die weiß man nur zu gut Bescheid, sie »stammen aus den klassischen revolutionären Modellen« (Giorgio Bellini).[51] »In diesem Sinne ist er [der Terrorismus] die andere Seite der Medaille Staat und dessen Spiegelbild.« Auf die Frage nach den Entführern und Erpressern, den »Terroristen«, die der Film gleichwohl zu stellen scheint, gibt es keine Antwort. Es wäre auch nur die bekannteste Antwort gewesen. Ein Thriller entwickelt sich aus der Entführungssequenz nicht. Auch das ist eine punktuelle Frustration; aber diese intensiviert nur die Werbung, die Hinwendung zum

Rätselhaften, das in den akademischen Jungarbeitern verkörpert ist. Der Film kommt dem sehr nah, hautnah, wo die Bewegung lebt. »Sie steht solchen Dingen – Legalität, Demokratie, Rechtsstaat – eher fremd als feindlich gegenüber. [...] Die alten Revolutionsmodelle sind ihr fremd. – Die autonome Bewegung bestimmt und erklärt sich nur in ihren materiellen und kulturellen Bedürfnissen. Diese Bedürfnisse sind ihre *Strategie*« (Giorgio Bellini).

Die *Gewalt* ist für diese nicht mehr klassisch-revolutionäre Jugend lediglich ein *taktisches* Motiv. Laura und Adelfo kön-

225

nen sich vorstellen, mit dem Unternehmer Primo zusammen-
zuarbeiten: dieser als Präsident einer Genossenschaft, die den
Arbeitern gehört.[52] Fließt das Lösegeld in diese Richtung?
Der Film läßt es offen. Zwei Milliarden Lire sollte das Lösegeld betragen. Das sind genau die veranschlagten Produk-
tionskosten des Films (tatsächlich wurden es Zweieinhalb).
Der Film selbst also ist die Sprachlosigkeit, Rätselhaftigkeit,
das Fremde, die Attraktion und ein bißchen die Einschüchterung dessen, was zu beschreiben, er vorgibt. Das ist voll subti-
ler Bezüge, artistischer Raffinesse und unauffälligen Vernet-
zungen mit dem Gesamtwerk. Gleichzeitig aber scheint der
Film, zumindest während der ersten Sequenzen, wie ein eindi-
mensionaler (monokausaler) Spielfilm der narrativen Art sich
zu entwickeln. Dazu trägt die attraktiv-populäre Musik Morricones bei, die vor Beginn der Dreharbeiten fertig komponiert
war und die Bertolucci während der Arbeit laufen ließ. Die
Mazurka von Migliavacca wird das Thema des lächerlichen
Mannes; ein wenig Debussy soll das Thema der Unterneh-
mersgattin aus Cherbourg sein.[53]
Daneben und zunehmend an Stelle der scheinbaren Primär-
handlung vernetzen sich die Beziehungen. Der Arbeiter, der
den Baum absägt, schnitt sich in NOVECENTO eins seiner großen
Ohren ab. Den Flußdamm, auf dem in der TRAGEDIA DI UN
UOMO RIDICOLO die Entführung inszeniert wird, erkennen die
Zuschauer des NOVECENTO als denjenigen, auf dem der Widerstand der Landarbeiterinnen gegen die berittenen Gendarmen
ganz unambivalente und todernste Herzenssache war. Die Ka-
pitänsutensilien in der Sequenz, in der Primo der Entführung
seines Sohnes zuschaut, machen einen neuen Sinn, wenn man
des damals schon rätselhaften und betörenden Auftretens des
weißen Matrosen in Tara gedenkt (STRATEGIA DEL RAGNO). Der
Matrose ist elf Jahre später avanciert, und er ist nicht mehr
jung, er könnte selbst Vater sein und ein Schiff lenken oder
einen Knaben. Denn die Verhältnisse haben sich seit der STRA-
TEGIA umgekehrt. Dort war jemand auf der Suche nach seinem
– sehr rätselhaften – Vater, der Partisan und ein Verräter war.
In der TRAGEDIA sucht Primo, der Vater, die sehr rätselhaften
Beweggründe seines Sohnes zu entdecken, der ihn zu betrügen
scheint.
In der Wohnung des Adelfo sieht Primo an der Wand die Serie
aus dem Fotoautomaten mit den Männern, die sich küssen.

Das sieht nach Steckbriefen aus. Vater Primo beläßt es dabei,
daß sein Sohn Giovanni und Adelfo »wirklich« Freunde sind.
Vom schwulen Thema will er nichts wissen. Der Film schließt
insgesamt mit dem Spruch: »Das Rätsel zu lösen – ich ziehe
vor, es nicht zu wissen«. Trotzdem oder deswegen fühlt Primo
sich schuldig gegenüber seinem Sohn, der vielleicht den Terroristen nur spielt, und Primo fühlt sich in Schuld gegenüber
seiner Frau, der Französin, die auf ihn schießt. Gleichzeitig
geht es ihm wie dem vatersuchenden Sohn in Tara nur um sich
selbst, das heißt im letzten Fall um die Produktion von Par-

227

La Tragedia di un uomo ridicolo

mesan und Parmaschinken, in die er seine Existenz gesteckt hat. Vor dieser Frage relativieren sich die anstehenden Familienprobleme: sie werden taktisches Kalkül.

Für Bertolucci, der seine Existenz in seine Filme steckt, ist auch die Verwendung der mannigfaltigen Stilmittel der TRAGEDIA DI UN UOMO RIDICOLO taktisches Kalkül. Primo, der im Film ausführlich zu Wort kommt, ja eigentlich den Film macht – er kommt, die Dialogsätze verdoppelnd, auch ausführlich im off zu Wort (Kommentare im Ich-Stil).[54] Irgendwann im Film ändert sich die Erzählzeit vom Präsenz in den Imperfekt. Damit geht die Geschichte auf größere Distanz. Primo lädt sich größere Verantwortung für das verantwortungslose Geschehen auf. Bertolucci täuscht die Erwartung, der Film beschäftige sich ernsthaft mit der Realität Italiens (»Sarei stato disonesto nei confronti della realtà italiana«[55]). Primo repräsentiert nicht ein Anderes, schon gar nicht eine Realität, wohl aber sich selbst: *seine* Bedürfnisse und Erwartungen. Das Vertrauen ins Plausible, ins Verweilen des Momentanen wird abermals frustriert. »Das Transitorische des Augenblicks verlangt eher eine Kunst des mehrfachen Blicks, des Perspektivenwechsels, der assoziativen Verknüpfung« (Wolfram Schütte[56]). Wer zuschaut, fühlt sich nachdrücklich aufgefordert zu reagieren: auf die Verdoppelungen, die Brüche, die Ungereimtheiten, die Kunst der Vernetzung. Bertolucci führt dies mit dem Film selbst vor. Die TRAGEDIA DI UN UOMO RIDICOLO macht es mitfühlbar, daß er – meisterhaft und taktisch – auf die Schwankungen des Klimas, auf die Unbilden des alltäglichen Wetters zu reagieren versteht. Sein Film übers politisch-private Klima Italiens 1981 kommt dem noch Fremden

La Tragedia di un uomo ridicolo

denkbar nah, weil er im Vorfeld von Sprache und Theorie steht und diesen den Weg bahnt – weil er begeistert: er wirbt für die *Bewegung.* Eines Tages, vielleicht, findet auch die Sprache sich wieder. Bis dahin bleibt es in der Differenz von tragisch und lächerlich: im Lustbereich von Faszination und Einschüchterung.

 1 Wiedergegeben in: Casetti, Bertolucci, Firenze 1975, S. 33
 2 Joseph Gelmis, The Film Director as Superstar, London 1971, S. 113
 3 abgedruckt in: Filmcritica Nr. 161, Oktober 1965, S. 508 ff.
 4 Longanesi, Mailand 1962
 5 in: Casetti, a. a. O., S. 34
 6 Filmkritik 6/66-334
 7 Pier Paolo Pasolini, Hanser Reihe Film 12, S. 69
 8 Im Gespräch mit Gideon Bachmann, film 66, S. 46
 9 Christian Metz, Welche Sprache spricht der Film?, film 66, S. 54
10 Cahiers du Cinéma Nr. 164, März 1965, S. 32
11 Metz, a. a. O., S. 53
12 Peter W. Jansen, Filmkritik 7/68-504
13 Bertolucci, Cinema and Life, in: films and filming, Vol. 24, Nr. 9, Juni 1978, S. 12
14 Filmkritik 6/64-323
15 Nr. 186, S. 17
16 Casetti, a. a. O., S. 11
17 Bertolucci, in: Cinema & film, Nr. 7-8, Winter-Frühjahr 1969, S. 26/27
18 Bertolucci, in: Casetti, a. a. O., S. 12/13 und 45/46
19 Karsten Witte, der Gelegenheit hatte, den Film zu sehen
20 Nr. 197, Oktober 1967
21 Fk 2/70-87 ff.
22 »the imperialistic part of film-making« (Bertolucci, Cinema and Life, in: films and filming, Vol. 24, Nr. 9, Juni 1978, S. 15)
23 Cinema & film, Nr. 7-8, Winter-Frühjahr 1969, S. 26
24 Michel Foucault, La pensée du dehors, Critique Nr. 229, deutsch: Das Denken des Außen, in: Von der Subversion des Wissens, Reihe Hanser 150, S. 76 f., 80
25 Filmkritik 3/71-143
26 Nachforschungen von Karsten Witte haben ergeben, daß einer der drei Filme mit Dorothy Malone aus dem Jahr 1956 in Frage kommt: *Pillars of the Sky, Written on the Wind* oder *Tarnished Angels*
27 Positif Nr. 148, S. 34/35
28 Bertolucci, in: Casetti, a. a. O., S. 6
29 movie Nr. 23, S. 3
30 Confederazione Generale Italiana del Lavoro (kommunistisch beeinflußte antifaschistische Gewerkschaft)
31 Bertolucci, in: Positif Nr. 148, März 1973, S. 37; vgl. auch Casetti, a. a. O., S. 13
32 Corps Républicain de Sécurité (kasernierte Sicherheitspolizei)
33 Foucault, Das Denken des Außen, in: Von der Subversion des Wissens, Reihe Hanser 150, 1974, S. 63/64

Bernardo und Attilio Bertolucci,
aufgenommen von Fulvia Pedroni Farassino

34 Positif Nr. 148, März 1973, S. 32
35 filmfaust, april/mai 77, S. 58
36 Amelio machte einen eigenen Film über Bertoluccis Dreharbeiten zu NOVE-
    CENTO : *Bertolucci secondo il cinema* (1975)
37 Gianni Amelio, Jeune Cinéma, Nr. 95, Mai/Juni 1976, S. 26
38 in Europa; 4 Stunden 10 Minuten in den USA – als Kompromiß eines 1 Jahr
    langen Streites mit Paramount. Konzipiert war NOVECENTO als Fernsehserie
    von noch längerer Dauer, abdeckend auch die beiden Jahrzehnte nach 1945
    (Bertolucci, Dialogue on Film, in: American Film, Bd. 5 Nr. 4, Januar/Fe-
    bruar 1980, S. 39)
39 Übersicht: Gili, Ecran, Nr. 84, Oktober 1979, S. 42f.
40 Bertolucci at the N. F. T., in: bfi News, no. 42, März 1980
41 Bertolucci, positif Nr. 224, November 1979, S. 34
42 Vergl. Interview S. 67ff.
43 Bertolucci im Gespräch mit Gosetti, écran Nr. 84, Oktober 1979, S. 47
44 Bertolucci im Gespräch mit Gosetti, a. a. O., S. 49
45 Deleuze/Guattari, Rhizom, Berlin (Merve) 1977, S. 40
46 Die Losung »Die Schweine von heute sind die Schinken von morgen« (I
    porchi d'oggi sono i prosciutti di domani) ist der politischen Linken geläufig
47 Bertolucci, La tragedia di un uomo ridicolo, filmcritica Nr. 316, August
    1981, S. 349
48 Bertolucci im Interview von Karsten Witte, Die Zeit, 13. November 1981,
    S. 39

49 Bertolucci, filmcritica Nr. 316, August 1981, S. 346
50 Bertolucci, filmcritica Nr. 316, August 1981, S. 348
51 Giorgio Bellini, Terrorismus und Bewegung, Die Tageszeitung 10. 11. 1981,
   S. 9
52 In der Synchronisation werden die Arbeiter der Genossenschaft auf deutsch
   zu »Syndikatskameraden«, als ob sie zu den Faschisten gehören. Richtig:
   Gewerkschaftskollegen
53 Karsten Witte hörte einen Salonverschnitt der Barcarole aus Hoffmanns
   Erzählungen
54 Auf den Festspielen 1981 in Cannes lief der Film noch ohne off-Kommentar
55 Bertolucci, filmcritica, August 1981, S. 347
56 Wolfram Schütte, Bewegungen über dem Bodenlosen, Frankfurter Rundschau 10. 11. 1981, S. 9

Daten

Von Hans Helmut Prinzler

Biografie

Bernardo Bertolucci
geboren am 16. März 1941 in Bachanelli bei Parma
Vater: Attilio Bertolucci, Schriftsteller und Kritiker
Mutter: Ninetta Giovanardi
Wenn Bernardo Bertolucci von seiner Kindheit erzählt, betont er gern, daß er – als Sohn eines Schriftstellers, der auch Filmkritiken für eine Parmeser Lokalzeitung verfaßte – schon in jungen Jahren und oft mehrmals am Tag ins Kino mitgenommen wurde. Sein Berufswunsch sei schon als Kind Filmregisseur gewesen. Bis zu seinem elften Lebensjahr besucht Bernardo Bertolucci eine Landschule in der Nähe von Parma. 1952 zieht die Familie nach Rom. Bernardo geht auf ein Gymnasium, lernt durch seinen Vater Künstler und Schriftsteller kennen, so auch Pier Paolo Pasolini. Im Sommer 1956 dreht er in Casarola einen ersten Amateurfilm in 16 mm (stumm): LA TELEFÈRICA (Die Seilbahn), im darauffolgenden Winter einen zweiten, unvollendeten Film, ebenfalls in 16 mm (stumm), LA MORTE DEL MAIALE (Der Tod der Sau), die Beobachtung einer Hausschlachtung. Nach dem Abitur beginnt Bertolucci ein Literaturstudium, das er aber schnell abbricht. Im Sommer 1960 bittet ihn Pasolini, der mit Bernardos Vater Attilio befreundet ist, um die Mitarbeit an dem Projekt *Accattone,* das zunächst Federico Fellini produzieren will, dann aber im Frühjahr 1961 für Alfredo Bini realisiert wird. Bertolucci fungiert als erster Regieassistent und kümmert sich dabei vor allem um die Arbeit mit den Laienschauspielern. Schon damals existierte das Treatment *La comare secca* von Pier Paolo Pasolini. Nach der Zusammenarbeit an *Accattone* schenkt Pasolini Bertolucci dieses Treatment. Gemeinsam mit Pasolinis Freund Sergio Citti verarbeitet Bertolucci den Text zu einem Drehbuch. Im April 1962 dreht er den Film, die Uraufführung findet schon im August bei den Filmfestspielen in Venedig statt.
Im Sommer 1962 erscheint eine Gedichtsammlung von Bernardo Bertolucci im Mailänder Verlag Longanesi: *In cerca del mistero* (Auf der Suche nach dem Geheimnis). Das Büchlein ist »Adriana A.« gewidmet – der Schauspielerin Adriana Asti, die Bertolucci bei der Zusammenarbeit mit Pasolini kennengelernt hatte (sie ist auch die Hauptdarstellerin in seinem zweiten Spielfilm). Die Gedichte werden mit dem Premio Viareggio als bestes Erstlingswerk ausgezeichnet.

LA COMMARE SECCA, produziert für umgerechnet rund 90000 Dollar, ist kommerziell kein Erfolg. Erst im Herbst 1963 kann Bertolucci seinen zweiten Spielfilm realisieren: PRIMA DELLA RIVOLUZIONE, der rund 300000 Dollar kostet und ebenfalls das Geld nicht einspielt. Die Uraufführung findet in Cannes innerhalb der Semaine de la critique statt, der Film wird 1967 in Nantes für den Max-Ophüls-Preis vorgeschlagen. Als die dortige Stadtverwaltung sich weigert, die Juryentscheidung zu vollziehen, kommt es zum Eklat und der Preis wird nicht vergeben.

Erst im Frühjahr 1968 kann Bertolucci seinen dritten Spielfilm drehen: PARTNER. Bis dahin verfolgt er verschiedene Projekte, die sich nicht realisieren lassen. »Natura e Contranatura« (vorgesehene Darsteller: Lou Castel, Allen Midgette, Jean-Pierre Léaud) findet so wenig wie »Infinito futuro« einen Produzenten. Auch der Plan, mit Adriana Asti einen Film über ein Theaterthema zu machen, scheitert. 1965 schreibt Bertolucci zusammen mit Bruno Baratti und Gianni Puccini das Drehbuch zu »Ballata da un miliardo«, das 1966 von Puccini verfilmt wird, 1966 entwirft Bertolucci zusammen mit Dario Argento und Sergio Leone ein Treatment mit dem Titel »Ricordati di Abilene«, das 1968 zur Grundlage für Leones Film *C'era una volta il West* (Spiel mir das Lied vom Tod) wird. 1965/66 dreht Bertolucci einen dreiteiligen Dokumentarfilm LA VIA DEL PETROLIO im Auftrag der Firma AGIP für das italienische Fernsehen RAI-TV und einen (unvollendeten) Kurzfilm, IL CANALE, während der Arbeit an LA VIA DEL PETROLIO, sowie im Sommer 1967 die Episode AGONIA mit Julian Beck und der Truppe des Living Theater für den Film *Amore e rabbia* (Arbeitstitel: »Vangelo '70«).

Nach PARTNER, der im September 1968 in Venedig uraufgeführt wird, entstehen zwei Filme unmittelbar hintereinander: im Herbst 1969 STRATEGIA DEL RAGNO für RAI-TV, uraufgeführt im August 1970 in Venedig, und im Winter 1969/70 IL CONFORMISTA, uraufgeführt im Juli 1970 bei den Berliner Filmfestspielen. Als Co-Autor und Berater fungiert Bertolucci bei dem Film *L'inchiesta* (1971, Regie: Gianni Amico).

Inzwischen ist Bertolucci Mitglied der Kommunistischen Partei Italiens und realisiert 1971 den Wahlkampffilm LA SALUTE È MALATA für die Kommunalwahlen in Rom, ein Dokument über das Gesundheitswesen der Stadt. Im Frühjahr 1972 entsteht der Film, der Bertolucci in die Schlagzeilen bringt: LAST TANGO IN PARIS/L'ULTIMO TANGO A PARIGI mit Marlon Brando und Maria Schneider, uraufgeführt in New York und anschließend ein Streitobjekt der Kritik wie der Rechtssprechung. In Italien wird der Film für obszön erklärt, eine Entscheidung, die in mehreren Instanzen überprüft und schließlich vom Obersten Gerichtshof 1976 endgültig bestätigt wird. Auf Beschluß des damaligen italienischen Justizministers Reale sind drei Kopien des Films dem nationalen Filmarchiv zur Aufbewahrung übergeben worden, alle anderen wurden vernichtet.

Nach langer Vorbereitung und zunächst von dem TANGO-Produzenten Alberto Grimaldi finanziell gut ausgestattet, beginnt Bertolucci im Juli 1974 den Film NOVECENTO. Die Dreharbeiten ziehen sich bis Mai 1975 hin, drei amerikanische Produktionsgesellschaften investieren in den Film schließlich rund 25 Millionen Dollar, und im Mai 1976 wird eine 310-Minuten-Fassung in Cannes gezeigt, die zwiespältig aufgenommen wird. Über die endgültige Kinofassung streiten sich Bertolucci und seine Produzenten/Verleiher ausdauernd. In der Bundesrepublik kommt der Film zweiteilig – und der zweite Teil erst mehrere Monate nach dem ersten – in die Kinos. Die amerikanische, dreieinhalbstündige Fassung wird 1978 mit mäßigem Erfolg gestartet. In Italien löst der Film politische und juristische Kontroversen aus, der zweite Teil wird wegen Obszönität monatelang verboten.

Die Querelen um NOVECENTO zwingen Bertolucci zu einer Filmpause bis zum Sommer 1978. Dann entsteht LA LUNA, produziert von Bernardos Bruder Giuseppe. Der Film wird im September 1979 in Venedig uraufgeführt. Im Mai 1981 hat in Cannes Bertoluccis jüngster Film, LA TRAGEDIA DI UN UOMO RIDICOLO, seine Premiere.

Bernardo Bertolucci lebt in Rom. Er ist verheiratet mit Clare Peploe, der Co-Autorin von LA LUNA und von Antonionis *Professione Reporter*.

Filmografie

Die Filmografie enthält die einschlägigen Angaben zu Filmen, bei denen Bernardo Bertolucci Regie geführt hat. Für die Zusammenstellung des künstlerischen Stabes, der Darsteller (einschließlich ihrer Rollen) und der Produktionsangaben wurden vorwiegend folgende Quellen benutzt: die Filmografie von Bernard Oheix in: Etudes Cinématographiques 122-126, die Filmografie in der Monografie von Francesco Casetti; Monthly Film Bulletin; die Handbücher der Katholischen Filmkritik, die Spielfilmbroschüren der ARD; Kopien der Filme.

Abkürzungen: B = Buch, K = Kamera, K-F = Kameraführung, Sch = Schnitt, T = Ton, M = Musik, M-L = Musikalische Leitung, Ba = Bauten, A = Ausstattung, Ko = Kostüme, R-Ass = Regieassistenz, D = Darsteller, P = Produktion, Pd = Produzent, Pl = Produktionsleitung, F = Format, sw = schwarzweiß, OL = Originallänge, DL = Länge der deutschen Kinofassung, U = Uraufführung, DE = Erstaufführung in der Bundesrepublik, TV = Fernsehausstrahlungen in der Bundesrepublik, V = Verleih in der Bundesrepublik, soweit noch Auswertungsrechte bestehen. Die Jahreszahlen vor dem Titel geben das Produktionsdatum an.

1962 LA COMMARE SECCA. – B: Bernardo Bertolucci, Sergio Citti, nach einem Treatment von Pier Paolo Pasolini. – K: Gianni Narzisi; K-F: Emilio Giannini. – Sch: Nino Baragli. – T: Sandro Fortini. – M: Piero Piccioni; Lied »Addio Addio« gesungen von Claudio Villa, Lied »Come nasce un amore« gesungen von Nico Fidenco. – A und Ko: Adriana Spadaro. – R-Ass: Adolfo Cagnacci. – D: Francesco Ruiu (Luciano Maialetti, »Canticchia«), Giancarlo De Rosa (Nino), Vincenzo Ciccora (Bürgermeister), Alvaro D'Ercole (Francolicchio), Romano Labate (Pipito), Lorenza Benedetti (Milli), Emi Rocci (Domenica), Erina Torelli (Mariella), Renato Troiani (Natalino), Marisa Solinas (Bruna), Wanda Rocci (Prostituierte), Alfredo Leggi (Bostelli, »Califfo«), Carlotta Barilli (Serenella), Santina Lisio (Esperias Mutter), Gabriella Giorgelli (Esperia), Clorinda Celani (Soraya), Ada Peragostini (Maria), Silvio Laurenzi (Homosexueller), Allen Midgette (Teodoro), Nadia Bonafede, Ugo Santucci, Santina Fioravanti, Elena Fontana, Maria Fontana; Erzählerstimme: Gianni Bonagura. – P: Compagnia Cinematografica Cervi. – Pd: Antonio Cervi. – Pl: Ugo Tucci. – F: 35 mm, sw, Breitwand 1,66. – Gedreht im April 1962. – OL: 100 min. – U: 27. 8. 1962, Venedig (Festival, Sezione Culturale). – TV: 9. 4. 1966 (BR III), 31. 10. 1973 (HR III). – In der BRD nicht verliehen.

1963-64 PRIMA DELLA RIVOLUZIONE. Vor der Revolution. – B: Bernardo Bertolucci, Gianni Amico. – K: Aldo Scavarda; K-F: Camillo Bazzoni; K-Ass: Vittorio Storaro. – Sch: Roberto Perpignani. – T: Romano Pampaloni. – M: Gino Paoli, Ennio Morricone; M-L: Franco Ferrara; »Ricordati« und »Vivere ancora« komponiert und gesungen v. Gino Paoli, »Avevo quindici anni« gesungen v. Ennio Ferrari, »Walking with G.A.«, »Invention for Fabrizio« und »Gina« komponiert und gespielt v. Leandro Gato Barbieri; Ausschnitte aus Macbeth v. Giuseppe Verdi. – Ko v. Adriana Asti: Federico Forquet. – R-Ass: Gianni Amico. – D: Adriana Asti (Gina), Francesco Barilli (Fabrizio), Allen Midgette (Agostino), Morando Morandini (Cesare), Cristina Pariset (Clelia), Cecrope Barilli (Puck), Evelina Alpi (das kleine Mädchen), Gianni Amico (ein Freund), Goliardo Padova (der Maler), Guido Fanti (Enore), Salvatore Enrico (der Sakrestan), Amelia Bordi (Fabrizios Mutter), Domenico Alpi (Fabrizios Vater), Iole Lunardi (Großmutter), Antonio Maghenzani (Antonio, der Bruder), Ida Pellegri (Clelias Mutter). – P: Iride Cinematografica, Mailand. – Pl: Rodolfo Martello. – F: 35 mm, sw, Breitwand 1,85. – Gedreht von September bis November 1963. – OL: 115 min. – U: 9. 5. 1964, Cannes (Semaine internationale de la critique française). – TV: 2. 7. 1968 (ARD). – In der BRD nicht verliehen.

1965-66 LA VIA DEL PETROLIO. Dreiteiliger Dokumentarfilm. I. LE ORIGINI. II. IL VIAGGIO. III. ATTRAVERSO L'EU-ROPA. – B und Kommentar: Bernardo Bertolucci. – K: Ugo Piccone (I und II), Luis Saldanha (II), Giorgio Pellini (III). – Sch: Roberto Perpignani. – M: Egisto Macchi. – Sprecher: Nino Castelnuovo, Mario Feliciani, Giulio Bosetti, Nino Del Fabbro, Roberto Cucciola. – D (im III. Teil): Mario Trejo. – P: AGIP für RAI-TV/ENI. – Pd: Giorgio Patara. – Pl: Giovanni Bertolucci. – F: 16 mm, sw. – L: 48 min. (I), 40 min. (II), 45 min. (III). – Gesendet im italienischen Fernsehen im Januar und Februar 1967.

1966 IL CANALE. – B: Bernardo Bertolucci. – K: Maurizio Salva-tori, Ugo Piccone. – Sch: Roberto Perpignani. – M: Egisto Macchi. – Pd: Giorgio Patara. – L: ca. 13 min. – Gedreht in Suez während der Arbeit am 2. Teil von LA VIA DEL PETROLIO; unvollendet.

1967-68 AGONIA. – B: Bernardo Bertolucci, nach der biblischen Parabel vom unfruchtbaren Feigenbaum; Idee: Puccio Pucci und Piero Badalassi. – K: Ugo Piccone. – Sch: Roberto Perpignani. – M: Gio-vanni Fusco. – R-Ass: Gianluigi Calderoni. – D: Julian Beck (der Sterbende), Milena Vukotic (Krankenschwester), Giulio Cesare Ca-stello (Priester), Romano Costa und Adriano Apra (Meßgehilfen), die Truppe des Living Theater (Besucher); Erzählerstimme: Pier Paolo Pasolini. – P: Castoro Film, Rom. – Pd: Carlo Lizzani. – F: 35 mm, Farbe (Technicolor), Techniscope. – Gedreht im Juni-Juli 1967. – OL des ganzen Films: 102 min. – Länge der Bertolucci-Episode: 28 min. – U: Mai 1969, Rom. – DE: 5. 7. 1969, Berlin (Filmfestspiele). – TV: 16. 2. 1970 (ARD). – In der BRD nicht verliehen.
AGONIA (Arbeitstitel: »Il Fico infruttuoso«) ist die zweite Episode des Films *Amore e Rabbia* (Arbeitstitel: »Vangelo '70«; dt. Titel: »Liebe und Zorn«), dessen andere Episoden von Pier Paolo Pasolini, Carlo Lizzani, Jean-Luc Godard und Marco Bellocchio gedreht wurden.

1968 PARTNER. Partner. – B: Bernardo Bertolucci, Gianni Amico, angeregt durch F. M. Dostojewskijs Erzählung *Dvojnik / Der Doppelgänger.* – K: Ugo Piccone; K-F: Saverio Diamanti. – Sch: Ro-berto Perpignani. – T: Mario Magara. – M: Ennio Morricone; M-L: Bruno Nicolai; das Lied »Splash« von Nohra/Morricone, gesungen von Peter Boom. – A: Francesco Tullio Altan (d. i. Jean-Robert Mar-quis) – Ko: Nicoletta Siveri; Ko von Pierre Clementi: Sartoria Piatelli. – R-Ass: Gianni Amico. – D: Pierre Clementi (Jacob I / Jacob II),

Stefania Sandrelli (Clara), Tina Aumont (Verkäuferin), Sergio Tofano (Petruska), Giulio Cesare Castello (Professor Mozzoni), Romano Costa (Claras Vater), Antonio Maestri (»Tre Zampe«, Professor), Mario Venturini (Professor), John Ohettplace (Pianist), Gian Vittorio Baldi (Kommissar), (die Schauspielschüler:) Ninetto Davoli, Vittorio Fanfoni, Alessandro Cane, Gian Paolo Capovilla, Luigi Guerra, Giuseppe Mangano, Giancarlo Nanni, Stefano Oppedisano, Salvatore Sampieri, Umberto Silva, Jean-Robert Marquis, Nicole Laguiné, Sibilla Sedat, Sandro Bernardone, David Grieco. – P: Red Film, Rom. – Pd: Giovanni Bertolucci. – Pl: Aldo U. Passalacqua. – F: 35 mm, Farbe (Technicolor), Techniscope. – Gedreht im April und Mai 1968. – OL: 105 min. – U: September 1968, Venedig (Festival). – TV: 4. 5. 1970 (ARD). – In der BRD nicht verliehen.

1969 STRATEGIA DEL RAGNO. Strategie der Spinne. – B: Bernardo Bertolucci, Marilù Parolini, Edoardo De Gregorio, nach der Erzählung *Tema del traidor y del héroe* von Jorge Luis Borges. – K: Vittorio Storaro; K-F: Franco Di Giacomo. – Sch: Franco Arcalli. – T: Giorgio Pellovi. – M: aus der 2. Kammer-Symphonie von Arnold Schönberg, aus *Rigoletto* von Giuseppe Verdi; das Lied »Il Conformista« v. Mina/Martelli, gesungen von Mina. – A und Ko: Maria Paola Maino. – R-Ass: Giuseppe Bertolucci. – D: Giulio Brogi (Athos Magnani, Vater und Sohn), Alida Valli (Draifa), Tino Scotti (Costa), Pippo Campanini (Gaibazzi), Franco Giovanelli (Rasori), Allen Midgette (Seemann). – P: RAI-Radiotelevisione Italiana, Rom / Red Film, Rom. – Pd: Giovanni Bertolucci. – F: 35 mm, Farbe (Eastmancolor). – Gedreht im Herbst 1969. – OL: 100 min. – DL: 98 min. – U: August 1970, Venedig. – DE (Kino): September 1973. – TV: 1. 6. 1971 (ARD), 3. 1. 1973 (WDR III). – V: –.

1969-70 IL CONFORMISTA. Der große Irrtum. – B: Bernardo Bertolucci, nach dem Roman von Alberto Moravia. – K: Vittorio Storaro; K-F: Enrico Umetelli. – Sch: Franco Arcalli. – T: Franco Bassi. – M und M-L: Georges Delerue. – Ba: Ferdinando Scarfiotti. – A: Nedo Azzini. – Ko: Gitt Magrini. – R-Ass: Aldo Lado. – D: Jean-Louis Trintignant (Marcello Clerici), Stefania Sandrelli (Giulia), Gastone Moschin (Manganiello), Enzo Taroscio (Quadri), Pierre Clémenti (Lino Seminara), Dominique Sanda (Anna Quadri), Christian Alegny (Raoul), José Quaglio (Italo), Milly (Marcellos Mutter), Giuseppe Addobati (Marcellos Vater), Yvonne Sanson (Giulias Mutter), Fosco Giachetti (Colonel), Benedetto Benedetti (Minister), Gino Vagni Luca (Sekretär), Antonio Maestri (Priester), Christian Belègne (Zigeuner), Pasquale Fortunato (Marcello), Marta Lado (Marcellos Tochter), Pierangelo Civera (Aufseher), Carlo Gaddi / Franco Pellerani / Claudio Carpelli / Umberto Silvestri (die gedungenen Mörder).

– P: Mars Film Produzione, Rom/Marianne Productions, Paris in Zusammenarbeit mit Maran-Film, München. – Pd: Maurizio Lodifè, Giovanni Bertolucci. – Pl: Aldo Ulisse. – F: 35 mm, Farbe (Technicolor), Breitwand 1,85. – Gedreht im Winter 1969/70. – OL: 110 min. – DL: 110 min. – U: 1. 7. 1970, Berlin (Filmfestspiele). – DE (Kinostart): 16. 4. 1971. – TV: 28. 12. 1972 (ARD, Süddeutscher Rundfunk, Fernsehspiel). – V: atlas film + a (16 mm).

1971 LA SALUTE È MALATA O I POVERI MUOIONO PRIMA. – B: Bernardo Bertolucci. – K: Elio Bisignani, Renato Tafuri. – Sch: Franco Arcalli. – F: 16 mm. – L: 35 min.

1972 LAST TANGO IN PARIS / L'ULTIMO TANGO A PARIGI. Der letzte Tango in Paris. – B: Bernardo Bertolucci, Franco Arcalli. – K: Vittorio Storaro. – Sch: Franco Arcalli. – T: Antoine Bonfanti. – M: Gato Barbieri. – Ba: Ferdinando Scarfiotti. – A: Maria Paola Maino, Philippe Turlure. – Ko: Gitt Magrini. – R-Ass: Fernand Moszkowics, Jean-David Lefèbvre. – D: Marlon Brando (Paul), Maria Schneider (Jeanne), Jean-Pierre Léaud (Tom), Massimo Girotti (Marcel), Maria Michi (Rosas Mutter), Giovanna Galetti (die Prostituierte), Catherine Allegret (Catherine), Darling Legitimus (Concierge), Marie-Hélène Breillat (Monique), Catherine Breillat (Mouchette), Veronica Lazare (Rosa), Luce Marquand (Olympia), Gitt Magrini (Jeannes Mutter), Rachel Kesterber (Christine), Armand Ablanalp (Kunde der Prostituierten), Mimi Pinson (Präsidentin der Tango-Jury), Ramon Mendizabal (Leiter des Tango-Orchesters), Catherine Sola (TV-Scriptgirl), Mauro Marchetti (TV-Kameramann), Dan Diament (TV-Tonmann), Peter Schommer (TV-Kameraassistent), Stephane Kosiak (der kleine Tänzer), Gérard Lepennec (der große Tänzer), Michel Delahaye (Bibel-Verkäufer), Laura Betti (Miss Blandish). – P: PEA Cinematografica, Rom/Les Artistes Associés, Paris. – Pd: Alberto Grimaldi. – Pl: Mario di Biase, Gérard Crosnier. – F: 35 mm, Farbe (Technicolor), Breitwand 1,85. – Gedreht von Februar bis April 1972. – OL: 129 min. – DL: 129 min. – U: 14. 10. 1972, New York (Festival). – DE: 29. 3. 1973. – V: United Artists (35 mm).

1974-76 NOVECENTO. 1900. 1. Teil: Gewalt, Macht, Leidenschaft. 2. Teil: Kampf, Liebe, Hoffnung. – B: Bernardo Bertolucci, Franco Arcalli, Giuseppe Bertolucci. – K: Vittorio Storaro; K-F: Enrico Umetelli. – Special Effects: Luciano Byrd. – Sch: Franco Arcalli. – T: Claudio Maielli. – M: Ennio Morricone. – Ba: Ezio Frigerio. – A: Maria Paola Maiano. – Ko: Gitt Magrini. – R-Ass: Gabriele Polverosi, Peter Shepherd. – D: Burt Lancaster (Alfredo Berlinghieri sr.), Robert De Niro (Alfredo Berlinghieri, Sohn von Giovanni und Eleonora), Gérard Depardieu (Olmo Dalco), Dominique Sanda (Ada Fiastri Paulhan), Donald Sutherland (Attila), Sterling Hayden (Leo Dalco), Stefania Sandrelli (Anita Foschi), Francesca Bertini (Desolata, Schwester v. Alfredo B. sr.), Werner Bruhns (Ottavio, Alfredos ältester Sohn), Romolo Valli (Giovanni, Alfredos jüngster Sohn), Anna-Maria Gherardi (Eleonora, Giovannis Frau), Ellen Schwiers (Amelia, Eleonoras Schwester), Laura Betti (Regina, Amelias Tochter), Tiziana Senatore (Regina als Kind), Paolo Pavesi (Alfredo als Kind), Pippo Campanini (Don Tarcisio), Alida Valli (Signora Pioppi), José Quaglio (Avanzini), Paolo Branco (Orso, Leos älterer Sohn), Giacomo Rizzo (Rigoletto), Antonio Piovanelli (Turo Dalco), Liu Bosizio (Nella Dalco), Maria Monti (Rosina Dalco, Leos Schwiegertochter), Roberto Maccanti (Olmo als Kind), Edoardo Dallagio (Oreste Dalco), Anna Henkel (Anita, Olmos Tochter), Stefania Cassini (Nevi, Waschfrau), Salvatore Mureddu (Chef der Garde), Allen Midgette (Vagabund). – P: PEA Cinematografica, Rom/Les Artistes Associés, Paris/Artemis, West-Berlin. – Pd: Alberto Grimaldi. – Pl: Mario Di Biase. – F: 35 mm, Farbe (Technicolor), Breitwand 1,85. – Gedreht von Juli 1974 bis Mai 1975. – OL: 320 min. – DL: 162 min. (I), 154 min. (II). – U: 22. 5. 1976 , Cannes (Festival, außer Konkurrenz). – DE: 21. 10. 1976 (I), 16. 12. 1976 (II). – V: United Artists (35 mm).

Film über die Dreharbeiten dieses Films: *Bertolucci secondo il cinema.* – R, B: Gianni Amelio. – K: Renato Tafuri. – Sch: Sergio Nuti. – T: Remo Ugolinelli, Corrado Volpicelli. – P: Daria Cinematografica. – F: 16 mm, Farbe. – L: 62 min. – V: Freunde der Deutschen Kinemathek.

1978-79   LA LUNA. La Luna. – B: Bernardo Bertolucci, Clare Peploe, Giuseppe Bertolucci, nach einem Treatment von Franco Arcalli, Bernardo Bertolucci und Giuseppe Bertolucci, englische Bearbeitung: George Malko. – K: Vittorio Storaro; K-F: Enrico Umetelli. – Special Effects: Franco Celli. – Sch: Gabriella Cristiani. – T: Mario Dallimonti. – M: aus *Il Trovatore, Rigoletto, La Traviata* und *Un ballo in maschera* von Giuseppe Verdi; »Night Fever« von Barry, Robin und Maurice Gibb, gesungen von den Bee Gees, »St. Tropez Twist« von Cenci-Faiella, gesungen von Peppino Di Capri. – Ba: Gianni Silvestri, Maria Paola Maiano. – A: Ferdinando Giovannoni; A der Opernszenen: Saro Lo Tureo. – Ko: Pino Lancetti; Ko von Jill Clayburgh: Lina Taviani. – R-Ass: Gabrielle Polverosi, Clare Peploe, Jirges Ristum. – D: Jill Clayburgh (Caterina), Matthew Barry (Joe, ihr Sohn), Fred Gwynne (Douglas Winter, ihr Mann), Shara Di Nepi (Concetta), Veronica Lazar (Marina), Elisabetta Campeti (Arianna), Julian Adamoli (Julian), Peter Eyre (Edward), Enzo Siciliano (Operndirigent in Rom), Jole Silvani (Garderobiere), Jole Cecchini (Maskenbildnerin),

Nicola Niccoloso (Manrico im »Troubadour«), Mario Tocci (Graf Luna im »Troubadour«), Roberto Benigni (Tapezierer), Mimmo Poli und Massimiliano Filoni (Möbelpacker), Franco Citti (Mario), Francesco Mei (Gast in der Bar), Franco Magrini (Arzt), Stephane Barat (Mustafa), Rodolfo Lodi (Maestro Giancarlo Calo), Liana Del Balzo (seine Schwester), Renato Salvatori (Kommunist), Pippo Campanini (Wirt), Carlo Verdone (Operndirektor in Caracalla), Alessandro Vlad (Operndirigent in Caracalla), Tomas Milan (Giuseppe), Alida Valli (seine Mutter). – P: Fiction Cinematografica, Rom. – Pd: Giovanni Bertolucci. – Pl: Mario Di Biase. – F: 35 mm, Farbe (Eastmancolor), Breitwand 1,85. – Gedreht von Juli bis November 1978. – OL: 142 min. – DL: 135 min. – U: September 1979, Venedig (Festival). – DE: 4. 4. 1980. – V: 20th Century Fox of Germany (35 mm).

1980-81 LA TRAGEDIA DI UN UOMO RIDICOLO. Die Tragödie eines lächerlichen Mannes. – B: Bernardo Bertolucci. – K: Carlo Di Palma; K-F: Massimo Di Venanzo. – Special Effects: Franco Celli. – Sch: Gabriella Cristiani. – T: Mario Dallimonti. – M: Ennio Morricone. – Ba: Gianni Silvestri. – Ko: Lina Taviani. – R-Ass: Antonio Gabrielli, Fiorella Infascelli. – D: Ugo Tognazzi (Primo Spaggiari), Anouk Aimée (Barbara, seine Frau), Laura Morante (Laura), Victor Cavallo (Adelfo), Olympia Carlisi (Wahrsagerin), Ricardo Tognazzi (Giovanni, Primos Sohn), Vittorio Caprioli (Kommissar), Renato Salvatori (Oberst), Don Backy (Verbindungsmann), Cosimo Cinieri (Beamter). – P: Fiction Cinematografica, Rom. – Pd: Giovanni Bertolucci. – Pl: Mario Di Biase. – F: 35 mm, Farbe (Eastmancolor), Breitwand 1,85. – Gedreht im Herbst und Winter 1980. – OL: 116 min. – DL: 116 min. – U: 24. 5. 1981, Cannes (Festival). – DE: 6. 11. 1981. – V: Warner-Columbia (35 mm).

Bibliografie

Die Bibliografie enthält Angaben zu Texten von Bernardo Bertolucci und zu ausgewählten Texten über Bertolucci, zu Büchern, Aufsätzen und Interviews in internationalen Zeitungen und Zeitschriften; außerdem werden Materialien und Kritiken zu einzelnen Filmen nachgewiesen. Die bibliografischen Angaben sind zunächst in vier Sprachbereiche eingeteilt: italienisch, französisch, englisch, deutsch. Innerhalb der Sprachen wurden die Texte chronologisch nach dem Erscheinungsdatum geordnet.

Quellen: die Bertolucci-Monografien von Francesco Casetti und Michel Estève. – Adelio Ferrero u. a.: Il cinema italiano degli anni '60.

Firenze 1977. – Mel Schuster: Motion Picture Directors: A Bibliography of Magazine and Periodical Articles, 1900-1972. Metuchen, N.J.: Scarecrow Press 1973. – FIAF: International Index to Film Periodicals 1972ff. New York and London 1973ff. – Film Literature Index. Albany, New York: Filmdex 1973ff. – The New York Times Film Reviews. New York: The New York Times & Arno Press 1970ff. (Reprints 1913-1978).

Hilfeleistungen: Bibliothek der Deutschen Film- und Fernsehakademie Berlin (DFFB), Manfred Delling (Privatarchiv), Susan Huxley (British Film Institute), Henning Klüver (Rom), Karsten Witte und Antje Goldau. – Die genannten Bücher, Zeitungs- und Zeitschriftenartikel sind zum großen Teil im Original oder in Fotokopie in der Bibliothek der DFFB vorhanden und können dort eingesehen werden.

Texte von Bernardo Bertolucci

Lyrik:
In cerca del mistero. Milano: Longanesi & C. 1962. Collezione di poesie Vol. IV. 88 S.

Film:
Versus Godard. in: Cahiers du Cinéma, Nr. 186, Januar 1967; engl. in: Cahiers du Cinéma in English, Mai 1967.
Die ungeheure Frivolität der Sterbenden / The Boundless Frivolity of People about to Die. in: Wim Wenders / Chris Sievernich: Nick's Film. Lightning over Water. Frankfurt am Main: Zweitausendeins 1981, S. 5-6 (der Originaltext wurde 1980 von der Leitung der Biennale di Venezia in maschinenschriftlicher Vervielfältigung verbreitet).
Por aquele louco do Glauber Rocha. Masch. vervielfältigt, Biennale di Venezia 1981.
Weitere Bertolucci-Texte bei den Angaben zu einzelnen Filmen.

Über Bernardo Bertolucci

Bücher
Francesco Casetti: Bernardo Bertolucci. Firenze: La Nuova Italia 1975. Il castoro cinema 24. 117 S., Filmogr., Bibliogr.
Michel Estève (Hrsg.): Bernardo Bertolucci. Paris: Minard 1979. Etudes cinématographiques 122-126. 143 S., Abb., Filmogr., Bibliogr.
José Enrique Monterde y Esteve Riambau: Bernardo Bertolucci. Madrid: Ediciones JC 1980. Directores de cine 4. 176 S., Abb., Filmogr., Bibliogr.

Broschüre

Morando Morandini: Bernardo Bertolucci. Torino: AIACE (1973), unpag., Abb., Filmogr.

Aufsätze, Artikel, Buchkapitel

e. g. l. (Ernesto Guido Laura): Bernardo Bertolucci. in: Filmlexicon degli autori e delle opere. Aggiornamenti e integrazioni 1958-1971. Roma: Ed. di Bianco e Nero 1973, Spalten 298-300. – Bruno Torri: Cinema italiano: dalla realtà alle metafore. Palermo: Palumbo 1973 (verschiedene Passagen über BB). – Giorgio Tinazzi: Bertolucci e il lutto del socialismo. in: Cinema e cinema, Nr. 7-8, April-September 1976. – Adelio Ferrero, Giovanna Grignaffini, Leonardo Quaresima: Il cinema italiano degli anni '60. Firenze: Guaraldi 1977 (über BB u. a. S. 98-100). – Carlo Lizzani: Il cinema italiano 1895-1979. Roma: Ed. Riuniti 1979 (über BB S. 287-291).

Jean-Louis Bory: Bernardo Bertolucci. in: Dossiers du cinéma. Cinéastes I. Tournai: Casterman 1971, S. 25-28. – Gérard Legrand: Les panneaux coulissants de Bertolucci (sur »il conformista« et »la strategia del ragno«). in Positif, Nr. 129, Juli-August 1971. – Jean Delmas: Pour une approche de Bertolucci. in: Jeune Cinéma, Nr. 59, Dezember 1971. – Guy Braucourt: Dernier tango à Paris ou Le Monde entier dans une chambre. in: Ecran, Nr. 12, Februar 1973. – Bernardo Bertolucci réévalué. in: Cinéma (Paris), Nr. 274, Oktober 1981 (Aufsätze von Pierre Verbraeken, Leila Weiss, Gilbert Cabasso, Auszüge aus einer Pressekonferenz und eine Biofilmografie, zusammengestellt von Joel Magny).

Pauline Kael: Starbust by a gifted twenty-two year-old. in: Life v. 13. 8. 1965. – Richard Roud: Fathers and Sons. in: Sight and Sound, Vol. 40, Nr. 2, Frühjahr 1971. – Ruth Kreitzman: Bernardo Bertolucci. An Italian Young Master. in: Film (London), Nr. 61, Frühjahr 1971. – Noel Purdon: Bernardo Bertolucci. Two or three things I know about him. in: Cinema (London), Nr. 8, 1971. – Peter Cowie: Bernardo Bertolucci. in: P. C. (Hrsg.): International Film-Guide 1972. London: Tantivy Press; New York: A. S. Barnes & Co. 1971, S. 11-15; nachgedr. in: P. C. (Hrsg.): 50 Major Film-Makers. South Brunswick, New York: A. S. Barnes 1975, S. 35-38. – Marsha Kinder and Beverle Houston: Bertolucci and the dance of danger. in: Sight and Sound, Vol. 42, Nr. 4, Herbst 1973. – Basil Wright: The Long View. London: Secker & Warburg 1974 (über BB S. 533-541). – Carlo Tagliabue: Bertolucci: The Narrow Road to a Forked Path. in: Framework (Earlsdon, Coventry), Nr. 2, Herbst 1975. – Andrew Britton: Bertolucci. Thinking about Father. in: Movie (London), Nr. 23, Winter 1976-77. – Robin Wood: Bertolucci before 1900. in: Movie, Nr. 23, Winter 1976-77. – Alan Greenberg: Notes on Some European Directors. Bertolucci, Schroeter, Herzog – will they dominate the new

era of continental filmmaking? in: American Film, Vol. 3, Nr. 1, Oktober 1977. – Will Aitken: Leaving the Dance. Bertolucci's Gay Images. in: Jump Cut, Nr. 16, November 1977. – Robin Wood: Bernardo Bertolucci. in: Richard Roud (Hrsg.): Cinema: A Critical Dictionary. Bd. 1. London: Secker & Warburg 1980, S. 125-132.
ms. (Martin Schlappner): Bernardo Bertolucci. in: Neue Zürcher Zeitung v. 8. 11. 1962. – Karl Aeschbach: Von der Realität der Ideen und Gefühle. Bernardo Bertoluccis Welt des poetischen Engagements. in: Cinema (Adliswil), Nr. 70-72, Dezember 1972 (Themenheft über BB). – Jan Holthusen und Jürgen Vordemann: Der Erfolg macht ihn kaputt. in: Stern v. 5. 4. 1973, Nr. 15. – Filmstelle VSETH (Hrsg.): Dokumentation 1980/81. Bernardo Bertolucci, Filmkomik, Sexualität im Film, Kino der Stummfilmzeit. Zürich 1980 (mit Inhaltsangaben, Pressezitaten, Daten).

Interviews

Umberto Silva: Bertolucci. in: Filmcritica, Nr. 193, Dezember 1968. – Sebastian Schadhauser, Gianna Mingrone, Elias Chaluja: Conversazione con Bertolucci. in: Filmcritica, Nr. 209, September 1970. – Adelio Ferrero: Conversazione con Bernardo Bertolucci. in: Cinema e cinema, Nr. 7-8, April-September 1976. – Mario Militello: Bernardo Bertolucci. L'impossibilità di calarsi nel presente. in: Cinema sessanta, Nr. 125, Januar-Februar 1979. – o.V. in: La città del cinema. Roma: Napoleone 1979, S. 96-98. – Enrico Ghezzi: La Musica e i miei film. Conversazione con Bernardo Bertolucci. in: Filmcritica, Nr. 305-306, Mai-Juni 1980. – Marco Giusti e Enrico Ghezzi (Hrsg.): Kim Arcalli: montare il cinema. Venezia: Marsilio 1980, S. 73-79 (Interview mit BB über die Zusammenarbeit mit seinem Coautor und Cutter Franco Arcalli). – o. V.: Il mezzo elettronico. in: Filmcritica, Nr. 307-309, September-November 1980.

Jacques Bontemps et Louis Marcorelles: Entretien avec Bernardo Bertolucci. in: Cahiers du Cinéma, Nr. 164, März 1965. – John Dragin (eigentlich: Bragin): Entretien avec Bernardo Bertolucci. in: Positif, Nr. 95, Mai 1968 (aus: Film Quarterly, Herbst 1966). – Marcel Martin: Entretien avec Bernardo Bertolucci. in: Ecran, Nr. 12, Februar 1973. – Gideon Bachmann: Bernardo Bertolucci. in: Cinéma (Paris), Nr. 205, Januar 1976. – Jean A. Gili: Le Cinéma italien. Paris: Union générale d'editions 1978, S. 40-77.

John Bragin: A Conversation with Bernardo Bertolucci. in: Film Quarterly, Vol. 20, Nr. 1, Herbst 1966. – Robert Colaciello: inter/ View with Bernardo Bertolucci. in: Inter/View, Vol. 1, Nr. 11, 1970. –

Joseph Gelmis: Bernardo Bertolucci. in: J. G.: The Film Director as Superstar. Garden City, New York: Doubleday & Comp. 1970, S. 111-120. – Amos Vogel: Bernardo Bertolucci. in: Film Comment, Vol. 7, Nr. 3, Herbst 1971. – Jonathan Cott: A Conversation with Bernardo Bertolucci. in: Rolling Stone, Nr. 137, 21. 6. 1973. – Joan Mellen: A Conversation with Bernardo Bertolucci. in: Cineaste, Vol. 5, Nr. 4, 1973. – Special Report: Dialogue Bertolucci and Aldrich. in: Action (Hollywood), Vol. 9, Nr. 2, März-April 1974 (Gespräch der beiden Regisseure). – Desmond O'Grady: Bernardo Bertolucci. in: Cinema Papers (Melbourne), Nr. 13, Juli 1977. – Deborah Young: History Lessons. in: Film Comment, Vol. 13, Nr. 6, November-Dezember 1977. – Gordon Gow: Cinema and Life: Bernardo Bertolucci. in: Films and Filming, Vol. 24, Nr. 9, Juni 1978. – Dialogue on Film: Bernardo Bertolucci. in: American Film, Vol. 5, Nr. 4, Januar-Februar 1980.

Karl Aeschbach und Viktor Sidler: Interview mit Bertolucci. in: Cinema (Adliswil), Nr. 70-72, Dezember 1972. – Gideon Bachmann: Ein Kino der Person. in: Internationale Filmfestspiele Berlin. Woche des jungen Films. 1967: Italien. Masch. vervielf., S. 39-65 (Gespräch mit Marco Bellocchio, BB, Tinto Brass, Romano Scavolini, Giovanni Vento); Auszüge daraus in: Film 1966. Velber: Friedrich 1966, S. 44-50.

Über den Kameramann Vittorio Storaro

Lorenzo Codelli: Entretien avec Vittorio Storaro, directeur de la photographie. in: Positif, Nr. 222, September 1979 (Interview). / Karsten Witte: Vittorio Storaro: Das Spiel mit der Perspektive. in: Filme, Nr. 6, Dezember 1980.

Zu einzelnen Filmen

LA COMMARE SECCA
Treatment: Pier Paolo Pasolini: La comare secca. in: Filmcritica, Nr. 161, Oktober 1965.
Drehbuch: Giorgio Trentin (Hrsg.): La commare secca. Milano: C. Zibetti 1962. 115 S., Abb. (mit einem Vorwort: Pier Paolo Pasolini e il cinema italiano).
Material: Bernardo Bertolucci über seinen Film in: Paese sera v. 18. 4. 1962.
Kritiken: Ettore Zocaro in: Filmcritica, Nr. 125, September 1962. – Leonardo Autera in: Bianco e Nero, September-Oktober 1962, Nr. 9-10. – Claudio Rispoli in: Filmcritica, Nr. 154, Februar 1965.

Robert Benayoun in: Positif, Nr. 48, Oktober 1962. – Adriano Apra in: Cahiers du Cinéma, Nr. 164, März 1965.
A. H. Weiler in: The New York Times v. 15. 9. 1966. – Henry Heifetz in: Film Quarterly, Vol. 20, Nr. 2, Winter 1966-67. – Geoffrey Nowell-Smith in: Monthly Film Bulletin, Nr. 558, Juli 1980.
Urs Jenny in: Film (Velber), Mai 1966. – Frieda Grafe in: Filmkritik, Juni 1966; nachgedr. in: Frieda Grafe, Enno Patalas: Im Off. München: Hanser 1974, S. 24-27. – hhs in: Frankfurter Rundschau v. 17. 12. 1966.

PRIMA DELLA RIVOLUZIONE. Vor der Revolution
Protokoll: Prima della rivoluzione. Découpage – après montage définitif – et dialogue in extenso. in: l'Avant-Scène Cinéma, Nr. 82, Juni 1968.
Material: Pier Paolo Pasolini: Il »cinema di poesia«. in: Filmcritica, Nr. 156-157, April-Mai 1965; dt. in: Jansen/Schütte (Hrsg.): Pier Paolo Pasolini. München: Hanser 1977, Reihe Film 12, S. 49-77 (enthält eine längere Passage über PRIMA DELLA RIVOLUZIONE).
Kritiken: Ernesto G. Laura in: Bianco e Nero, April-Mai 1964, Nr. 4-5. – Alberto Moravia in: L'Espresso v. 18. 10. 1964. – Morando Morandini in: L'Osservatore politico e letterario 1964, Nr. 11. – Mino Argentieri in: Rinascita v. 20. 2. 1965. – Ugo Casiraghi in: l'Unità v. 12. 1. 1979.
Luc Moullet in: Cahiers du Cinéma, Nr. 156, Juni 1964. – Jean Narboni in: Cahiers du Cinéma, Nr. 157, Juli 1964. – Gérard Legrand in: Positif, Nr. 64-65, Rentrée 1964. – Pierre Dubœuf in: Cahiers du Cinéma, Nr. 188, März 1967. – Jean-Louis Bory in: Le Nouvel Observateur v. 17. 1. 1968; nachgedr. in: J.-L. B.: La nuit complice. Paris 1972, S. 150-154. – Jean de Baroncelli in: Le Monde v. 19. 1. 1968. – Claude Mauriac in: Le Figaro littéraire v. 29. 1. 1968. – Jean-Pierre Jeancolas in: Jeune Cinéma, Nr. 27-28, Januar-Februar 1968. – Claude Beylie in: Cinéma (Paris), Nr. 124, März 1968. – Paul-Louis Martin in: Cahiers du Cinéma, Nr. 199, März 1968. – Michel Mortier, Jean-Elie Fovez in: Téléciné, Nr. 140, März 1968. – Guy Gauthier in: Image et Son, Nr. 216, April 1968. – Roger Tailleur in: Positif, Nr. 95, Mai 1968. – François Guerif in: Lumière du Cinéma, Nr. 10, Dezember 1977.
Richard Roud in: Sight and Sound, Vol. 33, Nr. 3, Sommer 1964. – Eugene Archer in: The New York Times v. 25. 9. 1964. – Andrew Sarris in: The Village Voice v. 22. 7. 1965; nachgedr. in: A. S.: Confessions of a Cultist. New York: Simon and Schuster 1970, S. 201-202. – John Thomas in: Film Quarterly, Vol. 20, Nr. 1, Herbst 1966. – Pauline Kael, undatiert, ohne Quellenangabe; nachgedr. in: P. K.: Kiss Kiss Bang Bang. Boston, Toronto: Little, Brown and Comp. 1968, S. 124-125. – Philip Strick in: Monthly Film Bulletin, Nr. 423,

April 1969. – Francesco Casetti in: Framework (Earlsdon), Nr. 2, Herbst 1975.
F. G. (Frieda Grafe) in: Filmkritik, Juni 1964. – Elke Kummer in: Film (Velber), November 1967. – Leo Schönecker in: Filmdienst v. 25. 6. 1968 (FD-Nr. 15 534). – Peter W. Jansen in: Filmkritik, Juli 1968. – U. J. (Urs Jenny) in: Süddeutsche Zeitung v. 4. 7. 1968. – WoS (Wolfram Schütte) in: Frankfurter Rundschau v. 8. 4. 1970. – Pierre Lachat in: Cinema (Adliswil), Nr. 70-72, Dezember 1972. – Robert Richter in: Zoom-Filmberater v. 19. 3. 1980, Nr. 6.

PARTNER. Partner
Material: Inhaltsangabe, Text von Bertolucci und zwei französische Kritiken in: Ulrich Gregor (Zusammenst.): Aspekte des italienischen Films I. Bad Ems: Verband der deutschen Filmclubs 1969, S. 135-139.
Interview: Adriano Apra, Maurizio Ponzi, Piero Spila in: Cinema & Film, Nr. 7-8, Winter-Frühjahr 1969.
Kritiken: Mario Verdone in: Bianco e Nero, Oktober 1968, Nr. 9-10. – I. Moscati in: Revista del Cinematografo, Oktober 1968. – Pier Paolo Pasolini in: Tempo v. 26. 10. 1968, Nr. 4. – Mino Argentieri in: Rinascita v. 20. 12. 1968. – Enzo Ungari in: Cinema & film, Nr. 7-8, Winter-Frühjahr 1969. – m.a. (Mino Argentieri) in: Cinema sessanta, Nr. 71 (1969). – g.f. (Guido Fink) in: Cinema nuovo, Nr. 198, März-April 1969.
M. M. (Marcel Martin) in: Cinéma (Paris), Nr. 130, November 1968. – J. N. (Jean Narboni) in: Cahiers du Cinéma, Nr. 206, November 1968. – Marcel Martin in: Cinéma, Nr. 145, April 1970. – Jean-Pierre Oudart in: Cahiers du Cinéma, Nr. 222, Juli 1970.
Vincent Canby in: The New York Times v. 24. 9. 1968. – Jan Dawson in: Sight and Sound, Vol. 38, Nr. 1, Winter 1968-69. – Mike Wallington in: Monthly Film Bulletin, Nr. 442, November 1970. – Gordon Gow in: Films and Filming, Vol. 17, Nr. 4, Januar 1971.
Brigitte Jeremias in: Frankfurter Allgemeine Zeitung v. 9. 9. 1968. – Frieda Grafe in: Filmkritik, Mai 1970; nachgedr. in: Frieda Grafe, Enno Patalas: Im Off. München: Hanser 1974, S. 156-159.

AGONIA (Episode)
Material: Bernardo Bertolucci: Le monde entier dans une chambre. in: Cahiers du Cinéma, Nr. 194, Oktober 1967; dt.: Der unfruchtbare Feigenbaum. in: Filmkritik, Februar 1970. – Julian Beck: Tourner avec Bertolucci. in: Cahiers du Cinéma, Nr. 194, Oktober 1967.
Kritiken: Tullio Kezich in: Bianco e Nero, Juli-August 1969, Nr. 7-8. – o.V. in: Cinema nuovo, Nr. 201, September-Oktober 1969.
Louis Marcorelles in: Le Monde v. 9. 6. 1970. – Jean-Louis Bory in: Le Nouvel Observateur v. 22. 6. 1970; nachgedr. in: J.-L. Bory:

L'ecran fertile. Paris 1972, S. 111-115. – Bernard Eisenschitz in: Cahiers du Cinéma, Nr. 222, Juli 1970.
Rosalind Delmar in: Monthly Film Bulletin, Nr. 448, Mai 1971.
Wolf Lepenies in: Frankfurter Allgemeine Zeitung v. 7. 7. 1969. – Alf Brustellin in: Süddeutsche Zeitung v. 9. 7. 1969. – USE (Ulrich Seelmann-Eggebert) in: Filmdienst v. 24. 2. 1970 (FD-Nr. 16604). – W. Sch. (Walter Schobert) in: Evangelischer Film-Beobachter v. 28. 3. 1970, Nr. 13.

IL CANALE
Kritik: Siegfried Schober in: Filmkritik, September 1968.

STRATEGIA DEL RAGNO. Die Strategie der Spinne
Literarische Vorlage: Jorge Luis Borges: Tema del traidor y del héroe (1944). Deutsch von Liselott Reger in: J. L. Borges, Labyrinthe. München: Hanser 1959. Neuausgabe, bearbeitet von Gisbert Haefs: J. L. Borges: Gesammelte Werke. Erzählungen 1935-1944. München: Hanser 1981.
Kritiken: Sergio Arecco, Andrea Ferendeles, Piero Romano in: Filmcritica, Nr. 209, September 1970. – Lorenzo Quaglietti in: Cinema sessanta, Nr. 78-80, September-Dezember 1970. – o.V. in: Bianco e Nero, Oktober 1970, Nr. 9-10. – Giovanni Grazzini in: Corriere della Sera v. 26. 10. 1970; nachgedr. in: G. G.: Gli anni settanta in cento film. Roma, Bari: Laterza 1978, S. 150-153. – Giorgio Cremonini in: Cinema nuovo, Nr. 109, Januar-Februar 1971. – Lino Micciché in: L'Avanti! v. 21. 4. 1973; nachgedr. in: L. M.: Cinema italiano degli anni '70. Venezia: Marsilio 1980, S. 159-162.
Michel Ciment in: Positif, Nr. 121, November 1970. – Gérard Legrand in: Positif, Nr. 129, Juli 1971. – Jean-Louis Bory in: Le Nouvel Observateur v. 22. 11. 1971; nachgedr. in: J.-L. B.: La lumière écrit. Paris 1975, S. 126-131. – André Tournès in: Jeune Cinéma, Nr. 59, Dezember 1971. – Pierre Billard in: Cinéma (Paris), Nr. 162, Januar 1972. – André Cornand in: La Revue du Cinéma/Image et Son, Nr. 256, Januar 1972. – Pierre Leroy in: Téléciné, Nr. 175, Januar 1972. – Marcel Martin in: Ecran, Nr. 1, Januar 1972. – Martine Evin in: La Revue du Cinéma/Image et Son, Nr. 269, 1973.
Vincent Canby in: The New York Times v. 18. 9. 1970. – David Morse in: Monogram (London), Nr. 2, Sommer 1971. – Jay Cocks in: Time v. 29. 1. 1973; nachgedr. in: Jay Cocks, David Denby (Hrsg.): Film 73/74. Indianapolis, New York: Bobbs-Merrill 1974, S. 30-32. – Penelope Houston in: Sight and Sound, Vol. 46, Nr. 1, Winter 1976-77. – David Robinson in: The Times v. 3. 12. 1976. – Tom Milne in: Monthly Film Bulletin, Nr. 516, Januar 1977. – Gordon Gow in: Films and Filming, Vol. 23, Nr. 5, Februar 1977.
Urs Jenny in: Filmkritik, März 1971. – Wolfgang Zieher in: Filmdienst v. 18. 5. 1971 (FD-Nr. 17335). – Wolfgang R. Köhler in:

Frankfurter Rundschau v. 1. 6. 1971. – Rainer Fabian in: Die Welt v. 3. 6. 1971. – B. J. (Brigitte Jeremias) in: Frankfurter Allgemeine Zeitung v. 3. 6. 1971. – Karena Niehoff in: Der Tagesspiegel v. 7. 9. 1973. – Armin Halstenberg in: Kölner Stadt-Anzeiger v. 8.-9. 3. 1975.

IL CONFORMISTA. Der große Irrtum
Literarische Vorlage: Alberto Moravia: Il conformista (1951). Deutsch von Percy Eckstein und Wendla Lipsius: Der Konformist. München: Kurt Desch 1960. Als Taschenbuch: rororo 766-767 (1965, vergriffen).
Interviews: Gérard Langlois in: Les Lettres françaises v. 24. 2. 1971. – Guy Braucourt in: Cinéma (Paris), Nr. 155, April 1971. / Marilyn Goldin in: Sight and Sound, Vol. 40, Nr. 2, Frühjahr 1971.
Kritiken: E. D. G. (Eduardo De Gregorio) in: Cinema & film, Nr. 11-12, Sommer-Herbst 1970. – A. B. (Aldo Bernardini) in: Bianco e Nero, September-Oktober 1970, Nr. 9-10. – Ugo Casiraghi in: l'Unità v. 30. 1. 1971. – Giovanni Grazzini in: Corriere della Sera v. 30. 1. 1971; nachgedr. in: G. G.: Gli anni sessanta in cento film. Roma, Bari: Laterza 1978, S. 83-86. – Enrico Rossetti in: L'Espresso v. 21. 3. 1971. – Lino Micciché in: L'Avanti! v. 25. 3. 1971; nachgedr. in: L. M.: Cinema italiano degli anni '70. Venezia: Marsilio 1980, S. 159-162. – Giuseppe Turroni, Alessandro Cappabianca, Franco Pecori, Umberto Silva in: Filmcritica, Nr. 214, März 1971. – g.p. (Giuseppe Peruzzi) in: Cinema nuovo, Nr. 211, Mai-Juni 1971. – Lorenzo Quaglietti in: Cinema sessanta, Nr. 83-84, Mai-August 1971. – Mino Argentieri in: Rinascita v. 2. 4. 1971, Nr. 14. – Morando Morandini in: Cineforum, Nr. 99-100, 1971.
Jean de Baroncelli in: Le Monde v. 18. 2. 1971. – Jean-Louis Bory in: Le Nouvel Observateur v. 22. 2. 1971; nachgedr. in: J.-L. B.: L'ecran fertile. Paris 1974, S. 230-235. – Michel Capdenac: Les Lettres françaises v. 24. 2. 1971. – Alexandre Astruc in: Paris Match v. 27. 2. 1971. – André Cornand in: La Revue du Cinéma/Image et Son, Nr. 248, März 1971. – Guy Braucourt in: Cinéma, Nr. 155, April 1971. – Pierre Leroy in: Téléciné, Nr. 169, Mai 1971 (mit Auszügen aus anderen Kritiken). – Gérard Legrand in: Positif, Nr. 129, Juli 1971.
Vincent Canby in: The New York Times v. 19. 9. 1970. – Richard Roud in: Sight and Sound, Vol. 40, Nr. 1, Winter 1970-71 (ergänzt in Nr. 3, Sommer 1971). – Stanley Kauffmann in: The New Republic v. 10. 4. 1971; nachgedr. in: S. K.: Living Images. New York etc.: Harper & Row 1975, S. 50-52. – Stephen Farber in: The New York Times v. 11. 4. 1971. – Jan Dawson in: Monthly Film Bulletin, Nr. 455, Dezember 1971. – Gordon Gow in: Films and Filming, Vol. 18, Nr. 4, Januar 1972.

Karena Niehoff in: Süddeutsche Zeitung v. 4.-5. 7. 1970. – o.V. in: Der Spiegel v. 6. 7. 1970, Nr. 28. – Wolf Donner in: Die Zeit v. 26.2. 1971. – Urs Jenny in: Filmkritik, März 1971. – Frieda Grafe in: Süddeutsche Zeitung v. 3. 5. 1971; nachgedr. in: Frieda Grafe, Enno Patalas: Im Off. München: Hanser 1974, S. 168-170. – e.h. (Erika Haala) in: Filmdienst v. 18. 5. 1971 (FD-Nr. 17325). – Rufus T. Firefly in: Frankfurter Rundschau v. 9. 6. 1971. – Walter Hasslauer in: Frankfurter Rundschau v. 13. 8. 1971. – R. V. in: Neue Zürcher Zeitung v. 6. 11. 1971.

Aufsätze/Analysen: Marsha Kinder, Beverle Houston: The Shape of Politics in Film. The Conformist. in: M. K., B. H.: Close-Up. New York etc.: Harcourt Brace Jovanovich 1972, S. 349-358. – Daniel Lopez: The Father Figure in »The Conformist« and in »The Last Tango in Paris«. in: Film Heritage, Vol. 9, Nr. 4, Sommer 1976. – Daniel Lopez: Novel into film: Bertolucci's »The Conformist«. in: Literature/Film Quarterly, Vol. 4, Nr. 4, Herbst 1976. – Christopher Orr: Ideology and Narrative Strategy in Bertolucci's »The Conformist«. in: Film Criticism, Vol. 4, Nr. 3, Frühjahr 1980.

Hanspeter Stalder: Analyse zu »Il Conformista«. Drehbuchlektüre der Ballsequenz. in: Cinema (Adliswil), Nr. 70-72, Dezember 1972.

LAST TANGO IN PARIS/L'ULTIMO TANGO A PARIGI. Der letzte Tango in Paris
Drehbuch: L'Ultimo tango a Parigi. Torino: Einaudi 1973. 120 S., Abb. / Le dernier tango à Paris. Paris 1973. / Bernardo Bertolucci's Last Tango in Paris. The Screenplay by Bernardo Bertolucci and Franco Arcalli. New York: Delta 1973; London: Plexus 1976. 224 S., Abb. (mit Essays von Pauline Kael und Norman Mailer).
Nacherzählung des Films: Robert Alley: Last Tango in Paris. New York 1973; dt. als Fischer-Taschenbuch 1455.
Materialien: Dossier-Film No. 5: Le dernier tango à Paris. in: l'Avant-Scène Cinéma, Nr. 133, Februar 1973. / Richard Roud: Last Tango in Paris. in: Sight and Sound, Vol. 41, Nr. 3, Sommer 1972 (Produktionsbericht). – Kent E. Carroll (Hrsg.): Close-Up: Last Tango in Paris. New York: Grove 1973. 176 S., Abb. (Beiträge von Charles Michener, Iris Owens, Dotson Rader, John Simon, Fernando Arrabal, Stuart Byron, Alberto Moravia, Norman Mailer, Dacia Maraini, Judy Klemesrud, Parker Tyler, Nat Hentoff; zuerst in: Evergreen Review, Nr. 97, Sommer 1973). / Volker Koch: Monstrum an Eleganz und Perfektion. in: Stuttgarter Zeitung v. 12. 1. 1973 (italienische Reaktionen). – Florentine Pabst: Die Sinnliche aus dem Untergrund/Jörg Andrees Elten: Der Schwierige aus der Traumfabrik. in: Stern v. 22. 2. 1973, Nr. 9 (über Maria Schneider und Marlon Brando). – o.V. in: Der Spiegel v. 26. 2. 1973, Nr. 9 (über das Drum-und-dran). – Rainer Fabian: Eine Stimme für muskulöse Männer. in: Die Welt v.

17. 3. 1973 (Interview mit Claus Biederstaedt, der Brando synchronisiert). – Gideon Bachmann: »Der heißeste Film«: abgekühlt. in: Süddeutsche Zeitung v. 23. 3. 1973 (wie die internationale Kritik den Film sah und wie Bertolucci ihn sieht). – Hermann Pörzgen: Letzter Tango in Moskau. in: Frankfurter Allgemeine Zeitung v. 4. 5. 1973. – Florian Hopf (Hrsg.) unter Mitarbeit von Christine de Loup: Alles über »Der letzte Tango in Paris«. München: Heyne 1973. Heyne-Buch 5054. 144 S., Abb. – Jörg Fauser: Ein Amerikaner im Abendland. in: J. F.: Marlon Brando. Der versilberte Rebell. München: Monika Nüchtern 1978, S. 131-143 (auch als TB: rororo 4672, 1981, S. 191-207). – Tony Thomas: Marlon Brando und seine Filme. Hrsg. v. Joe Hembus. München: Goldmann 1981 (engl.: New York: Citadel 1973), S. 205-209: L'ultimo Tango a Parigi.

Interviews: Gideon Bachmann in: Filmcritica, Nr. 227, September 1972. / Michel Delain in: L'Express v. 11. 12. 1972. – Colette Godard in: Le Monde v. 15. 12. 1972. – Mireille Amiel in: Cinéma (Paris), Nr. 172, Januar 1973. – Aldo Tassone in: La Revue du Cinéma/Image et Son, Nr. 268, Februar 1973. – Michel Ciment et Gérard Legrand in: Positif, Nr. 148, März 1973. / Gideon Bachmann in: Film Quarterly, Vol. 26, Nr. 3, Frühjahr 1973. / Gideon Bachmann in: Süddeutsche Zeitung v. 11.-12. 11. 1973. – Bertolucci-Zitate, montiert von Siegfried Schober in: Filmkritik, April 1973.

Kritiken: Giovanni Grazzini in: Corriere della Sera v. 19. 10. 1972; nachgedr. in: G. G.: Gli anni settanta in cento film. Roma, Bari: Laterza 1978, S. 145-149. – Lino Micciché in: L'Avanti! v. 14. 1. 1973; nachgedr. in: L. M.: Cinema italiano degli anni '70. Venezia: Marsilio 1980, S. 145-149. – g. c. (Giorgio Cremonini) in: Cinema nuovo, Nr. 221, Januar-Februar 1973. – Giuseppe Turroni in: Filmcritica, Nr. 231, Januar-Februar 1973. – Michelangelo Buffa in: Filmcritica, Nr. 233, April 1973. – Roberto Speziale-Bagliacca in: Cinema nuovo, Nr. 223, Mai-Juni 1973. – Carlo Tagliabue in: Rivista del cinematografo, Nr. 7, 1973. – Alberto Moravia: Al Cinema. Milano: Bompiani 1975, S. 264-266 (undatierte Kritik aus L'Espresso).

Jean de Baroncelli in: Le Monde v. 16. 12. 1972. – Jean-Louis Bory in: Le Nouvel Observateur v. 23. 12. 1972; nachgedr. in: J.-L. B.: La lumière écrit. Paris 1975, S. 431-435. – Jean-Loup Passek in: Cinéma (Paris), Nr. 172, Januar 1973. – Jean Cau, Guillaume Hanoteau in: Paris Match v. 27. 1. 1973. – André Cornand in: La Revue du Cinéma/Image et Son, Nr. 268, Februar 1973. – Jean Delmas in: Jeune Cinéma, Nr. 68, Februar 1973. – Joël Magny, Michel Rosier in: Téléciné, Nr. 177, Februar 1973. – Gérard Legrand, Paul-Louis Thirard in: Positif, Nr. 148, März 1973. – Louis Seguin in: La Quinzaine littéraire v. 16.-31. 6. 1973; nachgedr. in: L. S.: Une critique dispersée. Paris 1976, S. 402-405. – Pascal Bonitzer in: Cahiers du Cinéma, Nr. 247, Juli-August 1973.

Vincent Canby in: The New York Times v. 16. 10. 1972 und 28. 1. 1973. – Molly Haskell in: The Village Voice v. 26. 10. 1972. – Pauline Kael in: The New Yorker v. 28. 10. 1972; nachgedr. in: P. K.: Reeling. Boston, Toronto: Little, Brown and Comp. 1976, S. 52–61 und in: Jay Cocks, David Denby (Hrsg.): Film 73/74. Indianapolis, New York: Bobbs-Merrill 1974, S. 10-17. – o.V. in: Times v. 22. 1. 1973 (Coverstory). – Judith Crist in: New York v. 5. 2. 1973. – Charles Michener in: Newsweek v. 12. 2. 1973 (mit Interview). – Hollis Alpert in: Saturday Review/World v. 27. 2. 1973; nachgedr. in: Film 73/74, S. 22-26. – Julian Jebb in: Sight and Sound, Vol. 42, Nr. 2, Frühjahr 1973. – Steven Kovacs in: Take One, Vol. 3, Nr. 8, November-Dezember 1971, publ. März 1973. – Stanley Kauffmann in: The New Republic v. 3. 3. 1973; nachgedr. in: S. K.: Living Images. New York etc.: Harper & Row 1975, S. 173-176. – Grace Glueck in: The New York Times v. 18. 3. 1973. – Jude Jade & Glenn O'Brien in: Interview, Nr. 31, April 1973. – Jan Dawson in: Monthly Film Bulletin, Nr. 472, Mai 1973. – Gordon Gow in: Films and Filming, Vol. 19, Nr. 8, Mai 1973. – Norman Mailer in: New York Review of Books v. 17. 5. 1973; nachgedr. in: Bertolucci's Last Tango of Paris. New York 1973.

Fee Zschocke in: Stern v. 31. 12. 1972, Nr. 1 – o.V. in: Der Spiegel v. 15. 1. 1973, Nr. 3. – Günter Metken in: Neue Zürcher Zeitung v. 10. 2. 1973 und Die Welt v. 20. 2. 1973. – Wilfried Wiegand in: Frankfurter Allgemeine Zeitung v. 17. 2. 1973. – Wolf Donner in: Die Zeit v. 23. 2. 1973. – Gideon Bachmann in: Film-Korrespondenz v. 6. 3. 1973, Nr. 3. – Edgar Wettstein in: Zoom-Filmberater v. 3. 5. 1973, Nr. 9 und in: Filmdienst v. 17. 4. 1973 (FD-Nr. 18266). – o.V. in: Konkret v. 29. 3. 1973, Nr. 14. – Else Goelz in: Stuttgarter Zeitung v. 30. 3. 1973. – Karl Korn in: Frankfurter Allgemeine Zeitung v. 30. 3. 1973. – Karena Niehoff in: Der Tagesspiegel v. 30. 3. 1973. – Wolfram Schütte in: Frankfurter Rundschau v. 30. 3. 1973 (mit einer »Voranzeige« am 29. 3. 1973). – H. C. Blumenberg in: Kölner Stadt-Anzeiger v. 31. 3.-1. 4. 1973. – Heinz Klunker in: Deutsches Allgemeines Sonntagsblatt v. 8. 4. 1973. – Josef Rölz in: Medium, April 1973 (über seine Unmöglichkeit, diesen Film als Kritiker zu sehen). – Kraft Wetzel in: Kino, Nr. 1, April-Mai 1973. – Bruno Jaeggi in: Zoom-Filmberater v. 3. 5. 1973, Nr. 9. – Eckhart Schmidt in: Medium, Mai 1973. – Siegfried Schober in: Süddeutsche Zeitung v. 30. 6.-1. 7. 1973. – Jürgen Ebert in: Filmkritik, Juli 1973.

Aufsätze/Analysen: Joan Mellen: Sexual Politics and »Last Tango in Paris«. in: Film Quarterly, Vol. 26, Nr. 3, Frühjahr 1973; nachgedr. in: J. M.: Women and their Sexuality in the New Film. New York: Horizon Press 1973, S. 128-146. – Herman G. Weinberg: »A Woman of Paris« in 1973. in: Take One, Vol. 3, Nr. 9, Januar-Februar 1972, publ. Mai 1973 (vergleicht THE LAST TANGO mit Chaplins »A

Woman of Paris«). – Julian C. Rice: Bertolucci's »Last Tango in Paris«. in: Journal of Popular Film, Vol. 3, Nr. 2, Frühjahr 1974 (beschreibt vor allem die Karriere von Marlon Brando und seine schauspielerische Leistung in Bertoluccis Film). – D. Sadkin: Theme and Structure: »Last Tango« untangled. in: Literature/Film Quarterly, Vol. 2, Nr. 2, Frühjahr 1974. – E. Ann Kaplan: The Importance and Ultimate Failure of »Last Tango in Paris«. in: Jump Cut, Nr. 4, November-Dezember 1974 (dazu Leserbrief in Jump Cut, Nr. 6, März-April 1975). – Jack Fisher: »Last Tango in Paris«: The Skull Beneath the Skin Flick. in: Thomas R. Atkins (Hrsg.): Sexuality in the Movies. Bloomington and London: Indiana University Press 1975, S. 221-232. – Daniel Lopez: The Father Figure in »The Conformist« and in »The Last Tango in Paris«. in: Film Heritage, Vol. 9, Nr. 4, Sommer 1976. – Bosley Crowther: Last Tango in Paris. in: B. C.: Vintage Films. New York: G. P. Putnam's Sons 1977, S. 224-229.

NOVECENTO. 1900
Drehbuch: Bernardo Bertolucci, Franco Arcalli, Giuseppe Bertolucci: Novecento. Atto primo. Torino: Einaudi 1976. 168 S., Abb./Atto secondo. 148 S., Abb.
Produktionsberichte: Guy Braucourt in: Ecran (Paris), Nr. 31, Dezember 1974. – Jean A. Gili in: Ecran, Nr. 45, 15. 3. 1976 (über den Film »Bertolucci selon le cinéma«). / Gideon Bachmann in: Sight and Sound, Vol. 44, Nr. 1, Winter 1974-75. – Daniela Morera in: Interview, Vol. 5, Nr. 7, Juli 1975. / Siegfried Schober in: Der Spiegel v. 21. 10. 1974, Nr. 43. – Alfred Nemeczek in: Stern v. 25. 9. 1975, Nr. 40. – Peter S. Freitag in: ZEIT-Magazin v. 7. 11. 1975.
Materialien: Vincent Canby: The Battle of »1900« – Who's Right? in: The New York Times v. 10. 4. 1977 (über die Kontroversen zwischen Bertolucci und dem amerikanischen Verleih). / o.V. in: Der Spiegel v. 21. 6. 1976 (Verleihprobleme). – WoS (Wolfram Schütte) in: Frankfurter Rundschau v. 26. 11. 1976 (warum er den halben Film nicht kritisieren will). – G. B. (Gideon Bachmann) in: Film-Korrespondenz v. 6. 9. 1977, Nr. 7 (vor allem über den Umgang der Verleiher mit dem Film). – Über die Reaktionen in Italien: Karl Korn in: Frankfurter Allgemeine Zeitung v. 9. 9. 1976. – Sinah Kessler in: Frankfurter Allgemeine Zeitung v. 1. 10. 1976. – Straub/Huillet: (Interview). in: Falter (Wien) Nr. 16 und 17; auszugsweise nachgedruckt in: Filmkritik, Sept. 1978, Nr. 9 (enthält eine längere Kritik an Bertoluccis politischer Haltung).
Interviews: Gianni Amelio in: Jeune Cinéma, Nr. 95, Mai-Juni 1976. – Guy Braucourt in: Ecran, Nr. 51, 15. 10. 1976. – André Tournès in: Jeune Cinéma, Nr. 98, Oktober-November 1976. / Gideon Bachmann in: Film Quarterly, Vol. 24, Nr. 1, Herbst 1975. – Giovanna Di Bernardo in: Cineaste, Vol. 7, Nr. 4, Winter 1976-77. – Andy Warhol

u. a. in: Interview, Vol. 7, Nr. 12, Dezember 1977. / Gideon Bachmann in: Süddeutsche Zeitung v. 4.-5.-6. 1. 1975. – Alexander Kara-
ganow in: Film und Fernsehen (DDR), April 1978, Nr. 4.
Kritiken: Eduardo Bruno in: Filmcritica, Nr. 266, Juli 1976. – Alessandro Cappabianca in: Filmcritica, Nr. 266, Juli 1976. – Francesco
Casetti in: Bianco e Nero, Juli-August 1976, Nr. 7-8. – Franco Fornari
in: La Repubblica v. 29.-30. 8. 1976. – Lino Micciché in: L'Avanti! v.
4. 9. 1976; nachgedr. in: L. M.: Cinema italiano degli anni '70. Venezia: Marsilio 1980, S. 266-269. – Alberto Moravia in: L'Espresso v.
19. 9. 1976. – Pio Baldelli, Renzo del Carria in: Lotta continua v. 19.-
20. 9. 1976. – Cesare Musatti in: Cinema nuovo, Nr. 243, September-
Oktober 1976. – Oresto del Buono in: L'Europeo v. 8. 10. 1976. –
Lorenzo Quaglietti in: Cinema sessanta, Nr. 112, November-Dezem-
ber 1976. – Orazo Gavioli in: La Repubblica v. 2. 3. 1977. – Roberto
Alemanno in: Cinema nuovo, Nr. 246, März-April 1977. – Sandro
Zambetti in: Cineforum, Nr. 167, September 1977. – (Auszüge aus
verschiedenen Kritiken in: Filmfaust, Nr. 3, April-Mai 1977).
Jean-Claude Bonnet in: Cinématographe, Nr. 19, Juni 1976. – Michel
Ciment in: Positif, Nr. 183-184, Juli-August 1976. – Jean Delmas in:
Jeune Cinéma, Nr. 96, Juli-August 1976. – Jean de Baroncelli in: Le
Monde v. 4. 9. 1976. – Serge Toubiana in: Cahiers du Cinéma,
Nr. 270, September-Oktober 1976. – Simone Le Pyat, Massimo Olmi
in: Téléciné, Nr. 211, Oktober 1976 (Teil I). – Albert Cervoni in:
Cinéma (Paris), Nr. 214, Oktober 1976. – Gérard Lenne in: Ecran,
Nr. 51, 15. 10. 1976 (I). – Denis Offroy in: Cinématographe, Nr. 21,
Oktober-November 1976 (I). – André Cornand in: La Revue du Ci-
néma/Image et Son, Nr. 311, November 1976. – Gérard Frot-Coutaz
in: Cinéma, Nr. 215, November 1976. – Christian Zimmer in: Les
Temps modernes, Nr. 364, November 1976. – Joël Magny in: Téléciné, Nr. 213, Dezember 1976 (II). – Pierre Maraval in: Cinématographe, Nr. 22, Dezember 1976 (II). – Max Tessier in: Ecran, Nr. 54,
15. 1. 1977 (II). – Henri Behar in: La Revue du Cinéma/Image et
Son, Nr. 320-321, Oktober 1977.
Andrew Sarris in: The Village Voice v. 13. 9. 1976. – Maureen Orth
in: Newsweek v. 27. 9. 1976. – Daniel Bickley in: Cineaste, Vol. 7,
Nr. 4, Winter 1976-77. – Jonathan Cott in: Rolling Stone, Nr. 240,
2. 6. 1977. – Vincent Canby in: The New York Times v. 8. 10. 1977. –
Jack Kroll in: Newsweek v. 17. 10. 1977. – Frank Rich in: Time v.
17. 10. 1977. – Andrew Sarris in: The Village Voice v. 24. 10. 1977. –
Pauline Kael in: The New Yorker v. 31. 10. 1977; nachgedr. in: P. K.:
When the Lights Go Down. New York: Holt, Rinehart and Winston
1980, S. 323-333. – Stanley Kauffmann in: The New Republic v.
26. 11. 1977; nachgedr. in: S. K.: Before My Eyes. New York: Harper
& Row 1980, S. 298-301. – Leonard Quart in: Cineaste, Vol. 8, Nr. 3,
Winter 1977-78. – Jill Forbes in: Monthly Film Bulletin, Nr. 528,

Januar 1978. – Will Aitken in: Take One, Vol. 6, Nr. 4, Februar 1978. – Geoffrey Nowell-Smith in: Sight and Sound, Vol. 47, Nr. 2, Frühjahr 1978. – Gordon Gow in: Films and Filming, Vol. 24, Nr. 7, April 1978.
Peter Buchka in: Süddeutsche Zeitung v. 24. 5. 1976. – Christian Ferber in: Die Welt v. 24. 5. 1976. – Wilfried Wiegand in: Frankfurter Allgemeine Zeitung v. 24. 5. 1976. – Peter W. Jansen in: Frankfurter Rundschau v. 25. 5. 1976. – wg. (Gerhart Waeger) in: Neue Zürcher Zeitung v. 9. 9. 1976. – Bruno Jaeggi in: Zoom-Filmberater v. 6. 10. 1976, Nr. 19. – Herbert Glossner in: Deutsches Allgemeines Sonntagsblatt v. 24. 10. 1976. – Alfred Nemeczek in: Stern v. 28. 10. 1976, Nr. 45. – Arnd F. Schirmer in: Der Tagesspiegel v. 28. 10. 1976 (I). – Hans C. Blumenberg in: Die Zeit v. 29. 10. 1976; nachgedr. in: H. C. B.: Kinozeit. Frankfurt am Main: Fischer Taschenbuch Verlag 1980. FTB 3664, S. 37-45 (mit einem Bericht über das italienische Kino in der Krise). – Wolfgang Limmer in: Der Spiegel v. 1. 11. 1976, Nr. 45. – Frauke Hanck in: Film & Ton-Magazin, November 1976, Nr. 11. – Edgar Wettstein in: Zoom-Filmberater v. 4. 11. 1976, Nr. 21, und in: Filmdienst v. 9. 11. 1976 (FD-Nr. 20027, I), Filmdienst v. 4. 1. 1977 (FD-Nr. 20104, II). – Karl Korn in: Frankfurter Allgemeine Zeitung v. 6. 11. 1976 (I). – Thomas Petz in: Süddeutsche Zeitung v. 12. 11. 1976 (I). – Peter W. Jansen in: Kirche und Film, November 1976. – Maria Ratschewa in: Medium, November 1976, Nr. 11. – Hans Ohly in: Filmbeobachter v. 15. 11. 1976 (I) und 15. 1. 1977 (II). – Gottfried Knapp in: Süddeutsche Zeitung v. 18.-19. 12. 1976 (I + II). – Helmut W. Banz in: Kölner Stadt-Anzeiger v. 18.-19. 12. 1976. – Karl Korn in: Frankfurter Allgemeine Zeitung v. 23. 12. 1976 (II). – HaF (Harun Farocki) in: Filmkritik, Januar 1977. – Hans C. Blumenberg in: Die Zeit v. 14. 1. 1977 (II). – Karl W. Pawek in: Konkret, Februar 1977. – Ula Stöckl in: Kämpfende Kunst, Februar 1977, Nr. 1-2. – Wolfram Schütte in: Frankfurter Rundschau v. 21. 2. 1977 (I + II). – Bion Steinborn in: Filmfaust, Nr. 3, April-Mai 1973. – Günter Netzeband in: Film und Fernsehen (DDR), Juni 1977, Nr. 6. – Horst Knietzsch in: Neues Deutschland (DDR) v. 18. 2. 1978 (I.) – Margit Voss in: Neues Deutschland v. 14. 3. 1978 (II). – Fred Gehler in: Sonntag (DDR) v. 19. 3. 1978, Nr. 12.
Aufsätze: François Cuel: Figaro ci, Garibaldi là. in: Cinématographe, Nr. 30, September 1977 (über Viscontis »Senso« und Bertoluccis novecento). / A. Horton: History as myth and myth as history in Bertolucci's »1900«. in: Film & History, Vol. 10, Nr. 1, Febr. 1980.

LA LUNA. La Luna
Protokoll: La Luna. Découpage intégral après montage et texte des dialogues in extenso. in: l'Avant-Scène Cinéma, Nr. 256, 15. 11. 1980.

Material: Paul Schwarztman in: Film Comment, Vol. 15, Nr. 6, November-Dezember 1979 (Produktionsbericht). / F - Filmprogramm 19. in: F (Ulm), Nr. 19, Januar 1980.

Interviews: Giovanna Grignaffini, Enrico Magrelli, Patrizia Pistagnesi in: Cinema e cinema, Nr. 21, Oktober-Dezember 1979; dt. (auszugsweise) in: Film und Fernsehen (DDR), Januar 1981, Nr. 1. / Gaston Haustrate et Dominique Rabourdin in: Cinéma (Paris), Nr. 250, Oktober 1979. – Giorgio Gosetti in: Ecran, Nr. 84, 20. 10. 1979. – Michel Ciment et Gérard Legrand in: Positif, Nr. 224, November 1979. / Richard Roud in: Sight and Sound, Vol. 48, Nr. 4, Herbst 1979 (dort auch Interview v. David Overbey mit dem Produzenten Giuseppe Bertolucci). – Alexander Stewart in: Films and Filming, Vol. 26, Nr. 2, November 1979. – Jonathan Cott in: Rolling Stone, Nr. 304, 15. 11. 1979. – Gary Crowdus and Dan Georgakas in: Cineaste, Vol. 10, Nr. 1, Winter 1979-80. / Thomas Honickel in: Kirche und Film, September 1979. – Thomas Petz in: Süddeutsche Zeitung v. 10. 4. 1980.

Kritiken: Sergio Surchi in: Il popolo v. 2. 9. 1979. – Giovanni Grazzini in: Corriere della Sera v. 2. 9. 1979; nachgedr. in: G. G.: Cinema '79. Roma, Bari: Laterza 1980, S. 105-108. – Tullio Kezich in: La Repubblica v. 2-3. 9. 1979. – Lino Micciché in: L'Avanti! v. 11. 9. 1979 und 30. 9. 1979. – Giovanna Grignaffini in: Cinema e cinema, Nr. 21, Oktober-Dezember 1979.

Jean de Baroncelli in: Le Monde v. 4. 9. 1979. – Pascal Bonitzer in: Cahiers du Cinéma, Nr. 304, Oktober 1979. – Jacques Fieschi, Gilles Gourdon in: Cinématographe, Nr. 51, Oktober 1979. – Gaston Haustrate in: Cinéma, Nr. 250, Oktober 1979. – André Tournès, in: Jeune Cinéma, Nr. 122, Oktober 1979. – Jean A. Gili in: Ecran, Nr. 84, 20. 10. 1979. – André Cornand in: La Revue du Cinéma/Image et Son, Nr. 344, November 1979. – Gérard Legrand in: Positif, Nr. 224, November 1979.

Gilbert Adair in: Sight and Sound, Vol. 49, Nr. 1, Winter 1979-80. – Martyn Auty in: Monthly Film Bulletin, Nr. 552, Januar 1980. – Gordon Gow in: Films and Filming, Vol. 26, Nr. 4, Januar 1980.

Thomas Petz in: Süddeutsche Zeitung v. 3. 9. 1979. – Brigitte Jeremias in: Frankfurter Allgemeine Zeitung v. 4. 9. 1979. – Wolfram Schütte in: Frankfurter Rundschau v. 6. 9. 1979. – Urs Jenny in: Der Spiegel v. 10. 9. 1979, Nr. 37. – Th. Honickel in: Film & Ton-Magazin, Dezember 1979. – USE (Ulrich Seelmann-Eggebert) in: Filmdienst v. 9. 1. 1980 (Fd-Nr. 22294). – Barbara Flückinger in: Zoom-Filmberater v. 16. 1. 1980. – Karsten Witte in: Filme, Nr. 1, Februar 1980. – Bodo Fründt in: Stern v. 2. 4. 1980, Nr. 15. – Hans C. Blumenberg in: Die Zeit v. 4. 4. 1980; nachgedr. in: H. C. B.: Kinozeit. Frankfurt am Main: Fischer Taschenbuch Verlag. FTB 3664, S. 265-269. – Mareike Boom in: Frankfurter Allgemeine Zeitung v.

5. 4. 1980. – Herbert Glossner, Henning Klüver in: Deutsches Allgemeines Sonntagsblatt v. 6. 4. 1980. – Peter Nau in: Der Tagesspiegel v. 6. 4. 1980. – Rainer Casper in: Filmbeobachter, April 1980, Nr. 7. – Thomas Petz in: Süddeutsche Zeitung v. 12.-13. 4. 1980. – Wolfram Schütte in: Frankfurter Rundschau v. 19.-21. 4. 1980 (Ostern). – Peter W. Jansen in: Kirche und Film, April-Mai 1980. – Horst Königstein in: Konkret, Mai 1980. – Fernand Jung in: Medien + Erziehung, Oktober 1980, Nr. 5. – Hans-Joachim Schlegel in: Film und Fernsehen (DDR), Januar 1981, Nr. 1.

LA TRAGEDIA DI UN UOMO RIDICOLO. Die Tragödie eines lächerlichen Mannes
Material: Bernardo Bertolucci: La tragedia di un uomo ridicolo. in: Filmcritica, Nr. 316, August 1981 (Bertoluccis Erklärungen auf der Pressekonferenz in Cannes, Mai 1981).
Interviews: Michel Ciment in: Positif, Nr. 248, November 1981. / Karsten Witte in: Die Zeit v. 13. 11. 1981. – Rolf Thissen in: Filmbeobachter, November 1981, Nr. 22.
Kritiken: Gaston Haustrate in: Cinéma (Paris), Nr. 271-272, Juli-August 1981. – P. K. (Petr Kral) in: Positif, Nr. 244-245, Juli-August 1981. – Jean A. Gili in: La Revue du Cinéma/Image et Son/Ecran, Nr. 366, November 1981. – Gérard Legrand in: Positif, Nr. 248, November 1981. – Louis Skorecki in: Cahiers du Cinéma, Nr. 329, November 1981. – Pierre Verbraeken in: Cinéma, Nr. 275, November 1981. – Claire Devarrieux in: Le Monde v. 18. 11. 1981.
(in Berichten aus Cannes:) Florian Hopf in: Stuttgarter Zeitung v. 2. 6. 1981; Wolfram Schütte in: Frankfurter Rundschau v. 6. 6. 1981. – Thomas Honickel in: Film & Ton-Magazin, August 1981. – Bodo Fründt in: Stern v. 5. 11. 1981, Nr. 46. – Wolfram Schütte in: Frankfurter Rundschau v. 10. 11. 1981. – Karsten Witte in: Die Zeit v. 13. 11. 1981. – M. v. Schwarzkopf in: Die Welt v. 14. 11. 1981. – Urs Jenny in: Der Spiegel v. 16. 11. 1981, Nr. 47. – Edgar Wettstein in: Filmdienst v. 17. 11. 1981 (FD-Nr. 23.194). – Edgar Wettstein / Tibor de Viragh in: Zoom-Filmberater v. 18. 11. 1981, Nr. 22. – Peter W. Jansen in: Kirche und Film, November 1981, und in: Tip (Berlin) v. 20. 11.-3. 12. 1981, Nr. 24. – Rainer Casper in: Filmbeobachter, November 1981, Nr. 22. – Volker Hage in: FAZ v. 3. 12. 1981. – C. P. in: Filmfaust, Nr. 25, Dezember 1981-Januar 1982.

Die Mitarbeiter dieses Bandes sahen eine Retrospektive der Filme Bertoluccis im März 1980 in der Film- und Fernsehakademie, Berlin. Für Fotos danken wir Bernardo Bertolucci und den im Datenteil angegebenen deutschen Verleihfirmen.

HANSER
HANSE
HANS
HA
H

›Arbeitshefte Film‹
Forum für Debatte, Dis-
kussion und Kontroverse

Die ›Arbeitshefte Film‹
werden herausgegeben
von Klaus Eder.

Sie sind eine Reihe mit aus-
gesprochenem Werkstatt-
charakter, publizieren
Texte von verschiedener
Herkunft, Originalbeiträge
ebenso wie Übersetzungen
und Nachdrucke nicht mehr
verfügbarer Arbeiten.
Regisseure reflektieren
über ihre eigenen Werke
und über das Kino. Kultur-
kritische Essays stellen
den Film in größere Zusam-
menhänge. Filmkritische
und filmwissenschaftliche
Arbeiten stellen einzelne
ästhetische, psycholo-
gische und soziologische
Aspekte dar.

Gemeinsam ist den Arbeits-
heften das Bemühen um
Diskussion und Erweite-
rung der Basis, auf der
hierzulande über Film und
Kino gesprochen wird.

Bisher sind erschienen:

1: Syberbergs Hitler-Film
Mit Texten von Sontag,
Zimmer, Oudard u. a.
88 S. Broschur DM 10,–

2/3: K. Eder/A. Kluge
Ulmer Dramaturgien.
Reibungsverluste
164 S. Broschur DM 15,–

4: Robert Bresson
Noten zum Kinemato-
graphen
84 S. Broschur DM 10,–

5: Vadim Glowna
Desperado City – Wie ein
Film entsteht
96 S. Broschur DM 10,–

6: Guido Aristarco
Marx, das Kino und die
Kritik des Films
Vorwort von Georg Lukács
100 S. Broschur DM 10,–

7: André Bazin
Filmkritiken als Film-
geschichte
108 S. Broschur DM 15,–

8: Thomas Petz
Verlorene Liebe
Über Eric Rohmer
100 S. Broschur DM 15,–